本书由四川师范大学资助出版

中国社科

互联网消费信贷产品持续使用意愿研究

朱慧　李昕硕◎著

光明日报出版社

图书在版编目（CIP）数据

互联网消费信贷产品持续使用意愿研究 / 朱慧，李昕硕著. -- 北京：光明日报出版社，2025. 3. -- ISBN 978-7-5194-8588-7

Ⅰ. F830. 5-39

中国国家版本馆 CIP 数据核字第 2025TE8345 号

互联网消费信贷产品持续使用意愿研究

HULIANWANG XIAOFEI XINDAI CHANPIN CHIXU SHIYONG YIYUAN YANJIU

著　　者：朱　慧　李昕硕

责任编辑：杜春荣　　责任校对：房　蓉　李佳莹

封面设计：中联华文　　责任印制：曹　净

出版发行：光明日报出版社

地　　址：北京市西城区永安路 106 号，100050

电　　话：010-63169890（咨询），010-63131930（邮购）

传　　真：010-63131930

网　　址：http://book.gmw.cn

E - mail：gmrbcbs@gmw.cn

法律顾问：北京市兰台律师事务所龚柳方律师

印　　刷：三河市华东印刷有限公司

装　　订：三河市华东印刷有限公司

本书如有破损、缺页、装订错误，请与本社联系调换，电话：010-63131930

开　　本：170mm×240mm

字　　数：288 千字　　印　　张：15

版　　次：2025 年 3 月第 1 版　　印　　次：2025 年 3 月第 1 次印刷

书　　号：ISBN 978-7-5194-8588-7

定　　价：95.00 元

序

中国居民的信贷需求随着互联网技术的发展而逐步被重视与满足。互联网消费信贷产品的出现快速地占领了年轻群体的消费者市场，其小额度、便捷性的优点吸引了中国市场中大量的长尾客户，成为金融市场中规模效益不容忽略的一员。

2014 年，互联网消费信贷、互联网金融进入快速发展阶段，历经行业扩张、风险频发、严厉监管、规范发展的过程，到如今市场规模呈现稳定增长趋势，供给主体集中于商业银行、消费金融公司、互联网消费金融公司，服务客户与市场份额各有差异。在刺激消费者行为、促进经济发展方面，它们发挥了显著效益。

除却对新信贷工具的新鲜感，在行业风险事件频发、全球新冠疫情暴发以及中国居民信贷的传统理念影响下，尽管中国居民的消费信贷需求旺盛，但在疫情后 2022 年、2023 年仍然表现为偏理性的信用透支行为。因此，商业银行、消费金融公司等企业主体需要关注消费者是否还愿意使用互联网消费信贷产品，在使用时存在什么样的动机，以及如何能够保持消费者的使用意愿。这一系列问题将决定企业在信贷领域中的竞争稳定性。

消费是拉动国民经济的有力手段之一，疫情之后这一需求更为明显。2023 年，国家发展改革委发布了《关于恢复和扩大消费的措施》，其中从供给侧指出“加强消费信贷用途和流向监管，推动合理增加消费信贷”“在加强征信体系建设的基础上，合理优化小额消费信贷和信用卡利率、还款期限、授信额度”。那么，消费者的心理状态如何呢？需进一步了解、探析。

为此，本书以互联网消费信贷产品的持续使用意愿为研究主题，试图从消费者对信贷工具感知的质量、风险以及自身的使用动机角度出发，进一步引入外部环境氛围变化，综合探讨对其持续使用意愿方面的影响。本书试图为互联网消费信贷、互联网金融、消费者行为方面的研究提供一定的借鉴，以促进自由的学术交流。由于研究能力与知识水平的限制，本书还存在诸多不足、不当之处以及未考虑的细节之处，还请阅读此书的专家、学者不吝赐教，拨冗指正。

本书由四川师范大学资助出版。感谢学校对本人及本书的大力支持！

朱慧
2024年夏天
于四川师范大学行政楼

目　录

CONTENTS

第一章

绪　论

互联网消费信贷可以增加线上消费的用户黏性、扩大线上消费规模，因此被视为进一步刺激并促进消费经济发展的重要工具。在了解互联网消费信贷产品重要性的基础上，本书从现实背景与理论背景出发，从行业发展、政府监管、供需匹配多个维度梳理出互联网消费信贷行业发展面临的机遇和挑战。结合针对互联网消费信贷产品存在的研究空间，引出对互联网消费信贷产品持续使用意愿影响因素及其作用机理研究的必要性与重要性，并在此基础上明确研究目的与意义，随后对研究开展的具体内容框架与匹配的技术路线进行介绍。

一、研究背景

随着温饱型消费支出的逐渐饱和，面对一般性消费的升级转换与知识性消费的规模扩大，消费者的当期收入已经无法满足人民日益增长的美好生活需要。消费信贷产品的提供可以有效减弱居民的流动性约束，实现居民消费行为的跨期优化，提高居民的消费水平。① 1999 年，中国消费信贷市场被开启，业务的开展在促进耐用品消费、稳定宏观消费需求、提升居民消费与生活品质、拓展银行经营领域与金融创新方面发挥了积极作用。历经了快速增长、市场稳定、疫情影响，2023 年整体消费贷市场规模增速有所恢复。截至 2023 年年末，金融机构住户消费性贷款余额约 19.78 万亿元，同比增速约 15%，消费金融渗透率持续提升至 42%左右。②

① 许静．双循环格局下互联网消费金融与居民消费结构升级的动态关联效应［J］．商业经济研究，2022（16）：182-184.

② 标普信用评级（中国）有限公司．评结构融资年度行业研究系列：中国个人消费贷款资产支持证券市场多维度观察（2024 版）［EB/OL］. S&P Global，2024：1-15.

（一）现实背景

对比西方国家以信用卡形式为主的消费信贷产品①，中国居民更为青睐互联网消费信贷产品。作为金融科技技术进步的产物之一，互联网消费信贷产品的出现满足了更多长尾客户的跨期消费要求，使得信贷业务不再集中于稳定高收入人群。作为互联网金融板块之一，互联网消费信贷业务的发展经历萌芽后（始于P2P网络借贷。2007年，中国第一家P2P网络借贷平台“拍拍贷”成立。2012年，平安陆金所推出P2P网贷业务。）2014年，分期乐、京东白条、趣分期等平台的出现将行业带入高速发展阶段。2015年4月蚂蚁小贷旗下个人信贷产品“花呗”宣布正式上线，商业银行与消费金融公司也开始将互联网技术融入传统消费信贷业务中，实现传统消费信贷互联网化，以及数字化+发展，逐渐演变为现阶段以银行为主、非银行类金融机构为辅的发展局面。

在经济全球化背景下，互联网消费信贷的发展广受政府机构、金融监管部门、消费者的关注。因此，本小节从行业发展、政府监管、供需匹配等角度对互联网消费信贷发展的现实情况进行阐述。目前，中国的互联网消费信贷行业发展存在以下几个现象：

1. 行业发展——规模稳定增长但仍有发展空间

2013—2015年，互联网消费信贷企业大量入驻市场，互联网消费信贷发展呈井喷之势，用户规模快速增长。图1-1显示，除个人住房贷款以外的狭义消费信贷余额从2014年的4.2万亿元逐步攀升至2023年的20.5万亿元，增速明显，消费信贷业务的市场需求旺盛。作为供给的重要一员，互联网消费金融的放贷规模也在逐年攀升（见图1-2）。对比商业银行的传统信贷业务，消费者对互联网消费信贷产品的接受度与使用度明显更高。预计未来几年，中国狭义消费信贷余额规模将以7.9%的年复合增长率持续增长，到2026年将接近25万亿元。

---

① MEIRELLES D S E, D'ANDREA D. From Private Label to Co-Branded Credit Card: An Assessment of the Impact of a Change in Value Proposition Over Customer Value Perception and Company Value Capture [J]. Journal of Financial Services Marketing, 2021, 26 (1): 52-65; TAGHIYEH S, LENGACHER D C, HANDFIELD R B. Loss Rate Forecasting Framework Based on Macroeconomic Changes: Application to US Credit Card Industry [J]. Expert Systems with Applications, 2021, 165: 113954.

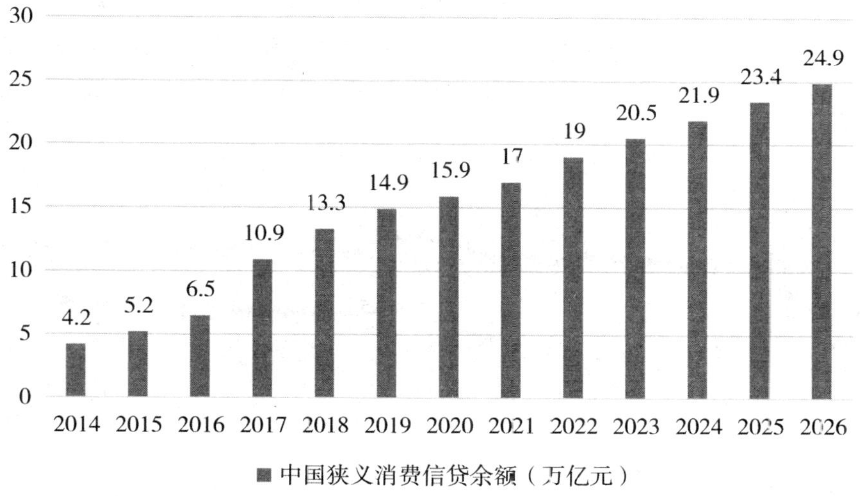

图 1-1　2014—2023 年中国狭义消费信贷余额

数据来源：艾瑞咨询《2022 年中国消费金融行业研究报告》。

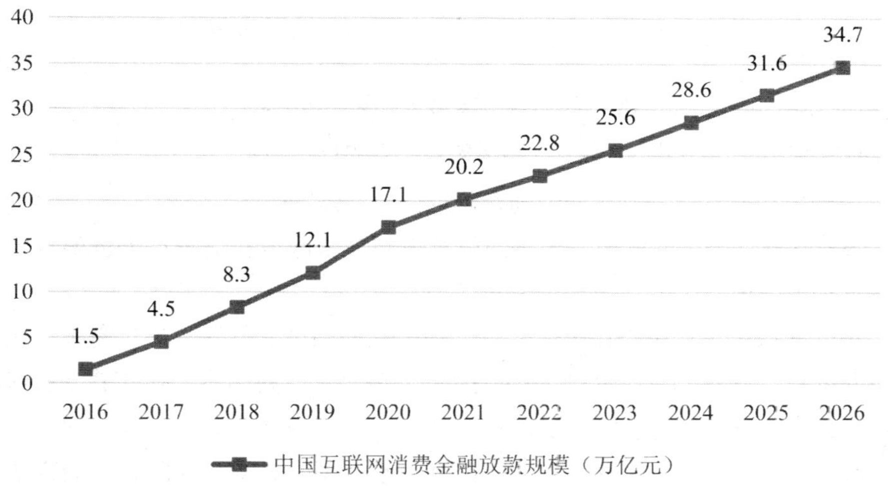

图 1-2　2016—2023 年中国互联网消费金融放款规模

数据来源：艾瑞咨询《2022 年中国消费金融行业研究报告》。

虽然互联网消费信贷业务发展迅速，带动了短期消费信贷在居民消费额中的占比，但由于消费信贷行业整体起步较晚，与美国等发达国家相比，中国的短期消费信贷发展依然滞后许多。对比 2014 年—2021 年中美狭义消费信贷渗透率数据（图 1-3），两国的指标差距呈现明显缩小的趋势；截至 2021 年，中国狭义消费信贷渗透率为 29.8%，而美国同一指标为 36.4%，差距仅为 6.6%，从 2023 年开始，该差距将缩小至 6.3%。相较而言，美国消费信贷理念更为深入人心，而中国的消费信贷业务在近几年确实得到了快速发展，并且市场增长开始趋于稳定。

图 1-3　中美家庭消费贷参与率对比

数据来源：艾瑞咨询《2022 年中国消费金融行业研究报告》。

2. 政府监管——鼓励互联网消费信贷行业健康发展

随着互联网金融的发展，政府部门意识到互联网消费信贷在促进消费经济发展过程中的重要作用。

2014 年政府工作报告首次提出要“促进互联网金融健康发展，完善金融监管协调机制”，展示了政府对互联网消费信贷发展的支持力度。伴随着互联网消费信贷的快速发展，行业风险在 2015 年下半年开始频繁暴露，由此引起了各方对互联网金融监管工作的密切关注。政府工作报告中关于互联网金融的说法从 2014 年首次提出“促进互联网金融发展”到 2016 年的“规范发展”，再到 2017 年的“高度警惕互联网金融风险”，直到 2018 年的“健全互联网金融监管”①，体现出政府对互联网消费信贷发展的态度转变。本书总结了互联网消费信贷的发展历程与部分政策发布情况，如图 1-4 所示。

① 中国互联网金融的编年史［EB/OL］. 搜狐网，2018-05-22；编年史丨一文看懂中国互联网金融发展全历程！［EB/OL］. 搜狐网，2018-05-28.

……　……　……

- 2024-03《消费金融公司管理办法》
- 2023-07《关于恢复和扩大消费措施的通知》
- 2022-07《中国银保监会办公厅关于进一步加强消费金融公司和汽车金融公司投诉问题整治的通知》
- 2021-10《征信管理办法》
- 2020-02《关于进一步规范商业银行互联网贷款业务的通知》
- 2020-12《消费金融公司监管评级办法(试行)》

良性转型阶段

- 2019-12《中国银保监会关于推动银行业和保险业高质量发展的指导意见》
- 2019-12《中国人民银行关于规范代收业务的通知(征求意见稿)》
- 2019-11《信用保险和保证保险业务监管办法(征求意见稿)》
- 2019-11《关于网络借贷信息中介机构转型为小额贷款公司试点的指导意见》
- 2019-11《关于进一步加强网络借贷资金存管工作的通知》
- 2019-11《关于增强个人信息保护意识依法开展业务的通知》
- 2019-10《关于加强商业保理企业监督管理的通知》
- 2019-10《信息安全技术 移动互联网应用程序(App)收集个人信息基本规范(草案)》最新版
- 2019-09《关于加强P2P网贷领域征信体系建设的通知》
- 2019-07《关于开展现金贷等网贷平台意外伤害保险业务自查清理的通知》
- 2019-04《网络借贷信息中介机构有条件备案试点工作方案》
- 2019-03《关于网络借贷不实广告宣传涉嫌欺诈和侵害消费者权益的风险提示》
- 2019-03《关于启动网络借贷信息中介机构运营数据实时接入工作的通知》
- 2019-01《关于进一步做实P2P网络借贷合规检查及后续工作的通知》

健全监管阶段

- 2018-12《关于做好网贷机构分类处置和风险防范工作的意见》
- 2018-04《关于规范金融机构资产管理业务的指导意见》
- 2018-03《关于加大通过互联网开展资产管理业务整治力度及开展验收工作的通知》
- 2018-01《关于开展为非法虚拟货币交易提供支付服务自查整改工作的通知》

警惕风险阶段

- 2017-12《关于规范整顿"现金贷"业务的通知》
- 2017-02《网络借贷资金存管业务指引》

规范发展阶段

- 2016-11《网络借贷信息中介备案登记管理指引》
- 2016-11《关于进一步加强校园网贷整治工作的通知》
- 2016-11《通过互联网开展资产管理及跨界从事金融业务风险专项整治工作实施方案》
- 2016-10《P2P 网络借贷风险专项整治工作实施方案》
- 2016-10《互联网金融风险专项整治工作实施方案》
- 2016-08《网络借贷信息中介机构业务活动暂行办法》
- 2016-07《互联网广告管理暂行办法》
- 2016-04《关于加强校园不良网络借贷风险防范和教育引导工作的通知》

高速发展阶段

- 2015-08《关于对通过互联网开展股权融资活动的机构进行专项检查的通知》
- 2015-07《非银行支付机构网络支付业务管理办法》
- 2015-07《关于积极推进"互联网+"行动的指导意见》
- 2015-01《关于推动移动金融技术创新健康发展的指导意见》
- 2014-12《私募股权众筹融资管理办法(试行)(征求意见稿)》
- 2014-12《互联网保险业务监管暂行办法(征求意见稿)》
- 2014-04《关于规范人身保险公司经营互联网保险有关问题的通知(征求意见稿)》
- 2014-03《中国人民银行支付结算司关于暂停支付宝公司线下条码(二维码)支付等业务意见的函》
- 2014-03《支付机构网络支付业务管理办法(征求意见稿)》
- 2014-01《关于加强影子银行监管有关问题的通知》(国办107号文)

图 1-4　2014 年-2024 年互联网消费信贷发展历程及相关监管政策

数据来源：网络资料整理，《2019 年中国网络借贷行业年报》。

尽管对互联网消费金融行业的整顿力度有目共睹，但整体上政府依旧将互联网消费信贷视为刺激消费者消费的重要工具并予以支持。2018 年 9 月，由国务院办公厅印发的《完善促进消费体制机制（2018-2020 年）》便体现出鼓励与监管并存的政府态度，强调在风险可控的前提下加大对互联网消费信贷的支持力度。① 2019 年重点推进互联网消费金融平台退出和转型的专项整治，从而保证消费经济的满足与互联网消费信贷业务的规范发展。2020 年至今，则主要针对行业发展的细节进行规范性补充。

3. 供需匹配——存量时代到来，居民消费愈发理性

经过 2016—2018 年的市场大洗盘，互联网消费信贷市场布局已趋于稳定，市场竞争依然激烈。《爱分析 · 中国消费金融行业报告》指出，在 2021 年前后仅存的 1.5 亿潜在客群将被完全覆盖，中国消费金融行业竞争从增量时代来到存量时代。② 2020 年 11 月，中国银保监会、中国人民银行发布《网络小额贷款业务管理暂行办法（征求意见稿）》改变了互联网消费金融公司的盈利模式，这使得收益总额需要依靠用户规模得以实现。对消费信贷市场中的各类企业参与主体而言，如何维持并扩大现有客户规模是企业现行经营中必须考虑的问题。

目前，互联网消费信贷市场参与主体主要分为传统消费金融互联网化的商业银行、经中国银保监会批准设立的消费金融公司以及互联网消费金融公司，服务客群与场景各有差异，如表 1-1 所示。

表 1-1　基于不同服务客群及场景的消费金融矩阵分析③

消费金融细分市场服务能力		商业银行	消费金融公司		互联网消费金融公司		
主要特征		银行系	银行系	产业系	互联网系		
					电商平台	分期购物平台	网络借贷平台
典型公司代表		招商银行	兴业消费金融	苏宁消费金融	蚂蚁金服	乐信集团	现金巴士
拥有央行征信记录人群	约 3.8 亿，其中拥有信用卡人群约 2 亿	5	3	2	4	2	2
无央行征信记录人群	20—60 岁网民，约 1.5 亿（其中 20—39 岁约 1 亿）	2	4	4	5	4	4

① 清华大学中国经济思想与实践研究院，清华大学中国与世界经济研究中心．2019 中国消费信贷市场研究［R］. 北京：清华大学中国与世界经济研究中心，2020：1-39.

② 金建华，卢施宇，张扬．中国消费金融行业报告［R］. 北京：爱分析科技有限公司，2019：1-50.

③ 表中 1—5 表示等级，1 代表等级最低，5 代表等级最高。

续表

消费金融细分市场服务能力		商业银行	消费金融公司		互联网消费金融公司		
无央行征信记录人群	20—60 岁非网民，约 3.2 亿	2	3	3	3	4	1
	60 岁以上老人、19 岁以下少年约 5.3 亿	1	1	1	2	1	1
驱动模式		资金	资金	线下	技术	线上	技术

数据来源：《2018 中国消费信贷市场研究报告》。

商业银行集中于服务拥有央行征信记录的人群，主要提供信用卡、抵押消费贷款与信用消费贷款产品。而消费金融公司是国家鼓励发展消费金融的试点代表，主要包括银行控股持股类与产业公司控股持股类消费金融公司；在服务客群方面开始关注无央行征信记录的人群，主要与银行实行错位竞争。互联网消费金融公司则是依托于电商平台、P2P 平台、分期购物平台、网络小额贷款平台，为个人消费者提供消费金融服务的公司。与消费金融公司的区别在于这一类公司并未获得由中国银保监会批复的消费金融公司牌照，发展业务更多偏向于网络借贷。随着普惠金融政策的实施，商业银行开始关注信贷市场中的长尾客户需求，因此互联网消费信贷与传统银行信贷不再是单纯互补的关系①，而逐渐转变为竞争关系。

互联网消费信贷得以快速发展主要源于居民消费信贷需求。2019 年家庭在银行消费信贷参与率与非银行消费信贷参与率分别为 7.7%与 7.1%，呈市场均分状态，但仍有 2.5%的家庭消费信贷需求未被满足。② 新冠疫情暴发后，2020 年第一季度与第二季度分别有 28.2%与 27.7%的家庭消费贷需求增加，家庭消费信贷参与率较 2019 年也有明显下滑。③ 但疫情之后，家庭消费意愿与中低收

① 宋科，武沛璋，李鸿翔，等．互联网消费信贷与传统消费信贷：互补还是替代？［J］．管理科学学报，2023，26（4）：41-61.

② 西南财经大学中国家庭金融调查与研究中心，蚂蚁金服集团研究院．中国居民杠杆率和消费信贷问题研究报告［R］．成都：西南财经大学中国家庭金融调查与研究中心，2020：1-33.

③ 西南财经大学中国家庭金融调查与研究中心，蚂蚁金服集团研究院．疫情下中国家庭的财富变动趋势［R］//中国家庭财富指数调研报告（2020Q1）．成都：西南财经大学中国家庭金融调查与研究中心，2020：1-77；西南财经大学中国家庭金融调查与研究中心，蚂蚁金服集团研究院．疫情下中国家庭的财富变动趋势［R］//中国家庭财富指数调研报告（2020Q2）．成都：西南财经大学中国家庭金融调查与研究中心，2023：1-31.

入群体消费意愿增幅明显，2023 年不同收入群体的消费贷需求指数均高于 100，表明家庭对消费贷的需求均保持增加态势，但需求增速有所回落。①

尽管消费信贷需求高，但受制于传统消费观念、全球新冠疫情对经济环境的冲击，居民消费愈发理性。2022 年北大数字金融中心的调研发现，近七成用户在使用互联网消费信贷产品时未产生利息，该比例高于传统信用卡业务②。

从行业发展、政府监管、供需匹配层面来看，互联网消费信贷市场的行业操作流程、风险控制、业务开展等方面越来越规范化。因此，面对互联网消费信贷市场巨大的发展空间、消费拉动经济以及消费者自身的信贷需求，企业为了可持续发展目标以及利益最大化目标，在改善企业内部环境的同时，应对消费者对互联网消费产品的持续使用意愿予以关注。

（二）理论背景

结合现实背景，如何在保证消费者理性消费的同时刺激消费者产生并维持互联网消费信贷产品的使用意愿，成为提升居民消费水平、推动行业发展、发挥消费基础作用亟待解决的关键问题之一。本书聚焦于消费者的持续使用意愿影响因素，从而探讨刺激互联网消费信贷产品持续使用意愿的有效路径。消费者行为研究成果颇多，基于对已有研究的梳理，目前学术界关于互联网消费信贷产品持续使用意愿的影响因素研究较少，且在以下方面存在待改进和待完善之处。

1. 持续使用意愿影响因素的研究模型有待完善

依据认知理论，促使消费者产生产品使用意愿的心理因素分为内在驱动力与外在驱动力。内在驱动力表现为行为动机、需求等，而外在驱动力则体现为所关注的产品特征信息、外部环境氛围等因素。在已有的消费者持续使用意愿研究中，由顾客感知价值理论、顾客满意度理论衍生出的期望确认模型以及与用户接受模型的结合形式被相关学者广泛运用于实证分析。在考虑影响持续使用意愿的影响因素方面，存在以下几点研究空间：首先，较少研究将行为动机、个人需求等内在驱动因素与外在驱动因素结合，分析二者共同对消费者持续使用意愿的影响及重要性大小。其次，随着消费者对所接触的产品服务要求越来越多元化，使得影响消费者满意度、持续使用意愿的产品因素不再局限于体现

① 西南财经大学中国家庭金融调查与研究中心 . 2023 年中国家庭财富变动趋势［R］. 成都：西南财经大学中国家庭金融调查与研究中心，2023：1-47.

② 王雪，纪洋，边文龙 . 移动支付与中国信用体系建设：基于某代表性第三方支付公司订单支付数据的分析［R］. 北京：北京大学数字金融研究中心，2022.

产品功能的感知有用性变量，而应该拓展思考消费者所接触的产品服务①。然后，顾客感知价值理论从利得与成本两方面体现了影响消费者后续行为意愿的因素。然而，用户接受模型中侧重于体现产品的易用性、有用性、绩效期望、努力期望等感知利得因素对意愿的影响②，较少考虑信息技术产品存在的新风险。尽管不少模型引入了感知风险理论以丰富模型，但在具体测量内容方面，部分研究对感知风险的测量内容与感知有用性等利得因素存在交叉重复，部分研究对感知风险的测量过于笼统，缺乏场景特征。互联网消费信贷产品作为典型的信息技术系统产品，与大部分先付款后使用的产品不同，需要对已有文献的研究变量进行归集整理，并依据互联网消费信贷场景特征对持续使用意愿的影响因素进行筛选和测量内容调整。

2. 互联网消费者持续使用意愿的测量有待完善

随着互联网技术的加入，用户接受行为模型成为研究消费者行为意愿的主导模型。然而大多数研究分析了感知有用性、感知易用性、感知风险等因素对产品使用意愿的影响③，而对消费者使用产品后的后续行为鲜有关注。隶属于正向购后行为的持续使用意愿在产品使用决策中具有承上启下的作用，并且作为客户忠诚、客户潜在价值以及客户关系管理的依据，因此持续使用意愿的研究对企业具有重大意义。另一方面，购后行为意愿作为决策流程的最后一个阶段，其内涵与维度划分研究较为全面，为实证研究提供了夯实的理论基础。然而在具体的实证研究中，不少学者采用持续使用意愿指代正向的购后行为意愿进行测量，大多数设计题项体现了购后行为意愿维度中的重复使用意愿与口碑推荐意愿，对交叉使用意愿与增量使用意愿鲜有涉及。因此本书认为在后续的研究中关于产品持续使用意愿的测量工作还有待完善。

3. 外部环境氛围对消费者行为意愿的影响还有待验证

已有研究对消费者行为影响因素与理论探讨结果呈现多元化角度，测量模

---

① ANDALEEB S S, ANWAR S F. Factors Influencing Customer Trust in Salespersons in a Developing Country [J]. Journal of International Marketing, 2018, 4 (4): 35-52.

② PAKRAVAN M H, MACCARTY N. An Agent-Based Model for Adoption of Clean Technology Using the Theory of Planned Behavior [J]. Journal of Mechanical Design, 2021, 143 (2): 1-19; SINGH S, SAHNI M M, KOVID R K. What Drives Fintech Adoption? A Multi-Method Evaluation Using an Adapted Technology Acceptance Model [J]. Management Decision, 2020, 58 (8): 1675-1697.

③ 曾颖. 互联网消费金融用户持续使用意愿影响因素研究 [D]. 南昌: 江西财经大学, 2019; 彭小辉, 王静怡, 王坤沂. 博弈视角下大学生互联网消费信贷决策行为研究 [J]. 审计与经济研究, 2020, 35 (1): 120-127.

型多采用整合策略以丰富研究角度，对消费者行为影响因素达成了一定的共识。消费者购物行为决策模型、用户接受模型等理论成果表明，消费者行为意愿是消费者实际行为的前导变量，而消费者行为意愿的影响因素包括外部环境、营销因素、消费者个人特征因素以及消费者心理因素。在实证研究中，大多数学者侧重于研究消费者心理因素对行为意愿的影响。例如，技术接受模型、计划行为理论、感知风险理论或者多种模型的整合研究。由于消费心理因素主要反映了消费者的动机、态度以及消费者对产品的感知情况，因此也有很多学者将消费者心理因素作为中介变量，研究营销因素对行为意愿的影响。例如，产品质量、价格通过消费者心理感知对行为意愿的影响①。根据情境理论，外部环境包括除产品和消费者以外的所有环境因素，企业因素被归入营销因素范围，因此外部环境因素主要包括经济、文化、政治、法律、社交以及市场环境氛围。而在对外部环境因素与消费者行为意愿的关系研究中也侧重于单独研究参考群体意见或者竞争性产品变量②。事实上，经济环境的稳定性、文化环境灌输的消费观念、政治法律环境对消费者行为的安全保障，都会对消费者行为意愿产生影响。因此本书认为，将外部环境氛围对消费者行为意愿的影响纳入研究模型中，可以更好地了解互联网消费信贷产品持续使用意愿的影响机理。

（三）提出问题

今后，增长速度放缓将成为消费金融市场的“新常态”。政府对消费金融行业良性发展的要求以及消费者对“消费降级”的认可将加剧互联网金融企业之间的竞争。各企业需要维持自身的相对优势，增强用户黏性以形成顾客忠诚。当消费者拥有强烈的信贷需求时，他们会从各个渠道了解相关信息，最终选择适合自身的信贷产品以满足需求。而长尾客户由于自身特征与信贷产品的便捷性，选择互联网消费信贷产品的概率高于其他类型的信贷产品。互联网消费信贷产品与消费场景的紧密联系，使得消费者在使用过程中不仅看重产品带来的感知服务质量，同时也关注产品存在的感知风险。因此在消费信贷市场竞争日

---

① 谭兆何．互联网背景下消费信贷的现状及影响因素研究［D］．昆明：云南师范大学，2019；KIM S，HAM S，MOON H，et al. Experience，Brand Prestige，Perceived Value (Functional，Hedonic，Social，and Financial)，and Loyalty among Grocerant Customers［J］. International Journal of Hospitality Management，2019，77：169-177.

② KHALID N R，WEL C A C，MOKHTARUDDIN S A. Product Positioning as a Moderator for Halal Cosmetic Purchase Intention［J］. Iranian Journal of Management Studies，2021，14 (1)：39-60；WEN N，GUO W X. “Toxic Friends”? The Farther Away，the Less Stressful：The Impact of Social Distance to a Dissociative Group on Consumer Choices［J］. European Journal of Marketing，2021，55 (3)：925-943.

趋激烈、维持客户市场规模难度日益凸显、互联网消费信贷产品特征趋同化的背景下，探索互联网消费信贷产品持续使用意愿的影响因素可以反映消费者当前的心理表现，是企业维护忠诚客户、制定客户管理策略前需要率先研究的基本问题，同时也是政府辅助消费信贷行业良性发展需要关注的问题。

已有的学术成果较少关注互联网消费信贷产品持续使用意愿的影响因素，在对消费者使用互联网消费信贷产品时的感知利得与感知风险未进行有效区分，且测量的感知风险内容未能突出互联网消费信贷产品特征。除此之外，考虑对消费者行为意愿的影响研究较少，诸如环境因素在消费者产生持续使用意愿的过程中起什么样的作用、消费者的信贷动机影响消费者持续使用意愿的作用大小、影响因素对持续使用意愿的作用路径等问题。这些有待解决的问题一方面说明针对互联网消费信贷场景中的持续使用意愿影响因素结构需要被整合与梳理，并予以实证研究；另一方面说明已有理论成果无法完全适用于互联网消费信贷实践工作的开展。可见，对互联网消费信贷产品持续使用意愿的影响因素及其作用机理进行探索是相关领域的学术理论研究人员与实践工作者共同面临的课题。

因此，本书以中国互联网消费金融公司提供的消费信贷产品为研究对象，以期望确认模型为基准进行拓展，重点研究包括外部环境氛围、服务接触质量、信贷感知风险与信贷动机强度等影响因素与持续使用意愿的关系机理问题，探讨各个影响因素的作用路径与作用大小。

二、研究目的

旨在为互联网消费信贷发展提供对策建议，本书围绕研究关键词对已有研究成果进行系统梳理，着重探讨互联网消费信贷产品持续使用意愿的影响因素及其作用机理，并针对相关领域的研究空间提出创新。本书的研究目的主要分为以下四个方面。

1. 拓展持续使用意愿影响因素的作用机理研究

首先，基于对支撑理论的梳理，明确以期望确认模型为基准模型。其次，对影响持续使用意愿的因素进行筛选整理，明确影响因素的代表性，突出互联网消费信贷场景的特征。最后，构建了包含服务接触质量（产品接触质量、品牌接触质量、技术接触质量）、信贷感知风险、信贷期望确认、信贷动机强度、消费者满意度、持续使用意愿、外部环境氛围的互联网消费信贷产品持续使用意愿影响因素概念模型，一定程度上扩充了持续使用意愿的影响因素集，并拓展了内在影响机理和作用路径的研究。

2. 了解互联网消费信贷产品的使用动机

借鉴信贷消费意愿的相关理论基础，结合其他行为动机的实证成果，对消费者使用互联网消费信贷产品的根本动机进行分析，从而确定信贷动机强度的测量内容，了解消费者信贷需求的根本原因。从认知理论的角度而言，动机更能影响消费者的行为决策。因此，在了解消费者使用互联网消费信贷产品的基础上，将信贷动机强度纳入研究模型中，探讨内在驱动因子与外在驱动因子对消费者持续使用意愿的影响差异，以便在提出对策建议时，考虑到消费者的信贷观念因素。

3. 明确消费者持续使用意愿的概念与内涵

通过对消费者行为理论进行系统的梳理，本书立足于消费者购物行为决策模型，借鉴购后行为意愿研究成果，依据购后行为意愿、持续使用意愿的实证研究明确持续使用意愿的概念与内涵维度。再根据本书研究的应用场景，即结合互联网消费信贷产品特征，区别于有形产品、消费产品，对互联网消费信贷产品持续使用意愿进行概念定义，丰富消费者持续使用意愿以及互联网消费信贷产品的消费者行为理论研究。

4. 分析外部环境氛围对持续使用意愿的影响

将外部环境氛围视为调节变量，分析其在关键影响因素与持续使用意愿之间的调节作用。消费者在选择并使用互联网消费信贷产品时，不仅受到自身行为习惯、产品信息刺激的影响，还会接受来自外部环境氛围的信号，对自身心理感知状态产生刺激，从而影响行为意愿。对外部环境氛围存在不同感知程度的消费者，也会在各项感知要素方面存在差异。因此，掌握外部环境氛围在研究模型中的调节作用可以帮助市场中其他主体明确自身定位，协助降低消费者感知风险、提升消费者服务接触质量，最终提升消费者的持续使用意愿。

三、研究意义

已有互联网消费信贷研究主要将视野集中于信贷风险防范以及营销因素对产品使用意愿的影响。面对监管政策出台、市场的日益规范以及互联网消费信贷的巨大发展空间，消费者的使用意愿有待维持等现象，研究互联网消费信贷产品持续使用意愿的影响因素及其作用机理，不仅对相关企业提供管理实践参考，而且对消费行为理论的发展也具有一定的理论意义。本书的研究意义主要体现在以下四个方面。

1. 从研究理论角度，有利于丰富和完善消费者行为理论模型和内涵

本书率先梳理了信贷消费行为的理论基础与互联网消费信贷的相关研究，

凸显了互联网消费信贷产品的特征、当前的研究热点。其次，本书系统梳理了持续使用意愿的相关理论基础，从理论视角上明确了持续使用意愿的概念内涵，并为互联网消费信贷产品持续使用意愿影响因素研究的可行性提供了理论支撑。最终，结合互联网消费信贷产品的特征对影响消费者持续使用意愿的因素进行了归集整理。在充分考虑消费者行为影响因素基础上，以期望确认模型为建模基础，推导出互联网消费信贷产品持续使用意愿影响因素及其作用机理的理论模型，丰富了消费者行为理论模型构架。

2. 从研究对象角度，有利于推动互联网消费信贷的消费者行为意愿研究

影响因素是针对具体产品或服务而言的，由于互联网消费信贷产品与其他产品具有明显区别，因此已有的影响因素集合研究结果不能完全适用于互联网消费信贷场景。本书基于已有研究的理论基础，结合互联网消费信贷场景特征、产品特征，通过与学术领域专家、企业管理层及资深消费者的讨论，推导出互联网消费信贷影响因素内涵与维度。同时，本书样本覆盖了信贷产品的代表类型，以确保互联网消费信贷持续使用意愿结果的合理性，弥补了互联网信贷消费意愿研究对产品类型的关注不足。

3. 从研究应用角度，有利于政府与企业分别控制市场风险与管理客户

本书结合产品特征、场景特征与相关理论基础对互联网消费信贷的影响因素维度及内涵进行了理论探讨。通过实证分析验证了各维度的影响因素对互联网消费信贷产品持续使用意愿的影响路径，并识别出不同互联网消费信贷产品消费者持续使用意愿的关键影响因素。研究从影响因素层面与产品供应层面呈现了消费者行为意愿的差异，便于政府针对信贷市场风险加大监管力度、制定相关政策，也便于企业在提供产品方面取长补短，实现维护现有客户、吸引潜在客户的目的。

4. 从社会效益角度，有利于促进互联网消费信贷行业的健康发展

通过对互联网消费信贷产品持续使用意愿及其影响因素的维度划分与内涵界定，辅以实证研究，探讨互联网消费信贷产品持续使用意愿的主要影响因素。消费者可以清晰了解互联网消费信贷市场中其他消费者关注的因素，降低心理风险；政府将关注互联网消费信贷发展的政治环境、经济环境、法律环境等方面的政策完善；企业将保证互联网消费信贷产品的内部环境安全，从而降低消费者感知风险，共同保证互联网消费信贷得以健康、可持续的发展。

四、研究内容

通过对互联网消费信贷发展的现实背景与理论背景进行梳理，引出了互联

网消费信贷产品持续使用意愿的影响因素及其作用机理这一研究问题。具体研究问题分为：消费者在持续使用互联网消费信贷产品时所关注的影响因素是什么？不同因素在消费者持续使用互联网消费信贷产品中扮演什么角色？这些因素如何影响消费者对互联网消费信贷产品的持续使用意愿？围绕上述研究问题，本书的主要研究内容体现为以下三个方面。

1. 明确了互联网消费信贷的研究现状，划分了持续使用意愿的影响因素

围绕着互联网消费信贷与持续使用意愿两大关键词展开文献综述的梳理工作。对互联网消费信贷的支撑性理论、相似概念进行了梳理，明确了本书研究的互联网消费信贷发展模式与产品类型；同时针对目前互联网消费信贷的研究分布进行了总结，体现了互联网消费信贷产品的特征。基于购后行为意愿的相关概念对持续使用意愿的概念和维度进行了界定，结合消费者行为研究模型提供的学术成果，将持续使用意愿的影响因素划分为环境因素、营销因素与个人因素，以期探讨在互联网消费信贷场景中，三个维度的代表性因素对持续使用意愿的影响。

2. 构建了影响因素研究的概念模型，完成了量表设计与数据收集

用户接受行为模型、感知风险理论、服务接触理论等代表模型体现了当前学者研究消费者行为的不同角度。基于影响因素筛选逻辑方面存在的研究空间，本书在概念模型的推导过程中首先对各代表模型中存在的相似变量进行对比分析，得到了心理因素的逻辑关系图。最终以期望确认模型作为基准模型，筛选出代表性变量进行拓展研究。对变量之间以及变量对持续使用意愿的影响路径进行了探讨，确定模型自变量、中介变量、调节变量与因变量的角色分工，最终构建了包括 9 个研究变量的概念模型。所提出的 18 条研究假设体现了各影响因素对持续使用意愿的作用机理。在现有的理论基础与文献研究基础上，完成了对 9 个变量的问卷题项设计，再通过小组人员对题项进行修正、删改、调整，前测分析中对 213 份问卷进行数据质量分析，最终得到可供正式发放调研的问卷。

3. 验证了概念模型的研究假设，提出了不同维度的对策建议

为加强研究结论的可信度，本书分别从单路径检验、全模型检验解释结构方程模型的运算结果进行分析。在验证外部环境氛围调节作用的过程中，选取分层回归分析法依次检验自变量、自变量+外部环境氛围、自变量+外部环境氛围+交互项对持续使用意愿的影响系数的显著性。最后依据研究结论，从企业、消费者、政府三个维度提出了对策建议。

五、研究框架

目前对互联网消费信贷、消费者持续使用意愿以及消费者信贷行为的研究为本书提供了充足的理论依据，但关于互联网消费信贷产品场景的相关应用仍存在有待完善和补充之处，这也进一步体现了本书研究的必要性。面对已有研究待完善之处，本书围绕互联网消费信贷产品持续使用意愿的影响因素及其作用机理这一研究主题展开，按照“提出问题—分析问题—解决问题”的研究思路将本书划分为八个章节。

第一章，绪论。本章对互联网消费信贷的现实背景与理论背景进行了梳理，从行业发展、政府监管、供需匹配等视角出发，分析中国互联网消费信贷面临的现实问题。基于已有研究成果与待完善之处提炼出本书关于互联网消费信贷产品持续使用意愿影响因素及其作用机理的研究问题。对问题进行拆解后进一步明确本书的研究目的与研究意义，阐述了本书的研究内容与框架，基于研究思路设计并确定了研究技术路线和研究方法。

第二章，文献综述。本章表现为实证研究开展前的文献整理工作。通过梳理互联网消费信贷相关研究、消费者持续使用意愿的相关理论，进而明确互联网消费信贷产品持续使用意愿的内涵与界定，总结互联网消费信贷场景中消费者持续使用意愿的影响因素，为互联网消费信贷产品持续使用意愿研究模型的构建提供理论依据与指导方向。

第三章，研究设计。通过对代表性研究模型进行梳理，对相似概念进行对比分析，筛选出更为贴切本书研究场景的影响因素。结合互联网消费信贷特征，对研究变量、控制变量与分组变量进行概念界定与划分，明确各变量的计量尺度。依据已有学术研究成果中各变量间的影响关系，提出对应的研究假设，完成互联网消费信贷产品持续使用意愿影响因素及其作用机理的概念模型构建。就变量内涵、测量标准开展访谈调研与会议讨论，确定问卷量表内容。

第四章，前测分析。本章通过预调研检验问卷设计的合理性，对预调研阶段的小样本数据进行描述性统计分析和探索性因子分析，基于前测分析结果对问卷题项内容进行修正，以保证大样本收集的样本质量与最终结果的科学性。

第五章，数据分析。本章基于修改后的问卷开展正式调研，收集研究所需的大样本数据。结合描述性统计分析、整体量表信度分析、分量表信度分析以及验证性因子分析得出的结构效度、聚合效度、区别效度结果来检验收集的样本数据质量，确保数据质量满足统计分析的条件。

第六章，验证分析。本章主要通过 AMOS 软件执行结构方程模型、SPSS 软件执行分层回归法对样本数据进行分析，验证所提研究模型和假设。章节首先对服务接触质量（产品接触质量、品牌接触质量、技术接触质量）、信贷感知风险、信贷期望确认、信贷动机强度、消费者满意度与互联网消费信贷产品持续使用意愿的关系进行统计检验，然后检验外部环境氛围对关键影响因素与互联网消费信贷产品持续使用意愿的调节作用。

第七章，对策建议。基于本书构建的互联网消费信贷产品持续使用意愿影响因素及其作用机理概念模型实证研究结果，结合研究背景、研究问题，立足于促进互联网消费信贷行业的良性发展，分别从企业、消费者、政府三个维度提出对策建议，体现研究的应用价值。

第八章，结束语。在该部分主要陈述了研究的结论，并对研究的创新之处进行了总结，在呈现本书研究贡献的同时，也指出了研究存在的不足之处，并以此作为未来研究方向的展望。

六、研究方法

本书按照“提出问题—分析问题—解决问题”的研究思路，在研究过程中将依据研究目的使用以下研究方法。

1. 文献研究法。本书借助中国知网 CNKI、EBSCO、万方、中英文数据库等，对国内外消费者行为理论、信贷行为理论与实证研究、互联网消费信贷产品的相关资料（包括学术论文、专著、新闻报道等）进行检索、整理、阅读、对比和分析，为论文研究提供可靠有效的理论支撑。

2. 访谈研究法。鉴于已有文献的量表测量贡献，部分变量的测量题项有待完善。本书采取非结构访谈方式与小规模专家访谈对已有测量量表与新增测量量表进行补充完善，从多角度探讨互联网消费信贷场景中消费者持续使用意愿的影响因素组成内容。

3. 问卷调查法。本书的问卷调查分为三个阶段。第一阶段是访谈问卷调查，主要收集互联网消费信贷产品持续使用意愿影响因素的维度信息。第二阶段是针对各类影响因素对互联网消费信贷产品消费者持续使用意愿的影响研究开展的初始问卷分发工作，经过信效度检验，形成正式量表。第三阶段是正式问卷分发，验证影响因素对互联网消费信贷产品持续使用意愿的影响路径。

4. 统计分析法。在数据样本质量得到保证的前提下，本书运用结构方程模型对互联网消费信贷各类影响因素与消费者持续使用意愿的关系进行单路径检验与全模型检验，分析了互联网消费信贷产品持续使用意愿与不同影响因素之间的路径关系。然后，运用分层回归法对外部环境氛围在关键因素与持续使用

意愿之间的调节作用进行验证。

七、研究思路

结合理论推导与实证分析，本书的研究思路以及研究框架如图 1-5 所示。

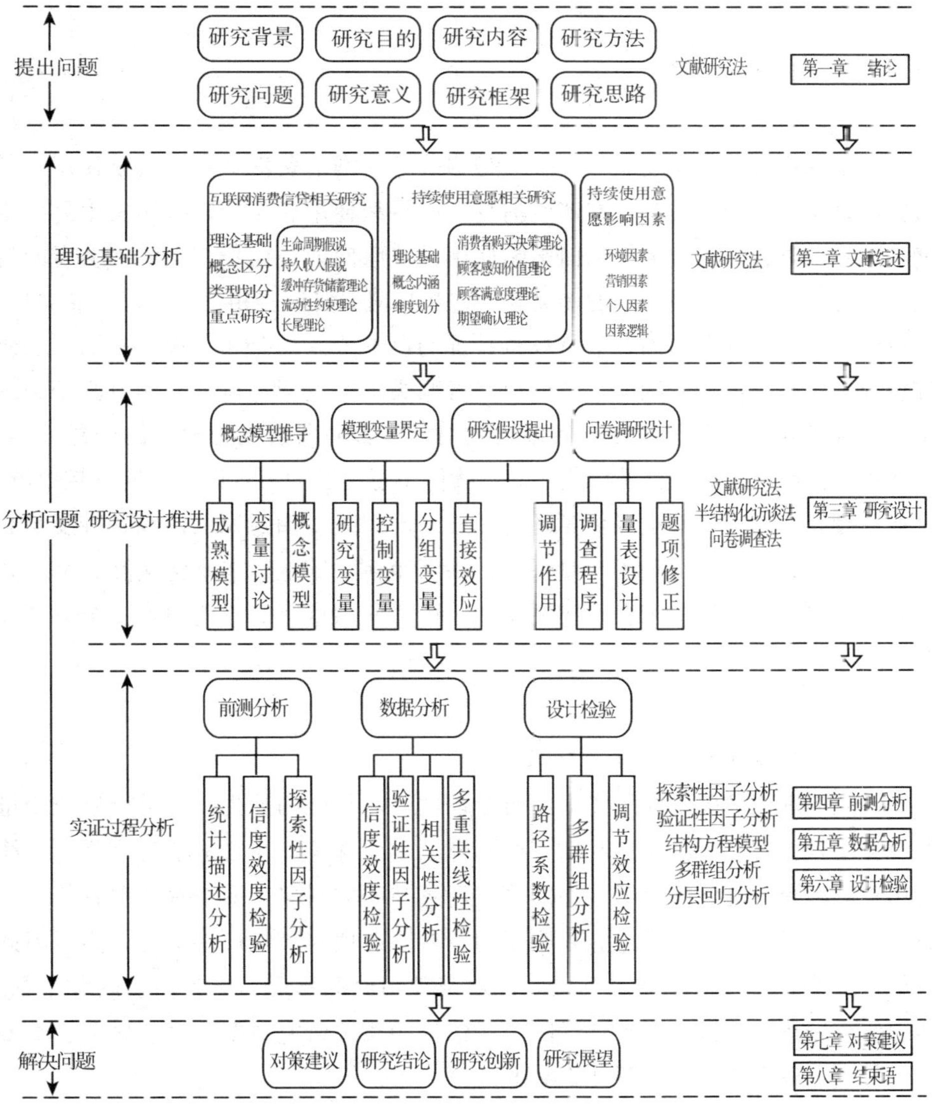

图 1-5 技术路线与研究框架

第二章

文献综述

本书的研究重点主要有三个：一是明确互联网消费信贷产品持续使用意愿研究的理论基础；二是互联网消费信贷产品持续使用意愿的影响因素由哪些维度组成；三是各个影响因素如何影响使用过互联网消费信贷产品的消费者的持续使用意愿。信贷消费意愿的相关理论、互联网消费信贷相关概念、产品类型、重点研究凸显了互联网消费信贷场景特征与已有成果的分布情况，指明了在研究设计中需注意控制的细节。结合消费者购买决策模型等持续使用意愿相关理论，明确了互联网消费信贷产品持续使用意愿影响因素概念模型的构建方向，这些理论为研究互联网消费信贷产品持续使用意愿影响因素以及政府管控市场、企业管理客户的策略制定提供了理论基础。对持续使用意愿的内涵、维度与影响因素的讨论进一步明确了变量筛选的参考范围。综上，本章将从互联网消费信贷相关研究、持续使用意愿相关研究、持续使用意愿的影响因素三个方面展开文献综述的梳理与评述。

一、互联网消费信贷相关研究

研究的理论基础是保障实证分析合理性与可行性的前提，在进行研究变量的实证文献梳理之前，应先明确支撑研究的重要理论。互联网消费信贷与持续使用意愿两个关键词体现了本书的研究场景与研究对象，围绕着消费者的行为意愿展开思考，信贷消费意愿表明了消费者愿意使用信贷产品的可能性，因此从信贷消费意愿与持续使用意愿展开对基础理论的梳理，更为贴切研究主题，体现研究场景的特征。对于互联网消费信贷的相关研究主要从概念区分、类型划分与重点研究的分布展开具体阐述。

（一）理论基础

信贷消费意愿是指消费者愿意使用信贷产品满足消费需求的意愿，连接着信贷消费行为与信贷消费产品。生命周期—持久收入假说与缓冲存货储蓄理论展现了刺激消费者选择消费信贷产品的两大主要动机。流动性约束是对信贷产品的客户进行信用等级划分后，影响消费者信贷消费意愿的重要理论。而长尾经济理论进一步指出了互联网消费信贷产品服务的主要消费群体特征。

1. 生命周期—持久收入假说与信贷消费意愿

生命周期假说（Life Cycle Hypothesis，LCH）与持久性收入假说（Lasting Income Theory，LIT）① 对消费行为持有一致观点，认为消费者是根据一生的收入流或者持久性的收入来优化一生的消费流。从长远角度来看，家庭消费可支配的资金不仅限于当期收入，而是由一生所获得的预期收入状况和拥有的财产状况组成。因此 Deaton 的观点认为，在执行相关的消费决策行为时，消费者会理性地依据预期收入和财产而做出消费和储蓄的安排，从而实现消费优化的目标。② 而持久性收入假说则进一步将收入分为持久性的稳定收入（工资、存款利息）和暂时性收入（奖金、罚款、财物丢失），消费决策主要受到持久性收入的影响。同时，不同消费者的特征会带来不同的消费倾向。年轻人较中年人而言，收入水平更低，为满足基本需求的消费支出超出收入的可能性更高，而中年人尽管面临的消费支出类型增加，但收入水平的同步增加会使得他们拥有储备资金的可能性更高，消费支出占比更低。到了老年阶段，由于收入水平的下降和消费支出的稳定，消费倾向会再次上升。

在生命周期假说与持久收入假说的观点下，只要消费者拥有稳定、长期性的收入，他们的当期消费支出就存在超过当期收入的可能性，即存在跨期消费的可能性，这为消费信贷产品的使用提供了市场。在现实生活中，当消费者认为他们的未来收入具有稳定性或者上升性时，他们使用消费信贷产品会存在两种情况：一是当期收入无法满足当期的日常消费水平，借助消费信贷弥补差额，达到消费平滑的目的，缓解收入波动带来的消费困扰；二是扩大当期的消费水平，非必要的消费金额增加③。总而言之，消费信贷可以作为资金过渡工具，解决居民收入无法满足当期消费支出的问题④，具有存在的必要性。因此，大力发

---

① FRIEDMAN M. A Theory of the Consumption Function [M]. Princeton: Princeton University Press, 1957.

② DEATON A. Franco Modigliani and the Life - Cycle Theory of Consumption [J]. BNL Quarterly Review, 2005, 58: 91-107.

③ RANCAN A. Income Distribution, Consumption, and Economic Growth in Italy: Kaldor's Theory Versus the Life Cycle Hypothesis, 1960s and 1970s [J]. History of Political Economy, 2019, 51 (5): 867-900.

④ 孙成昊，谢太峰. 互联网消费金融影响家庭消费升级的实证检验 [J]. 统计与决策, 2020, 36 (17): 134-137.

展消费信贷，不仅可以帮助居民实现跨期消费，还有助于提高居民消费水平，通过刺激居民消费从而拉动经济发展。

2. 缓冲存货储蓄理论与信贷消费意愿

持久收入假说中消费者对自身收入的持久性判断具有主观性，收入稳定性体现了概率特征。由于消费者面临的消费环境是不确定的，消费者在执行消费决策时会受到不确定性事件的干扰，为了控制不确定性风险，消费者会通过增加储蓄来降低资金风险。Leland 认为消费者储蓄不仅仅是为了达到有效配置资源的目的，他率先从数理方面验证了消费者会存在预防性储蓄的可能性，以降低不确定事件带来的风险。① 消费者可以利用消费信贷完成资金过渡，以防资金风险的发生，当确保风险事件的零可能性后，再将储蓄资金用于归还消费信贷的透支金额。

依据预防性储蓄理论（Precuationary Saving Theory，PST），不少学者对涉及的数理模型进行了开发研究②，并提出了不同的预防性储蓄动机。Carroll 指出，在实际情况中，消费者往往既能保证未来收入的持久性，但同时又具有预防性储蓄动机。③ 这类消费者即使拥有足够的消费资金也会倾向于跨期消费，而将自身的部分收入用于储蓄，此时的储蓄资金被视为缓冲存货，相关行为被称作缓冲存货储蓄行为。预防性储蓄理论主要凸显了消费者的风险厌恶程度，而缓冲存货储蓄模型（Buffer-Stock Saving Model，BSSM）则凸显了消费者的谨慎与消费耐心。尽管消费者拥有稳定的持久性收入，但缺乏耐心的消费者也会优先选择通过消费信贷增加当期消费。郝云飞等人发现，在家庭消费储蓄决策中，缺乏耐心的影响大于谨慎动机，子女的提前消费被视为家庭对未来的投资。④ 在净

---

① LELAND H E. Saving and Uncertainty: The Precautionary Demand for Saving [J]. Uncertainty in Economics, 1968, 82 (3): 465-473.

② KIMBALL M S. Precautionary Saving in the Small and in the Large [J]. Econometrica, 1990, 58 (1): 53-73; DEATON A. Saving and Liquidity Constraints [J] . Econometrica, 1991, 59 (5): 1221-1248; ZELDES S P. Consumption and Liquidity Constraints: An Empirical Lnvestigation [J]. Journal of Political Economy, 1989, 97 (2): 305-346; ZELDES S P. Optimal Consumption with Stochastic Income: Deviations from Certainty Equivalence [J]. The Quarterly Journal of Economics, 1989, 104 (2): 275-298; CARROLL C D, SAMWICK A. The Nature of Precautionary Wealth [J]. Journal of Monetary Economics, 1992, 40 (1): 41-71.

③ CARROLL C D. Buffer-Stock Saving and the life Cycle/Permanent Income Hypothesis [J]. The Quarterly Journal of Economics, 1997, 112: 1-55.

④ 郝云飞，宋明月，臧旭恒．人口年龄结构对家庭财富积累的影响：基于缓冲存货理论的实证分析 [J]. 社会科学研究，2017 (4): 37-45.

财富与持久收入的比值低于目标设置时，消费者会启动预防性储蓄动机从而增加储蓄。Carroll 的研究结论证明缓冲存货储蓄模型适用于 50 岁之前的消费者，而消费信贷产品的受众群体也集中于 18—50 岁人群。[①] 中国居民家庭以风险厌恶为主，具有较强的风险规避动机。根据《2018 年中国消费信贷市场研究》的调研数据，71.77%的消费信贷客户认为即使他们手头有钱，也希望保持一定的活钱（流动性）在手上，不愿意一次性全部投入。因此在研究中国消费者对互联网消费信贷产品的持续使用意愿时，需要考虑到消费者的缓冲存货型储蓄心理。

3. 流动性约束理论与信贷消费意愿

持久收入假说的提出源于消费者对未来收入的确定性评估，而缓冲存货储蓄理论源于消费者对未来收入的不确定性评估，二者引出了消费者收入的流动性约束问题，由此得到了流动性约束理论（Liquidity Constraint Theory，LCT）。尽管消费者具有强烈的消费信贷意愿，但由于自身所受到的流动性约束会反过来再次对消费信贷意愿产生影响。流动性约束主要体现为在借款成本高于储蓄利得时，消费者无法获取满足自身消费的贷款金额。当消费者受限于流动性约束时，结合预防性储蓄理论，他们会降低预期消费水平，因此流动性约束也是增强消费者预防性储蓄动机的不确定性事件之一。事实上，流动性约束对预防性储蓄的促进作用也显著高于收入不确定对预防性储蓄的影响。[②]

消费信贷是缓解消费者流动性约束的重要方式。[③] 相较于信用卡等消费信贷形式，互联网消费信贷产品的使用更为便利，弥补了传统金融对消费需求支持的不足，进一步弱化了对消费者在日常消费需求金额方面的流动性约束[④]。一方面，消费者愿意使用互联网消费信贷产品以增加当期消费水平；另一方面，消费者为了缓解其他方面资金所受到的流动性约束风险，愿意使用互联网消费信

① CARROLL C D HALL R E, ZELDES S P. The Buffer-Stock Theory of Saving: Some Macroeconomic Evidence [J]. Brooking's Papers on Economic Activity, 1992 (2): 61-135.

② CARROLL C D. SAMWICK A. The Nature of Precautionary Wealth [J]. Journal of Monetary Economics, 1992, 40 (1): 41-71; CARROLL C D. Buffer-Stock Saving and the Life Cycle/Permanent Income Hypothesis [J]. The Quarterly Journal of Economics, 1997, 112: 1-55; DEATON A. Life-Cycle Models of Consumption: Is the Evidence Consistent with the Theory [C] //BEWLEY F. Advances in Econometrics, Fifth World Congress. Cambridge: Cambridge University Press, 1987: 121-148.

③ 南永清，孙煜．消费信贷影响了居民消费行为吗［J］．现代经济探讨，2020（7）：10-19.

④ 刘彤彤，吴福象．乡村振兴战略下的互联网金融与农村居民消费［J］．福建论坛（人文社会科学版），2020（3）：115-125.

贷产品以达到预防性储蓄的目的。流动性约束会对消费者的消费信贷意愿产生影响，而流动性约束理论解释了中国消费信贷市场总体潜在需求大于总供给的根本原因，通过大力发展个人互联网消费信贷业务，可以在一定程度上缓解流动性约束问题。

4. 长尾理论与互联网信贷消费意愿

“长尾”这一概念是由美国《连线》杂志主编 Chris Andersen 在 2004 年提出的。在二八定律中，20%的主体消费者被认为能带来 80%的销量和利润，因此只需关注 20%的主体部分而忽略剩余 80%的长尾客户需求。但长尾理论（The Long Tail，LT）认为 80%的长尾客户聚集起来也可以拥有巨大的市场价值，占据可观的市场份额①，据此得到图 2-1 所示的长尾理论模型。

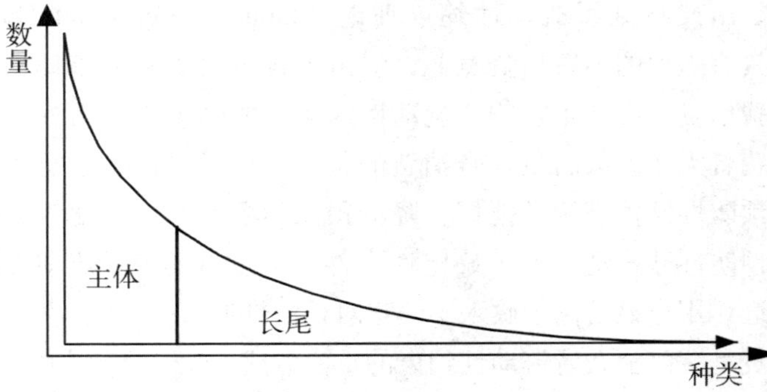

图 2-1　长尾理论模型

在消费信贷的市场中，传统信贷行业认为大客户是真正带来大利润的主要群体，而小微企业、普通的个人客户存在分布分散、挖掘成本高、风险控制难度大等特征，机构所承担的风险大于小客户带来的利益，由此产生了流动性约束，也被称为信贷约束。从机构角度出发，流动性约束强度与人均收入和财富水平挂钩②，因此在传统信贷行业中，80%的长尾客户面临着更高的信贷约束。农村居民相较城镇居民而言，受到的流动性约束更强，不同地区的居民流动性约束也有所差异。

① KAMPES C F. Tail or No Tail? Applicability of the Long Tail Theory to the German Online Media Market [J]. Central European Journal of Communication, 2020, 13 (3): 371-389.

② 甘犁，赵乃宝，孙永智．收入不平等、流动性约束与中国家庭储蓄率 [J]. 经济研究，2018，53 (12)：34-50；张欣，臧旭恒．家庭资产结构、流动性约束与异质性消费者行为 [J]. 消费经济，2020，36 (1)：13-25.

互联网金融背景及大数据技术的引入开始对消费信贷市场的"尾部"客户进行关注，风险控制成本的大幅度降低体现出了"尾部"客户庞大的市场价值。利用互联网的便捷性和高效率，互联网金融正式依托这一条"长尾"在国内得以迅速发展。① 互联网消费信贷业务利用其轻资产、低成本的优势，主要针对80%的微小企业和个人客户展开多元化的金融服务。当互联网和大数据技术被运用到信贷产品中，80%的微小用户也可获取信贷支持以满足自身的消费需求，而20%的大客户也可选择互联网信贷产品作为补充选项，消费者的流动性约束被进一步降低。随着长尾客户的市场价值不断被挖掘以及传统商业银行信贷产品的互联网化，互联网金融公司提供的互联网消费信贷产品与传统商业银行提供的信贷产品逐渐由替补关系转变为竞争关系②。如何增大"尾巴"，制造小额消费者，满足更多长尾客户的信贷需求是管理者抓住商机所需思考的关键问题，从而也使得长尾经济理论更有效。通过分析发现，长尾经济理论适用于解释互联网消费信贷场景中的消费者行为意愿，并且确定了使用相关产品的客户特征，为相关研究的开展提供了一定的理论支撑。

（二）概念区分

消费信贷的规模扩大与技术的更新拓展了业务类型，互联网金融业务的快速发展引起了学者对相关领域研究的广泛关注。互联网消费信贷的出现进一步对消费信贷的概念划分提出了要求。如何对消费信贷、消费金融、互联网金融、互联网消费金融、互联网消费信贷等相似概念的内涵及包含的业务范围进行有效区分，本书做了具体的对比分析与逻辑梳理。

1. 消费信贷。从广义层面来看，消费信贷是指金融机构向个人和家庭发放的贷款，主要满足贷款对象的消费需求；狭义层面的消费信贷进一步指出贷款主要用于购买商品、服务等私人用途的需求。③ 美国联邦储备委员会对消费信贷的定义强调了消费信贷存在中、短期之分，且贷款的发放渠道主要是通过商业银行。因此消费信贷的定义主要凸显了贷款来源、贷款对象、贷款目的以及贷款期限的范围，突出了"消费"二字。在具体研究中，可以按照资金来源的不同、贷款用途的不同以及贷款方式的不同对消费信贷进行划分，例如在传统消

---

① 封思贤，宋秋韵．数字金融发展对我国居民生活质量的影响研究［J］．经济与管理评论，2021，37（1）：101-113.

② 宋科，武沛璋，李鸿翔，等．互联网消费信贷与传统消费信贷：互补还是替代？［J］．管理科学学报，2023，26（4）：41-61.

③ 谭兆何．互联网背景下消费信贷的现状及影响因素研究［D］．昆明：云南师范大学，2019.

费信贷中，贷款方式包括信用、抵押、质押、担保或保证等贷款，消费信贷并不包括长期的个人住房抵押贷款。

2. 消费金融。已有研究从多个维度对消费金融的内涵进行了探讨，但总体而言，消费金融可理解为与消费相关的所有金融活动①。本书参考 Tufano 的观点，认为消费金融是指与消费者相关的所有金融活动，具备支付、风险管理、储蓄和投资功能②，其主要的金融活动包括以银行卡等支付媒介进行的消费支付活动、以保险为消费保障的风险管理活动、以金融投资为代表的投资性消费活动等，且消费金融的目标是为了实现消费者消费活动的便利性和可持续性③。依据展开业务的方式不同，黄林和董文翰认为消费金融可以分为传统消费金融与互联网消费金融。④

3. 互联网金融。关于互联网金融的定义存在两点争议：一种观点认为互联网金融是融资模式的创新，是对传统金融的颠覆；另一种观点认为互联网金融是传统金融在销售渠道上的创新。由中国人民银行发布的《中国金融稳定报告（2014）》中提出，广义的互联网金融既包括作为非金融机构的互联网企业从事的金融业务，也包括金融机构通过互联网开展的业务，囊括了上述两种观点。2015 年 7 月 18 日，人民银行等十部委发布的《关于促进互联网金融健康发展的指导意见》进一步指出互联网金融是传统金融机构与互联网企业利用互联网技术和信息通信技术实现资金融通、支付、投资和信息中介服务的新型金融业务模式。在业务类型方面，包括互联网支付、网络借贷、股权众筹融资、互联网基金销售、互联网保险、互联网信托以及互联网消费金融。

4. 互联网消费金融。互联网消费金融作为互联网金融的业务板块之一，也包含着传统消费金融的互联网化和互联网企业构建的消费金融平台。结合消费金融的概念，廖理和张学勇认为互联网消费金融是传统金融机构或者新兴金融机构通过互联网向消费者提供用于消费的金融产品或服务，包括互联网消费信贷、投资、财富管理等金融服务。⑤ 尹一军认为互联网消费金融存在广义与狭义之分，广义的互联网消费金融是指在线支付和互联网理财等金融服务，狭义的

---

① 王江，廖理，张金宝．消费金融研究综述［J］．经济研究，2010（S1）：5-29.

② TUFANO P. Consumer Finance［J］. Journal of Economic Literature, 2009（1）：227-247.

③ 凌炼．消费金融对我国城镇居民消费行为的影响研究［D］．长沙：湖南大学，2016.

④ 黄林，董文翰．互联网消费金融：现状、问题与政策建议［J］．现代管理科学，2018（8）：67-69.

⑤ 廖理，张学勇．首届中国消费金融研讨会综述［J］．经济研究，2010（S1）：153-160.

互联网消费金融则指以个人消费者为服务对象的消费贷款及分期服务。① 在现实中，各类媒体和社会公众经常使用的“互联网消费金融”，通常是指银行、消费金融公司或者互联网企业等市场主体，以互联网或者移动互联网为技术手段，向个人或者家庭提供的、用于满足其对除房屋和汽车之外的其他商品和服务消费需求的信用服务。

5. 互联网消费信贷。狭义的互联网消费金融与互联网消费信贷内容重合，在诸多报告、研究的表述中会将二者进行替换。但从广义层面来看，互联网消费信贷突出了互联网消费金融中对消费者个人、家庭提供的短期信用贷款服务，因此互联网消费信贷可以视为互联网消费金融的业务核心。目前学术界对于互联网消费信贷的定义多数是以互联网消费金融指代或在其基础上进行的总结，尚未形成统一观点。冷霄汉认为互联网消费信贷是借助于互联网在线上进行申请、审核、放款及还款全流程的新型消费信贷业务，是传统消费信贷的互联网化。② 结合已有研究的观点以及区别于其他相关概念的目的，本书认为互联网消费信贷指传统金融机构、消费金融公司和互联网消费金融公司通过互联网平台向个人或家庭发放的消费性贷款，是互联网技术和消费信贷业务的融合，包括传统消费信贷业务的互联网化。贷款主体既包括商业银行，也包括有资质的消费金融公司、互联网消费金融公司；贷款对象是个人或家庭；贷款的用途主要是消费性开支需要；关键特征在于贷款过程所依托的是柜台之外的互联网技术或互联网平台。

互联网消费信贷在消费信贷、消费金融的概念基础上增加了互联网技术特征。互联网消费信贷隶属于互联网消费金融、互联网金融，更凸显以“消费”为目的的信贷业务，不包括股权众筹融资、互联网保险等互联网金融业务，也不包括投资、财富管理等金融服务。上述概念之间的区分主要在于业务开展形式和业务范围的不同，根据这两点梳理出如图 2-2 所示的逻辑关系。

（三）类型划分

互联网消费金融公司是在技术发展与市场需求驱动下产生的，不同于商业银行的资金实力、风控能力以及消费金融公司的执照资质，互联网消费金融公司的概念更契合由技术进步而衍生的新主体。本书主要对互联网消费金融公司推出的消费信贷产品展开实证分析，而商业银行传统消费信贷产品时互联网化

---

① 尹一军．互联网消费金融的创新发展研究［J］．技术经济与管理研究，2016（6）：67-71.

② 冷霄汉．基于新型信用评估的互联网消费信贷研究［D］．济南：山东大学，2014.

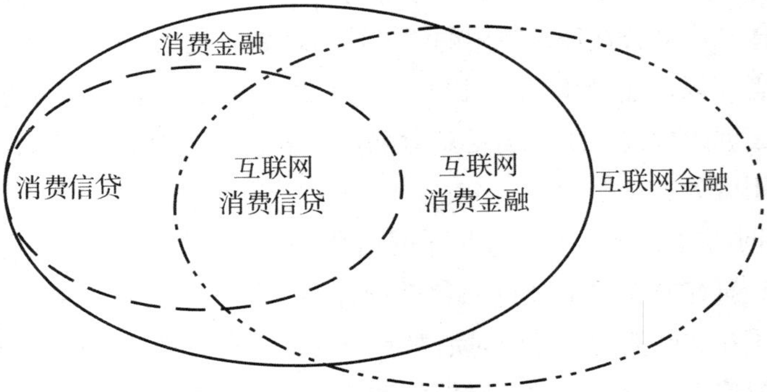

图 2-2　互联网消费信贷相关概念关系图

与消费金融公司的信贷产品则被视为互联网消费金融公司产品的竞争对手。

互联网消费信贷产品可以依据产品用途或目的进行划分，例如综合、信用、旅游、教育、医疗贷款等①。这种划分类型比较常出现在深耕场景业务的垂直分期平台类消费金融机构。但消费信贷的用途过于宽泛，例如，电商平台类消费金融机构提供的互联网消费信贷产品无法控制信贷的最终用途，因此不便于分组样本的准确划分。本书主要介绍基于发展模式的不同，对互联网消费信贷产品类型进行总结。

1. 发展模式。发展模式主要体现为消费金融机构的类型差异，提供互联网消费信贷产品的互联网消费金融公司发展模式分为三种，分别是电商平台、垂直分期购物平台与网络借贷平台。

（1）电商平台类消费金融机构。此类机构主要是依托自有平台的线上消费场景形成庞大的用户流量，同时向用户提供消费信贷服务，其发展模式原理如图 2-3 所示。电商平台类消费金融机构向消费者提供的信贷产品可以分为两类：一类是在消费者购买自营商品或者其他平台上其他商户的商品时提供受托支付式的分期购物贷款（场景消费金融），另外一类是直接贷款式的现金借贷（现金贷）。在受托支付式中，消费者在购买电商平台上的产品时，可以先行赊销购物，分期付款，类似于传统商业银行提供的信用卡产品，只不过是依托于电子商务平台而推出的虚拟产品。这一类产品可以应用于电子商务平台的消费场景，直接购买平台商品，代表性产品有京东白条、蚂蚁花呗、美团月付。在直接贷款式中，消费者申请的贷款可以直接打入电商支付账户，并允许转账到银行卡，

① 清华大学中国经济思想与实践研究院，清华大学中国与世界经济研究中心．2018 中国消费信贷市场研究［R］．北京：清华大学中国与世界经济研究中心，2019：1-30.

其使用范围不再局限于电商自身的平台，比如京东金条、蚂蚁借呗、百度有钱花。

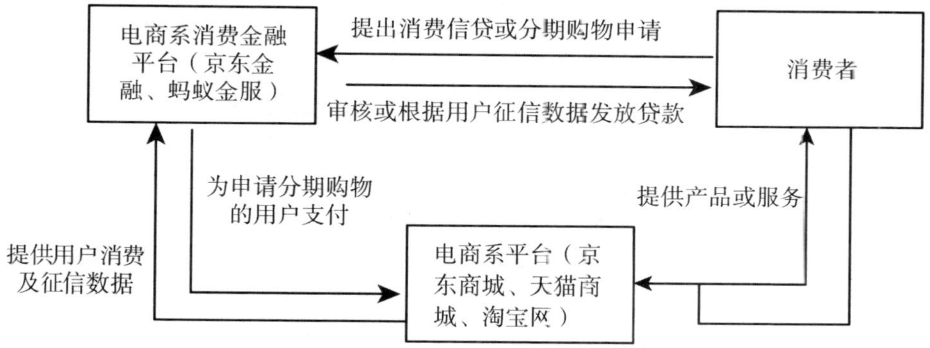

图 2-3 电商系互联网消费金融模式

资料来源：《2018 中国消费信贷市场研究报告》。

（2）垂直分期平台类消费金融机构。与综合性电商平台不同，互联网垂直分期平台是针对某一特定消费场景下消费人群的购物需求而设计的精细化消费金融产品的平台，其运作模式如图 2-4 所示。可以看出，互联网垂直分期平台的“垂直”二字指代了细分领域的专业化水平，从某一细分领域开始，再不断渗透到其他应用场景，最终达到提供综合消费金融服务的目的。互联网垂直分期平台的业务模式也是受托支付式，消费者只需要在垂直分期平台上提出信贷分期申请，平台依据审核标准审批后，自双方签订协议开始，便由平台将债权打包，通过互联网理财平台找到投资者投资，再由互联网理财平台放款给互联网垂直分期平台，平台向电商/供应商购买产品、下单付款，电商/供应商合作的物流伙伴将货物送至平台或消费者的手中。在消费者还款时，款项经过消费者、互联网垂直分期平台、互联网理财平台，最终按期回到投资者处。至此，受托支付服务结束。

（3）网络借贷平台类消费金融机构。事实上，互联网借贷产品最先出现于 P2P 网络借贷，即个体与个体之间通过互联网平台实现投资需求与借贷需求，扩大了网络借贷资金池。而网络小额贷款也通过平台搭建借贷交易，但不同的是，提供借贷资金的不再是个体，而是互联网企业控制下的直接借贷式公司，由银保监会监管、企业出资满足个体的信贷需求。网络借贷平台主要是指为用户提供现金借贷的网络借贷平台，目前主要包括 2345 贷款王、现金巴士、永利宝等网贷平台。网贷平台提供消费金融业务的模式只有直接借贷式，即直接借钱给消费者去消费。以 2345 贷款王为例，它是 2345 网络控股集团国内创新的

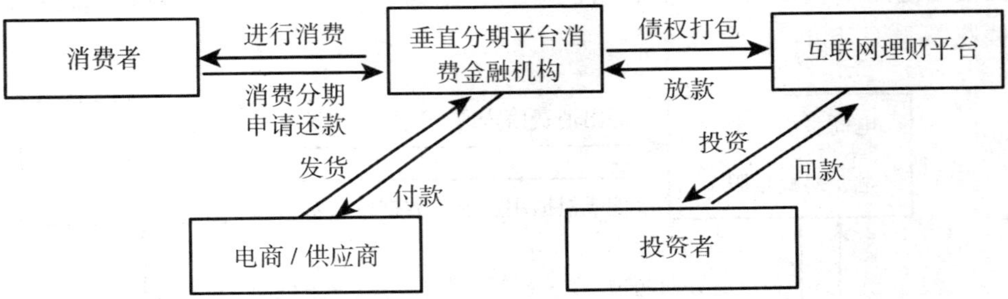

图 2-4 垂直分期平台类消费金融机构的运作模式

资料来源：《2018 中国消费信贷市场研究报告》。

对接个人与权威金融机构的信贷技术服务平台，非 P2P，只贷不储。平台上提供各大持牌金融机构的消费金融产品，提供 500 元—5000 元的小额消费信贷服务，为用户消费量身打造金融服务。2345 贷款王从 2014 年开始涉足金融变现，到 2015 年启动定增，加码创新金融，再到 2016 年公司现金贷产品迎来爆发式增长。

互联网垂直分期平台与网络借贷平台类金融机构是分别旨在覆盖特定客户群体、进一步扩大长尾客户群体而发展起来的，一定程度上弥补了电商平台类消费金融机构的服务市场空白，但整体上市场份额明显小于电商平台类消费金融机构。

2. 产品类型。产品类型的划分方式存在多种，通过对三类互联网消费金融公司及其所供应产品类型的梳理，本书依据支付方式将互联网消费信贷产品分为两类，即受托支付式的场景消费金融产品与直接借贷式的小额消费信贷产品，以下简称为受托支付式产品和直接借贷式产品，并结合机构类型对产品进行介绍。

（1）受托支付式产品。受托支付是指互联网消费金融平台接收到消费者的提款申请和支付委托后，将贷款资金直接支付给消费者所购商品的交易对象，在还款时可以实行分期还款。这一类产品具有更为强烈的场景特征，依赖于平台提供的消费场景，能明确消费者的贷款用途。代表性产品源于电商平台类消费金融机构与垂直分期平台类消费金融机构，不同的是两类平台的资金合作方式。

（2）直接借贷式产品。直接借贷式产品与受托支付式产品的主要区别在于贷款最终用途的不确定性以及贷款金额规模的大小。消费者所申请的贷款一旦通过审批后，可以直接转至个人银行账户使用，因此无法确定资金的最终去向。

电商平台类消费金融机构和网络借贷平台类消费金融机构可提供直接借贷式产品。一般而言，直接借贷式产品提供的贷款金额会高于受托支付式产品，主要依靠消费者的信用水平和资金需求来决定。

三类互联网消费金融公司在市场上的发展各有优劣。本书最终结合机构类型，将互联网消费信贷产品分为互联网受托支付式产品与互联网直接借贷式产品，并作为后文研究中的样本分组依据，进行稳健性分析。

（四）重点研究

概念区分与类型划分介绍了互联网消费信贷的相关概念和发展模式，有助于理解本书研究对象。鉴于狭义的互联网消费金融范围基本等同于互联网消费信贷，因此在对互联网消费信贷相关研究进行总结时，本书还对互联网消费金融的研究内容进行了参考，主要集中在以下几个方面。

1. 互联网信贷风险。互联网的加入让消费金融、消费信贷由精英人群向大众消费转化，市场群体的外延极速扩大，致使消费者权益更易受到侵害。与传统商业银行消费信贷业务相比，互联网消费信贷通过降低交易成本与交易门槛，着眼于低净值客户的标准化产品与普惠性金融服务供给。互联网消费信贷的信用风险和操作风险与传统消费信贷相比有明显差异，并且蕴含着更大的社会风险。例如信息泄露、身份识别、第三方资金存管安全、金融基础设施风险、操作风险、法律风险、信用违约风险等。① 而在大学生使用互联网消费信贷产品的过程中，冲动消费、信息泄露、平台诈骗等问题发生的可能性更高。以“电商+网贷”为代表的大学生网络信贷消费迅猛发展、“双刃剑”效应突出，而当下强化公法规制的效果有限且负外部性明显，应探索相应的私法规制路径②。

2. 权益保护与监管。新型诈骗事件的频繁发生引起了学者对消费者权益维护的关注。尽管中国相关法律规定了金融消费者所享有的权益，但互联网消费金融将参与主体的概念模糊化，互联网金融消费者利益集团化，大数据等技术带来了信息安全风险问题，这些都使得互联网消费金融的消费者权益保护更为复杂。袁远认为，监管不足是导致消费者权益无法得到保障的重要原因，相关规定的表述过于简单，缺乏针对性。同时，企业机构缺乏保护消费者权益的积

① 付荣，姚红利，王雪梅．互联网消费信贷行为及满意度调查分析：以杭州市为例［J］．杭州电子科技大学学报（社会科学版），2019，15（6）：26-31；程雪军，王刚．互联网消费金融的风险分析与监管建构［J］．电子政务，2020（5）：80-90.

② 冯辉．论互联网金融的私法规制：以大学生网络信贷消费合同的效力问题为例［J］．南京社会科学，2017（12）：82-86.

极性，以企业利益最大化为主。① 程雪军从产业链角度出发，发现当前中国互联网消费金融产业的上游消费需求端、中游消费金融核心端以及下游消费供给端已逐渐发展完善，但仍然在资金、场景、平台、风控与监管等方面存在发展困境。② 同时，面对信贷资产证券化的发展趋势，程雪军、吴敏、王刚等人陆续分析了当前中国互联网消费金融监管、互联网消费金融资产证券化、金融科技应用的监管现状与不足，并给予了对策建议。③ 杨曦着重探讨了互联网消费信贷中针对消费者的个人征信法律问题，借鉴美国、欧盟、日本在个人征信信息保护规制方面的措施，认为监管法律需要完善，行业行为需要规范，信用意识需要提高。④

3. 消费者行为意愿。关于互联网消费信贷与消费者行为的研究主要体现在两方面：一是互联网消费信贷产品的使用引起的居民消费行为变化。互联网消费信贷的出现在一定程度上促使了居民消费升级，潜移默化地改变了居民的消费倾向。付荣等人对消费者使用互联网消费信贷产品的原因、使用频率、授信额度、还款情况进行了调查分析，仅有 3.6%的消费者存在拖欠贷款的现象。⑤ 彭小辉等人通过构建金融机构与大学生消费信贷决策的动态博弈模型，探讨了互联网信贷快速进入大学生群体市场、并取代传统信贷的原因，检验了信誉机制的有效性。⑥ 赵保国和盖念的研究发现，与居民基本生存性消费支出相比，互联网消费金融的发展对居民享受性消费支出增长的贡献率更高；互联网消费金融有利于扩大居民的享受性消费支出，从而优化国内消费结构，推动经济增长。⑦ 孙成昊和谢太峰利用中国家庭金融调查（CHFS）2011—2017 年的面板数

---

① 袁远．监管视角下互联网金融消费者保护研究［J］．经济纵横，2019，403（6）：122-128.

② 程雪军．互联网消费金融的发展困境与路径选择：基于产业链的研究视角［J］．兰州学刊，2020（9）：104-114.

③ 程雪军．互联网消费金融：科技应用、问题与监管对策［J］．当代经济管理，2020，42（7）：83-91；程雪军，吴敏，马楠．互联网消费金融资产证券化的发展反思与监管建议［J］．消费经济，2020，36（2）：10-19.

④ 杨曦．互联网消费信贷中个人征信信息的法律保护［J］．河北法学，2020，38（3）：164-174.

⑤ 付荣，姚红利，王雪梅．互联网消费信贷行为及满意度调查分析：以杭州市为例［J］．杭州电子科技大学学报（社会科学版），2019，15（6）：26-31.

⑥ 彭小辉，王静怡，王坤沂．博弈视角下大学生互联网消费信贷决策行为研究［J］．审计与经济研究，2020，35（1）：120-127.

⑦ 赵保国，盖念．互联网消费金融对国内居民消费结构的影响：基于 VAR 模型的实证研究［J］．中央财经大学学报，2020（3）：33-43.

据对居民家庭消费结构的变化进行了分析，发现互联网消费金融的出现促使家庭消费升级，对低收入群体、农村家庭、中东部地区的影响更为明显。①

二是消费者使用互联网消费信贷产品的影响因素探索。Pi 等人以网上金融服务为例，发现消费者的认知信任和情感信任会正向影响他们的持续使用意愿。② Chang C. C. 和 Chang P. C. 运用 Logistic 回归模型验证了感知隐私保护、感知安全性和个人创新性与互联网金融服务的使用意愿之间存在正向的影响关系。③ 邓恩等人将研究视角投放于互联网金融品牌的属性特征，结果表明品牌的产品属性与传播属性均会提升消费者购买或使用该品牌的意愿，其中互联网金融品牌产品属性对消费者选择行为的影响作用更大。④ 彭小辉和王坤沂发现大学生的金钱态度受到个体社会化的显著影响，社会底层家庭的大学生更偏向于“权利与享受”维度，受父母消费习惯影响的大学生金钱态度更为保守。⑤ 除此之外，金钱态度、社会化影响源、父母消费行为、社会阶层、年级等因素在不同程度上影响着大学生互联网消费信贷使用意向。

相关领域的研究还在不断更新，互联网信贷风险作为影响消费者行为意愿的影响因素之一，旨在体现互联网消费信贷产品使用的独有风险特征，有助于概念模型的构建。对使用互联网消费信贷产品的消费者权益保护和监管现状有所了解，有助于基于实证结论提出针对企业、消费者和政府三个维度的对策建议，共同保证行业的健康发展。互联网消费信贷产品相关的消费行为意愿研究体现了互联网消费信贷对消费的刺激作用，提供了概念模型构建的参考方向。

二、持续使用意愿的相关研究

持续使用意愿衔接了消费者的上一次行为结果与下一次的行为决策。因此，本书在对持续使用意愿的相关研究进行梳理时，首先明确支撑的理论基础，然后对持续使用意愿的概念内涵和维度划分进行探讨。互联网消费信贷相关研究

① 孙成昊，谢太峰．互联网消费金融影响家庭消费升级的实证检验［J］．统计与决策，2020，36（17）：134-137.

② PI S M, LIAO H L, CHEN H M. Factors that Affect Consumers' Trust and Continuous Adoption of Online Financial Services [J]. International Journal of Business and Management, 2012, 7.

③ CHANG C C, CHANG P C. A Study on Taiwan Consumers' Adoption of Online Financial Services [J]. Asia Pacific Management Review, 2013, 18 (2): 197-219.

④ 邓恩，向志强，赵明．品牌传播对互联网金融业消费者选择行为影响研究［J］．财经理论与实践（双月刊），2017，38（209）：33-38.

⑤ 彭小辉，王坤沂．消费者社会化、金钱态度与互联网消费信贷行为［J］．统计与信息论坛，2019，34（5）：110-118.

主要展现了本书的研究场景特征，持续使用意愿作为本书研究的目标变量，其影响因素是本书的研究重点，因此对持续使用意愿影响因素的文献成果梳理将在下一小节展开具体阐述。本小节主要针对持续使用意愿的理论研究成果进行总结。

（一）理论基础

持续使用意愿反映了正向的购后行为意愿，消费者购买决策模型解释了持续使用行为的存在节点，展示了影响消费者行为意愿的外部因素、营销因素与消费者内在动机。明确了持续使用意愿及行为的产生节点，其产生原因的解释则源于顾客感知价值理论和顾客满意度理论，突出了消费者对感知利得与成本的权衡，进一步拓展了影响消费者持续使用意愿的因素范围。互联网消费信贷产品具有显著的信息技术特征，期望确认模型则是在顾客价值理论基础上进一步整合用户接受行为模型去解释信息系统中的消费者持续使用意愿，展现了影响持续使用意愿的期望确认程度与满意度两大关键因素。

1. 消费者购买决策理论与持续使用意愿

在具体的实证研究中，狭义的消费者行为可以体现为一个决策过程，主要包括了消费者在获取、使用、处置消费产品等阶段而发生的具体行为。由于狭义的消费者行为最先体现在对实体产品的购买交易场景中，因此学者们基于理论研究对消费者购买决策模型的组成部分进行了开拓研究，展现了消费者行为的阶段性构面。消费者购买决策则是指消费者谨慎地评价某一产品、品牌或服务的属性并进行选择、购买能满足自身特定需求的产品的过程。最具有代表性的消费者购买决策模型分别是 Nicosia 模型、Howard-Sheth 模型、Engel-Kollat-Blackwell（EKB）模型和 Kotler 行为选择模型，如图 2-5 所示。

图 2-5-（a）中，Nicosia 将消费者行为决策过程划分为四个阶段，突出了厂商与消费者的双向交流特征，侧重于决策过程分析对厂商产品或服务提升的影响。厂商会依据消费者的第四阶段行为对自有产品的品质、定价、广告进行改进。Howard-Sheth 模型［图 2-5-（b）］将企业态度进一步以消费者视野拓展为外在因素与刺激，从“刺激—反应”概念出发，认为实体刺激、符号刺激与社会环境刺激会结合消费者本身的消费动机等特性而使得消费者产生消费意愿，然后经过系列认知、学习过程后产生购买行为。Howard-Sheth 模型率先关注了消费者购物决策过程中消费者的心理认知与影响购后行为的满意度问题。Kotler 则强调了外部因素与营销因素将共同对消费者行为产生影响，对 Howard-Sheth 模型进行了简化，细化了消费者特征、决策与反应，如图 2-5-（c）所示。EKB 模型［图 2-5-（d）］不仅限于对购买决策实施节点的关注，对购后

阶段的满意度形成、购后行为的产生也予以逻辑解释。当消费者使用了所选产品后，会产生满意或购买认知失调两种结果，从而影响下一次的消费决策，即购后行为。在实证分析中，EKB 模型被广泛应用于不同消费者行为研究中。①

尽管四个模型侧重点不同，但消费者购物决策模型体现了消费者行为流程以及在购后行为决策过程中存在的影响因素，为消费者行为研究提供了研究方向与理论支撑。通过总结梳理，消费者的购买决策过程可以分为以下五个阶段：问题认知、搜寻信息、方案评价与选择、购买决策和购后行为，如图 2-6 所示。但不同特征的消费者在完成这一决策过程时所经历的阶段略有差异。②

消费者购买决策模型梳理了消费者完成一次购买决策所经历的过程，同时也呈现出了消费者在决策过程中所受到的影响因素。总体而言，除消费者个人特征的影响，消费者还会受到外部环境的刺激（例如，经济、政治、文化、家庭）、营销刺激（产品、价格、广告、销售人员）以及自身的消费动机影响。在 EKB 模型突出的购后环节中，消费者会基于当次购买决策产生的满意度而采取不同的行为，调整自身的心理感知状态，决定是否执行重复购买决策。持续使用意愿属于积极的购后行为测量维度，消费者购买决策模型展现的大部分影响因素会对持续使用意愿继续产生影响，并且在实证分析中得到了验证。③

---

① TEO T S H, YEONG Y D. Assessing the Consumer Decision Process in the Digital Marketplace [J]. Omega: The International Journal of Management Science, 2003, 31 (5): 349-363; HAN Y, ZHANG T T, WANG M. Holiday Travel Behavior Analysis and Empirical Study with Integrated Travel Reservation Information Usage [J]. Transportation Research Part A-Policy and Practice, 2020, 134: 130-151; LO L Y S, LIN S W, HSU L Y. Motivation for Online Impulse Buying: A Two-Factor Theory Perspective [J]. International Journal of Information Management, 2016, 36 (5): 759-772; SIHI D. Home Sweet Virtual Home: The Use of Virtual and Augmented Reality Technologies in High Involvement Purchase Decisions [J]. Journal of Research in Interactive Marketing, 2018, 12 (4): 398-417.

② SWINYARD W R, CONEY K A. Promotional Effects on a High-Versus Low-Involvement Electorate [J]. Journal of Consumer Research, 1978, 5 (1): 41-48.

③ ASHRAFI A, ZARERAVASAN A, SAVOJI S R, et al. Exploring Factors Influencing Students' Continuance Intention to Use the Learning Management System (LMS): A Multi-Perspective Framework [J]. Interactive Learning Environments, 2020, 30 (8): 1475-1497; KHARE A, DIXIT S, Sarkar S. Factors Affecting Website Continuance Intention: A Study of Indian Travel Websites [J]. Information Technology & Tourism, 2020, 22 (2): 243-271; TAN M L, PRASANNA R, STOCK K, et al. Usability Factors Influencing the Continuance Intention of Disaster Apps: A Mixed-Methods Study [J]. International Journal of Disaster Risk Reduction, 2020, 50; 于宝琴，李顺东，张初兵. 服务失败后情绪反应与购后行为的关系研究 [J]. 现代财经（天津财经大学学报），2018, 38 (5): 91-100.

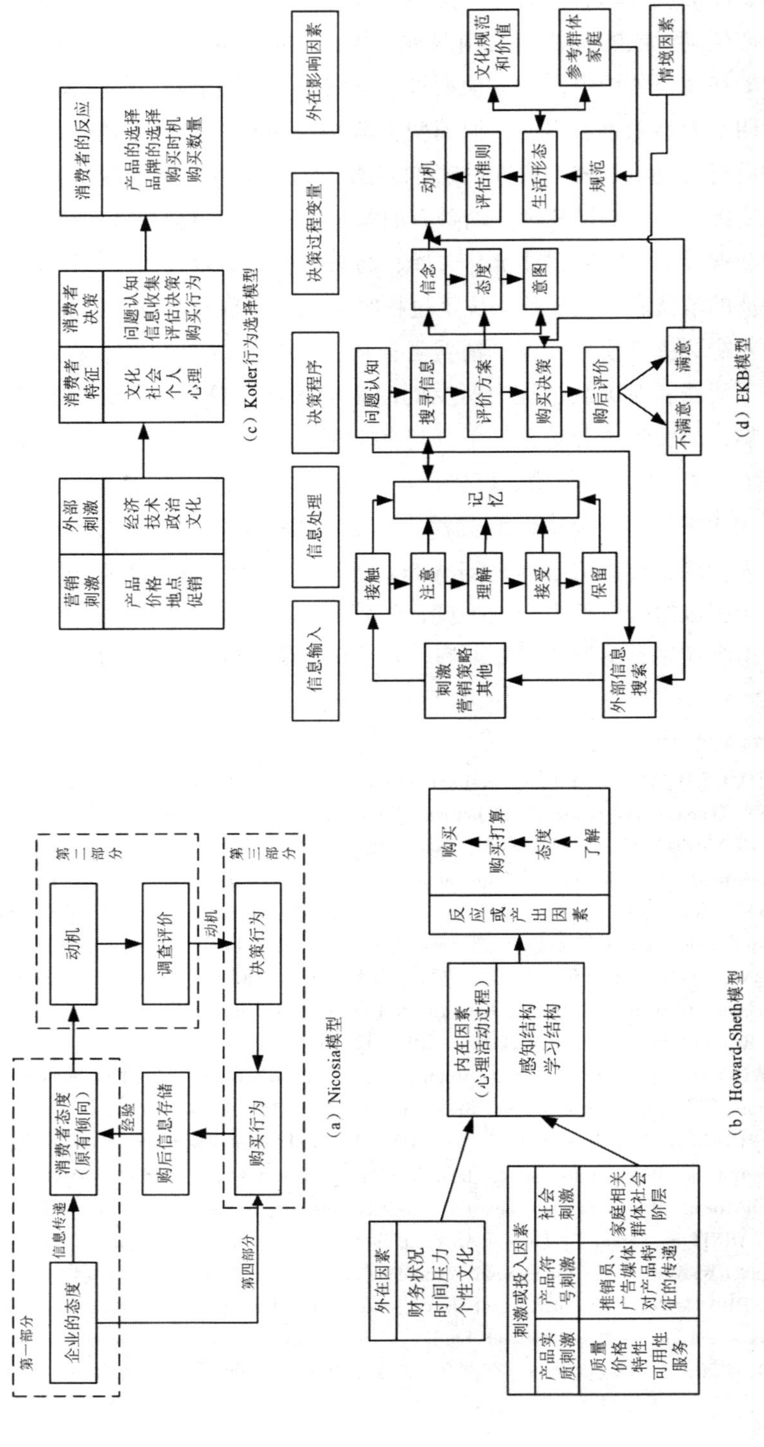

图2-5 消费者购买决策模型

图 2-6 消费者购买决策过程

2. 顾客感知价值理论与持续使用意愿

顾客感知价值理论观点是基于消费者视角出发，认为顾客价值实际上是消费者所感知到的收益与成本之间的权衡结果。Zeithaml 对比了顾客在实施消费行为时的感知利得与实施消费行为时的成本付出，认为所作出的整体评价体现为顾客感知价值（Customer Perceived Value，CPV）。① Kotler 在 Zeithaml 的概念基础上提出了顾客让渡价值（Customer Delivered Value，CDV）。② Woodruff 所定义的顾客价值更加复杂，他认为客户价值实际上是一种客户对于产品的综合评价，将感知利得与感知成本转化为了促进作用与阻碍作用的表述。③ 董大海等人认为，顾客在购买和使用某一个产品的整个过程中对所获得的效用与所付出的成本的比较，即为顾客价值。④ 基于本书研究场景，感知利得包括使用互联网消费信贷产品或服务所带来的有用性、娱乐性、便利性等。而感知成本是指消费者为获取互联网消费信贷产品或服务使用权所耗费的机会成本、时间成本、努力程度、所支付的利息等。企业需要从顾客导向出发，把顾客感知价值作为决定因素去进一步提高改善产品或服务为顾客带来的价值感知。⑤

由于顾客感知价值具有动态性特征，在商品整个使用寿命期间，顾客会在

① ZEITHAML V A. Consumer Perceptions of Price, Quality, and Value: A Means-End Model and Synthesis of Evidence [J]. Journal of Marketing, 1988, 52 (3): 2-22.

② KOTLER P. Marketing Management: Analysis, Planning, Implementation and Control [M]. Upper Saddle River: Prentice Hall, 1997.

③ WOODRUFF R B. Customer Value: The Next Source for Competitive Advantage [J]. Journal of the Academy of Marketing Science, 1997, 25 (2): 139.

④ 董大海，权小妍，曲晓飞. 顾客价值及其构成 [J]. 大连理工大学学报（社会科学版），1999 (4): 18-20.

⑤ HONG J C, LIN P H, HSIEH P C. The Effect of Consumer Innovativeness on Perceived Value and Continuance Intention to Use Smartwatch [J]. Computers in Human Behavior, 2017, 67: 264-272; LUO Y M, YE Q W. The Effects of Online Reviews, Perceived Value, and Gender on Continuance Intention to Use International Online Outshopping Website: An Elaboration Likelihood Model Perspective [J]. Journal of International Consumer Marketing, 2019, 31 (3): 250-269; WANG C L, TEO T S H, LIU L N. Perceived Value and Continuance Intention in Mobile Government Service in China [J]. Telematics and Informatics, 2020, 48.

心理上不断调整所使用产品的应有价值，被称作心理折旧效应。① 王俊男认为顾客满足需求获得价值的实现过程体现在购后阶段，便构建了基于顾客价值的持续使用意愿模型。② 顾客感知价值的不同也会影响顾客的再购意愿和推荐意愿等行为倾向。③ 当顾客感受到的服务价值质量高时，会显著增加其再次消费的可能性；④ 而感受到的服务价值质量较低时，则会对行为意向产生负向影响。⑤ 在不同应用场景中，也证明了顾客感知价值与持续使用意愿间的显著影响，例如，Konuk 研究了有机食品餐厅的回访率与其食品质量、感知价值的关系。⑥ El-Adly 发现在酒店场景中，感知价值能正向促进消费者的满意度与忠诚度形成。⑦ Hsiao 则论证了功利价值和社会价值对社交商务行为意向的正向影响。⑧

可以看出，消费者发生一次消费行为后的持续行为意愿由其感受到的价值而直接决定。消费者感知价值越高，发生重复使用、拒绝其他同类产品、口碑宣传行为的可能性越高。并且，消费者感知价值需要由消费者完成初次购后行

---

① 刘波，叶勇．心理折旧视角下的顾客价值与顾客满意研究［J］．价格月刊，2009（4）：70-72.

② 王俊男．基于顾客价值理论的顾客购后行为研究［J］．技术与创新管理，2010（4）：465-468.

③ LUO Y M, YE Q W. The Effects of Online Reviews, Perceived Value, and Gender on Continuance Intention to Use International Online Outshopping Website: An Elaboration Likelihood Model Perspective［J］. Journal of International Consumer Marketing, 2019, 31（3）: 250-269.

④ LI Y, SHANG H P. Service Quality, Perceived Value, and Citizens' Continuous-Use Intention Regarding E-Government: Empirical Evidence from China［J］. Information & Management, 2020, 57（3）: 103197.

⑤ CHOPDAR P K, SIVAKUMAR V J. Understanding Continuance Usage of Mobile Shopping Applications in India: The Role of Espoused Cultural Values and Perceived Risk［J］. Behaviour & Information Technology, 2019, 38（1）: 42-64; FOROUDI P, CUOMO M T, FOROUDI M M. Continuance Interaction Intention in Retailing Relations between Customer Values, Satisfaction, Loyalty, and Identification［J］. Information Technology & People, 2020, 33（4）: 1303-1326.

⑥ KONUK F A. The Influence of Perceived Food Quality, Price Fairness, Perceived Value and Satisfaction on Customers' Revisit and Word-of-Mouth Intentions towards Organic Food Restaurants［J］. Journal of Retailing and Consumer Services, 2019, 50: 103-110.

⑦ EL-ADLY M I. Modelling the Relationship between Hotel Perceived Value, Customer Satisfaction, and Customer Loyalty［J］. Journal of Retailing and Consumer Services, 2019, 50: 322-332.

⑧ HSIAO M H. Influence of Interpersonal Competence on Behavioral Intention in Social Commerce through Customer-Perceived Value［J］. Journal of Marketing Analytics, 2020, 9: 44-45.

为才能体现出来，因此顾客感知价值理论适合作为本书的理论基础。

3. 顾客满意度理论与持续使用意愿

Howard 和 Sheth 将顾客满意度（Customers Satisfaction Degree，CSD）定义为通过评估付出的代价与获得的收益而形成的心理状态。① Kotler 在 Hunt 的观点基础上进一步将顾客满意度定义为一种函数，即顾客对产品的期望表现与产品实际绩效的函数。② Oliver 认为满意度是顾客购买或使用产品时对其内在某种惊喜感的评价，包含了消费者对下次购买/使用的期望和基于本次消费情况的感受。③

一次决策完成后的相关行为包括自身对产品的延续购买以及口碑传播的褒贬程度，因此满意度既反映了自身对产品的态度，同时也会对其他消费者决策产生间接影响，存在连锁效应。虽然感知价值与消费者满意度均属于消费者心理过程，但在产生节点上，消费者是对已购买或使用的产品价值、成本与购买前的期望标准做出判断对比后，再产生满意/不满意、愉悦/不愉悦的情绪状态，故诸多研究认为感知价值是顾客产生满意度的重要前导变量。而持续使用意愿的直接作用因素源于消费者心理上对所购产品或服务的满意度，因此研究顾客的感知价值与持续使用意愿的关系往往添加了满意度这一中介变量。④ “顾客满意”的观点是由 Cardozo 引入营销学领域的，他认为顾客本次购买的满意程度直接会影响再次购买行为。⑤ Konuk 验证了顾客满意度在感知质量、感知价值、价格公平性与顾客行为意向间的部分中介作用，顾客满意度会正向促进顾客的行

---

① HOWARD J A, SHETH J N. The Theory of Buyer Behavior［J］. Journal of the American Statistical Association, 1969: 27-28.

② KOTLER P. Marketing Management Analysis, Planning and Control［M］. New Jersey: Prentive-Hall, 1985; HUNT H K. CS/D: Overview and Future Research Directions［C］// Conceptualization and Measurement of Consumer Satisfaction and Dissatisfaction. Cambridge: Marketing Science Institute, 1977: 455-488.

③ OLIVER R L. Satisfaction: A Behavioral Perspective on the Consumner［M］. Boston: Richard D. Irwin \ Mc Graw-Hill, 1997.

④ TRAN V D, LE N M T. Impact of Service Quality and Perceived Value on Customer Satisfaction and Behavioral Intentions: Evidence from Convenience Stores in Vietnam［J］. Journal of Asian Finance Economics and Business, 2020, 7（9）: 517-526; TUNCER I, UNUSAN C, COBANOGLU C. Service Quality, Perceived Value and Customer Satisfaction on Behavioral Intention in Restaurants: An Integrated Structural Model［J］. Journal of Quality Assurance in Hospitality & Tourism, 2021, 22（4）: 447-475.

⑤ CARDOZO R N. An Experimental Study of Customer Effort, Expectation, and Satisfaction［J］. Journal of Marketing Research, 1965, 2（3）: 244-249.

为意向。① Shin（2021）对 247 名韩国数字银行用户进行了调查，验证了有用性、便利性、员工—客户参与度和安全性对客户满意度和重用意愿的影响，以及客户满意度如何在客户体验和重用意愿之间起中介作用。②

4. 期望确认理论与持续使用意愿

由于消费者完成一轮消费决策后，会基于产品预期性能与实际绩效的对比产生满意程度评价，从而衍生出后续相关行为，即 EKB 模型的最后一个阶段。Oliver 在研究商品和服务的持续使用行为时，提出了期望确认理论（Expectation Confirmation Theory，ECT）。③ 该理论突出了 Kotler、Hunt 观点中的期望与实际绩效两个概念，实际绩效通过感知质量得以体现。从图 2-7 可以看出，期望确认理论延伸自顾客感知价值理论与顾客满意度理论，而期望确认模型则是将消费者使用前的期望与使用后的绩效进行比较，比较结果确定为期望确认这一变量。

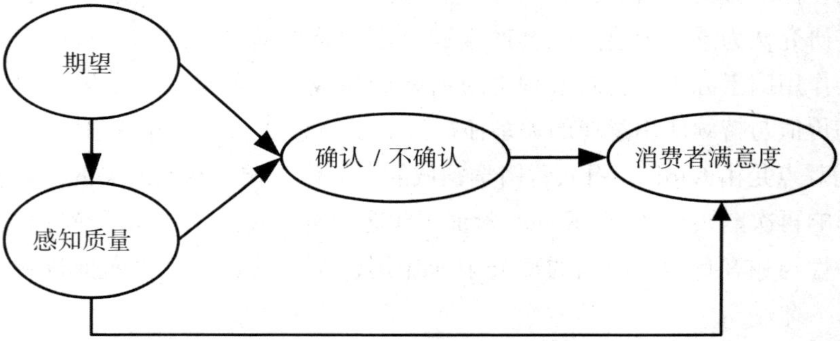

图 2-7 期望确认理论

期望确认理论清晰地体现出了消费者决策模型中的持续性行为研究模型构建思路，展示了顾客感知价值理论、顾客满意度理论的理论成果应用方向，提出了顾客感知价值—满意度—行为意向研究领域中需要重点关注的期望概念，

① KONUK F A. The Influence of Perceived Food Quality, Price Fairness, Perceived Value and Satisfaction on Customers' Revisit and Word-of-Mouth Intentions towards Organic Food Restaurants [J]. Journal of Retailing and Consumer Services, 2019, 50: 103-110.

② SHIN J W. Mediating Effect of Satisfaction in the Relationship between Customer Experience and Intention to Reuse Digital Banks in Korea [J]. Social Behavior and Personality, 2021, 49 (2): 1-18.

③ OLIVER R L. A Cognitive Model of the Antecedents and Consequences of Satisfaction Decisions [J]. Journal of Marketing Research, 1980 (4): 460-469.

因此在关于消费满意度和持续使用行为的研究中，大多数学者选择基于期望确认理论进行模型拓展与实证分析①。以“客户为中心”的服务导向引发了一系列用户接受行为研究，从而出现了计划行为理论、技术接受模型等消费者行为研究模型成果。但在持续使用行为的影响因素探索过程中，Bhattacherjee 指出消费者对信息技术的接受和选择持续使用是不同的，技术接受模型侧重于体现用户认知，而期望确认理论则体现了消费者由于产品使用经验而带来的意愿变化②，因此基于期望确认理论构建了信息系统持续使用理论模型。随着期望确认理论在国内的传播，孟祥莉和袁勤俭也指出，期望确认理论是研究传统商业领域中消费者满意度与持续使用意愿的基础理论③，近年也不断在其他应用场景中验证理论的适用性。

由此可以看出，消费者购买决策模型指出了持续使用行为存在的阶段节点，揭示了来自外部环境、营销信息、消费者个人的影响因素。顾客感知价值理论与顾客满意度理论是开展持续使用意愿研究的理论基础，认为应从顾客感知利得与顾客感知损失两方面权衡其对消费者持续使用意愿的影响，揭示了相关影响因素的构建思路与作用路径。而期望确认理论则是定位于持续使用意愿这一关键词的理论，比较了消费者在使用前后时间节点的心理感知差异对满意度的影响。上述理论均为构建消费者持续使用意愿的影响因素体系提供了参考与方向。

（二）概念内涵

企业的利润主要源于可持续的现金流，即会持续使用产品的客户。而消费者的持续使用意愿反映了对当前购买或使用产品评价的结果，也决定了下一次

---

① MAMUN M R A, SENN W D, PEAK D A, et al. Emotional Satisfaction and IS Continuance Behavior: Reshaping the Expectation-Confirmation Model [J]. International Journal of Human-Computer Interaction, 2020, 36 (15): 1437-1446; BOLEN M C, OZEN U. Understanding the Factors Affecting Consumers' Continuance Intention in Mobile Shopping: The Case of Private Shopping Clubs [J]. International Journal of Mobile Communications, 2020, 18 (1): 101-129.

② PREMKUMAR G, BHATTACHERJEE A. Explaining Information Technology Usage: A Test of Competing Models [J]. Omega, 2008, 36 (1): 64-75; BHATTACHERJEE A. Understanding Information Systems Continuance: An Expectation Confirmation Model [J]. MIS Quarterly, 2001, 25 (3): 351-370.

③ 孟祥莉，袁勤俭. 期望确认理论在 IS 领域的应用与展望 [J]. 现代情报，2018，38 (9)：169-177.

的消费决策。① 因此对消费者持续使用意愿与内涵具有清晰的了解，可以协助互联网消费信贷产品企业制定精准营销策略，有效地维护客户关系。本书对互联网消费信贷产品持续使用意愿的内涵研究将参考关于购后行为和持续使用意愿的研究成果，并结合互联网消费信贷产品特征进行调整。

对于消费者使用产品后的行为研究起源于消费者决策模型中的购后行为。购后行为意味着消费者具有不止一次的产品购买与使用经历，属于 EKB 模型中的最后一个阶段。广义的购后行为概念界定侧重于“购后”二字，强调消费者在完成购买产品这一节点后产生的所有心理变化与行为决策。Arndt 首次提出顾客购后行为概念，认为购后行为是指消费者通过对比产品期望与实际绩效后产生的心理情绪以及实际发生的后续行为②，消费者会存在中性感觉、满意和不满意三种评价结果。如果实际表现与预期相符，则体验到中性的感觉；如果表现超过预期，则体验到满意。另一方面，如果绩效低于预期，就会引起不满。无论是消费情绪还是外显行为，广义的消费者购后行为都存在消极与积极之分。消费者使用产品的过程中会因为实际感知的产品价值高低而分别产生愉悦、满意或者抱怨、后悔等情绪，从而产生继续购买、增量购买、正向口碑宣传或者退出购买、转换购买、负向口碑宣传的实际行为。

不同于广义层面的消费者购后行为概念，狭义层面的消费者购后行为定义侧重于“行为”二字，表现为消费者因购后情绪而引起的外显行为。从时间节点来看，消费者基于产品使用对比情况对心理状态产生刺激引起情绪变化，然后再受情绪的影响做出相应的行为决策，因此外显行为也能体现出消费者对产品的评价状态。因此，在确定狭义的购后行为体现为正向口碑推荐、重复购买、接受溢价等正向显性行为与不良评价、投诉、品牌转换等负向外显行为外，内隐行为与外显行为之间也被验证了显著的影响关系。

随着产品类型与消费场景的多元化，与购后行为的内涵保持一致，以后续行为、用后行为、持续性行为为因变量的研究逐渐丰富。同时，由于研究需要凸显侧重点，因此在对购后行为、后续行为进行实证分析时通常集中于研究负向后续行为或者正向的后续行为。③ 对互联网消费信贷产品而言，在获得产品之

---

① WESTBROOK R A. Product/Consumption - Based Affective Responses and Postpurchase Processes [J]. Journal of Marketing Research, 1987, 24 (3): 258-270.

② ARNDT J. Reflections on Research in Consumer Behavior [J]. Advances in Consumer Research, 1976, 3 (1): 213.

③ 于宝琴，李顺东，张初兵. 服务失败后情绪反应与购后行为的关系研究 [J]. 现代财经（天津财经大学学报），2018, 38 (5): 91-100.

前无须付出显著的经济成本，因此利用“购买”一次对行为进行界定不够精准。同时，本书侧重于研究消费者积极的后续行为，因此选择了“持续使用行为”来体现消费者使用互联网消费信贷产品的积极购后行为。

实际行为的发生会受到行为意愿的驱动，对行为意愿进行测量可以体现出行为发生的可能性。Harrison 等人将行为意愿定义为“从事某特定行为的自发性计划的强度”①。Oliver 将行为意向描述为个体在特定消费情况下进行某种购买/购后相关行为（例如，重复光顾和推荐）的坚定可能性。② 因此，增强良好的行为意向是企业成功运营的必要条件。在不考虑其他环境因素影响的情况下，消费者基于对产品的价值评价产生的外显行为意愿越强，则采取实际行动的可能性越高。在众多消费者行为理论模型中，行为意愿被作为影响实际行为的重要前导变量，因此许多学者通过研究消费者的行为意愿对实际行为进行预测③。本书采纳狭义层面的购后行为定义，选取持续使用意愿进行消费者行为研究，并且认为互联网消费信贷产品的持续使用意愿是指消费者在完成一次信贷金额还款行为后，基于产品价值等因素与满意度而采取的外显行为意愿，即消费者在经过产品评价、期望确认、满意度形成等系列心理变化过程后选择继续使用互联网消费信贷产品的意向。

（三）维度划分

基于购后行为概念，不少学者开展了行为意愿的维度划分与测量研究。根据美国营销学家 Zeithaml 等人提出的观点，消费者行为意愿可分为积极行为意愿与消极行为意愿。④ 积极行为意愿表现为消费者对企业产品或服务做出好评、

---

① HARRISON D A, MYKYTYN P P, RIEMENSCHNEIDER C K. Executive Decisions About Adoption of Information Technology in Small Business: Theory and Empirical Tests [J]. Information Systems Research, 1997, 8 (2): 171-195.

② OLIVER R L. Satisfaction: A Behavioral Perspective on the Consumner [M]. Boston: Richard D. Irwin//Mc Graw-Hill, 1997.

③ JENKINS J L, DURCIKOVA A, NUNAMAKER J F. Mitigating the Security Intention-Behavior Gap: The Moderating Role of Required Effort on the Intention-Behavior Relationship [J]. Journal of the Association for Information Systems, 2021, 22 (1): 246-272; OTTO D. Driven by Emotions! The Effect of Attitudes on Intention and Behaviour Regarding Open Educational Resources (OER) [J]. Journal of Interactive Media in Education, 2021 (1): 1; WANG H L, MANGMEECHAI A. Understanding the Gap between Environmental Intention and Pro-Environmental Behavior towards the Waste Sorting and Management Policy of China [J]. International Journal of Environmental Research and Public Health, 2021, 18 (2): 757.

④ ZEITHAML V A, BERRY L L, PARASURAMAN A. The Behavioral Consequences of Service Quality [J]. Journal of Marketing, 1996, 60 (2): 31-46.

愿意继续购买或者使用产品、愿意支付更高的价格去获取产品或服务，以及向他人推荐购买企业的产品或服务，表明对该企业品牌有较高的忠诚度。消极的行为意愿则源于消费者对使用产品或者享受服务的不满意与不认同，会发生负面的口碑宣传或者向他人抱怨，甚至选择向商家投诉或者转向购买其他企业的同类产品等。

目前持续使用意愿的相关研究侧重于对消费者重复使用、向他人推荐的行为测量。但从企业研究客户价值的角度出发，消费者在未来的消费行为中具有预期保守价值、增量使用价值、交叉使用价值。① 因此，本书认为持续使用意愿除了消费者的重复使用意愿外，还会存在向他人进行口碑推荐、增加使用产品的频率、使用企业其他产品的可能性。基于已有的消费者购后行为研究成果与客户生命周期价值理论提供的行为意愿维度，本书最终将互联网消费信贷产品持续使用意愿划分为以下四个维度。

1. 口碑推荐意愿。消费者在使用商品或服务后，会自发地与其他消费者就产品信息进行交流，从而成为其他消费者搜集信息的来源之一，对其他消费者的决策产生影响。消费者对当前使用产品的满意度高，则口碑推荐的行为意愿更高，从而达到吸引新客户的效果。② 当消费者的价值感知未达到预期时，便会向第三方抱怨，传递负面口碑。③ 社交媒体、线上评论的方式作为电子口碑，将消费者的口碑推荐影响范围进一步扩大。当消费者信任所接触的线上评论时，口碑推荐会影响他人决定使用互联网消费信贷产品的可能性④；但同时不满意的消费者抱怨范围会显著扩大，负面口碑的影响范围也被扩大。因此，口碑推荐意愿既反映了消费者自身的态度，又会对企业的潜在客户群体产生影响，在互联网技术加持的背景下，企业需提升对消费者的口碑推荐意愿的关注度。

---

① 陈明亮，李怀祖．客户价值细分与保持策略研究［J］. 成组技术与生产现代化，2001（4）：23-27.

② KONUK F A. The Influence of Perceived Food Quality, Price Fairness, Perceived Value and Satisfaction on Customers' Revisit and Word-of-Mouth Intentions towards Organic Food Restaurants［J］. Journal of Retailing and Consumer Services, 2019, 50：103-110.

③ TSUNGMEY T, KIM J P, DUNN L B, et al. Negative Association of Perceived Risk and Willingness to Participate in Innovative Psychiatric Research Protocols［J］. Journal of Psychiatric Research, 2020, 122：9-16；ZHENG C H, ZHANG J, GUO Y R, et al. Disruption and Reestablishment of Place Attachment after Large-Scale Disasters：The Role of Perceived Risk, Negative Emotions, and Coping［J］. International Journal of Disaster Risk Reduction, 2019, 40：101273.

④ ASRAF M, AHMAD J, SHARIF W, et al. The Role of Continuous Trust in Usage of Online Product Recommendations［J］. Online Information Review, 2020, 44（4）：745-766.

2. 重复使用意愿。消费者在使用过产品后，基于产品使用情况与自身感受，决定继续使用当前产品的行为倾向被视为重复使用意愿。消费者只有在所用产品满足了功能、情感等多方面需求的情况下，对产品感到满意，对未来的使用感到期待，从而产生强烈的重复使用意愿。① 在具体的实证研究中，对消费者重复使用意愿的测量更多以持续使用意愿的形式呈现。本书中的重复使用意愿是指消费者基于当前信贷金额规模与频率不变的情况下继续使用当前产品的意愿，与客户潜在价值理论中的预期保守价值概念类似。重复使用意愿着重反映了消费者对产品使用的态度，是体现消费者持续使用意愿的重要基础。

3. 增量使用意愿。若消费者认为当前所用产品及供应商可靠，面对自身的信贷需求与信贷动机的转变，在具备强烈的重复使用意愿基础上，还会存在增量使用产品的可能性。对信贷产品的增量使用主要体现在定期的信贷金额方面，通过增加使用次数与单次消费金额实现。在授信额度一定的情况下，消费者给予的客户份额越小，增量消费的可能性越大；客户关系管理水平越高，产生增量使用的可能性也越大。② 当客户与公司的关系稳定且客户份额较高时，增量使用的消费金额也能为企业带来可观的利益。由于对市场客群整体的调查中涉及不同的客户特征，因此，尽管增量使用意愿建立在重复使用意愿的基础上，但也应被纳入持续使用意愿的测量范围中。

4. 交叉使用意愿。交叉使用意愿是基于消费者对当前使用的产品与企业形象建立起了足够的信任度后，无论消费者是否继续使用当前的互联网消费信贷产品，选择使用企业平台上其他产品的可能性。③ 互联网金融平台不仅包括消费信贷业务，还拥有多元化的金融服务乃至社会服务。只要客户关系管理水平越高，平台提供的产品类型越丰富，消费者的交叉使用意愿便会越强烈④，从而为企业创造其他盈利点，同时也增加了用户黏性。交叉使用意愿体现了消费者的

---

① HAN H, LEE M J, KIM W. Role of Shopping Quality, Hedonic/Utilitarian Shopping Experiences, Trust, Satisfaction and Perceived Barriers in Triggering Customer Post-Purchase Intentions at Airports [J]. International Journal of Contemporary Hospitality Management, 2018, 30 (10): 3059-3082.

② 陈明亮. 客户重复购买意向决定因素的实证研究 [J]. 科研管理, 2003, 24 (1): 110-115.

③ MUKERJEE K. Impact of Self-Service Technologies in Retail Banking on Cross-Buying and Word-of-Mouth [J]. International Journal of Retail & Distribution Management, 2020, 48 (5): 485-500.

④ MUKERJEE K, SHAIKH A. Impact of Customer Orientation on Word-of-Mouth and Cross-Buying [J]. Marketing Intelligence & Planning, 2019, 37 (1): 97-110.

产品涉入度，通常存在于客户关系的形成期后期和稳定期。

除了上述四种意愿以外，当消费者对所使用的产品感到不满意时他们会产生后悔的情绪，感受到放弃替代性产品的损失，从而在具有持续性需求的情况下选择停止使用当前产品，转而使用其他供应商的同类产品，以完成下一次的产品使用过程。这一行为倾向体现为转换使用意愿。① 由于本书研究的持续使用意愿旨在测量积极的后续行为意愿，因此持续使用意愿仅包含口碑推荐意愿、重复使用意愿、增量使用意愿与交叉使用意愿，并进行后续研究。

三、持续使用意愿的影响因素

生命周期—持久收入假说、缓冲存货储蓄理论、流动性约束理论、长尾理论、消费者购买决策理论、顾客感知价值理论、顾客满意度理论以及期望确认理论体现了部分影响消费者持续使用意愿的因素。对于影响因素的划分，EKB模型将影响决策过程的因素分为环境因素与个人因素两部分。结合情景理论，环境因素与个人因素依据因素主体来源也可进一步分为外部环境因素、营销相关因素与消费者因素，符合 Assael 的三因素说观点②。本书的研究视角选取 Assael 阐述的消费者行为三因素说观点，结合互联网消费信贷场景的特征，将消费者持续使用互联网消费信贷产品的行为意愿影响因素分为环境因素、营销因素与个人因素，并展开具体阐述③，此处的环境因素指代除了消费者本人、产品、企业以外的环境要素。

（一）环境因素

Belk 认为情境是指存在于时空方面的特征，与产品本身特征无关。④ Antonides 和 Raajj、Hawkins 等人、Mowen 和 Miner 则认为情境因素不仅排除了产品本身特征，也是与购物者本身特征无关的所有的环境因素，先后强调了情境因

① TZENG S Y, SHIU J Y Y. Regret Type Matters: Risk Aversion and Complaining in a Multidimensional Post-Purchase Regret Framework [J]. Asia Pacific Journal of Marketing and Logistics, 2019, 31 (5): 1466-1485.

② ASSAEL H. Consumer Behaviour: A Strategic Approach [M]. Boston: Houghton Mifflin Company, 2004.

③ BENABOU R, TIROLE J. Intrinsic and Extrinsic Motivation [J]. Review of Economic Studies, 2003, 70 (3): 489-520.

④ BELK R W. Situational Variables and Consumer-Behavior [J]. Journal of Consumer Research, 1975, 2 (3): 157-164.

素存在的临时性、短暂性。① 因此情境理论可以很好地运用于环境因素的界定与划分。依据情境理论，本书在 Belk 提出的情境分类基础上对相关因素进行了重新归纳，认为互联网消费信贷场景中消费者行为的外部环境因素包括经济环境、文化环境、政治环境、社会环境与市场因素。

1. 经济环境。经济环境的运行状况和发展趋势会直接影响各类企业的营销活动，各行各业的发展需要顺应经济环境的发展。当前，经济的稳定发展为信贷业务提供了市场拓展的空间，信贷业务的拓展又进一步促进了国民经济的发展。这是因为中国经济环境与金融环境息息相关，互联网消费信贷与国家经济和金融体系是个体和整体的关系，一方面服务于实体经济，另一方面也受到整体经济走势的影响。消费者个人虽然对经济环境变化的敏感度弱于企业，但从长期来看，个人行为意愿也会受到经济环境氛围的影响而发生变化。

2. 文化环境。伴随着经济与技术的发展，消费将成为文化的一种主导力量，从而具有文化特征。一个地区的经济文化环境对消费者行为的影响通常是时间沉淀的结果，体现为各地区居民消费观念、消费方式、消费行为的不同。② 例如，美国居民追求自由的生活观念使得他们的生活方式倾向于选择超前享受，信贷消费观念强。而中国居民倾向于选择储蓄以应对未来不确定的风险，在选择购物时往往控制在流动资金范围内。中国居民家庭的消费信贷以中长期消费信贷为主，解决刚需问题。而在旅游、教育、医疗、娱乐等方面的短期消费信贷是在近 20 年中才得以发展起来的，而对互联网消费信贷的普及度则是通过短期消费信贷的使用率得以体现③。

3. 政治环境。政治环境以国家政策的形式体现，对各行各业消费者行为的规范性产生影响，比如鼓励或抑制哪些行业发展，支持或警示哪些消费行为。根据作用结果可以将政策分为正向引导和负向引导政策。相关正向引导政策的出台有助于降低消费者的感知风险，从而增加消费者购买或使用相关产品的可

---

① ANTONIDES G, RAAIJ W F V. Consumer Behaviour: A European Perspective [J]. Doing Your Research Project, 1998, 33 (5-6): 1-2. HAWKINS D I, BEST R J, CONEY K A. Consumer Behavior: Building Marketing Strategy [M]. Boston: Irwin/ McGraw-Hill, 2000; BLYTHE J. The Essence of Consumer Behaviour [M]. New Jersey: Prentice Hall, 1997; MOWEN J C, MINER M S. Consumer Behavior: A Framework [M]. 1st edition. Pearson, 2004.

② SHAVITT S, CHO H. Culture and Consumer Behavior: The Role of Horizontal and Vertical Cultural Factors [J]. Current Opinion in Psychology, 2016, 8: 149-154.

③ 南永清，孙煜．消费信贷影响了居民消费行为吗 [J]. 现代经济探讨，2020 (7): 10-19.

能性。例如，政府推出有关绿色产品的政策可以促进环保消费者的购买行为①。财税政策的颁布对居民低碳消费行为有间接的正向作用。近年来，面对互联网消费信贷发展的态度转变，政府出台了不少鼓励性与规范性政策（图 1-4），对企业行为、消费者行为都产生了一定的影响。例如，《关于规范整顿“现金贷”业务的通知》的办法就有效抑制了不良消费信贷行为的出现。相比经济环境与文化环境的长期作用，政治环境能够在更短时间内对个人行为意愿产生影响。

4. 社会环境。消费者由于长期处于群居生活状态，所在家庭、结交的好友以及其他社会关系共同构建了消费者的社会环境。而社会环境对个人行为的影响主要指在消费过程中其他人对消费者产生的影响，即其他人对消费活动的影响。② 在消费购物情境中，消费者个体行为以及对相关品牌、产品或服务的评价和选择也会受到群体（陪同者或亲朋好友）的影响。由于消费者无法直接观察、触碰互联网消费信贷产品，因此源于周边人群、社交媒体的意见就成为消费者可以选择的参考点。③ 实证结果也表明，父母、朋友、爱人的财务行为习惯会直接影响年轻人的财务行为习惯，同时父母对子女消费行为和信用消费态度的影响也是显著的。④

5. 市场环境。市场中提供的互联网消费信贷产品种类反映了消费者对产品的可选择性，也反映了市场同类产品的竞争情况。在消费者使用产品后，会对产品的体验感受做出评价，此时市面上的同类产品会对消费者产生不同的吸引力，从而影响消费者的下一次选择决策。当消费者发现当前使用产品的感知价值并未达到预期，而竞争产品可以更好地满足消费者的期望时，消费者发生转换行为的可能性将大大提高。在创新扩散理论中，通过与竞争产品比较，认购产品的相对优势会促进消费者采取购买决策。因此，竞争产品的存在会影响消费者对当前产品的持续使用意愿。

---

① SALEEM M U. 政府绿色产品政策对消费者购买行为的影响［D］. 北京：中国科学技术大学，2017.

② HWANG J, LEE J. Understanding Customer-Customer Rapport in a Senior Group Package Context［J］. International Journal of Contemporary Hospitality Management, 2019, 31 (5): 2187-2204.

③ SONG C H, BROWN H T, TAMEEZ R R. The Effectiveness of Perceived Social Support in Discount Stores in Korea［J］. Asia Pacific Journal of Marketing and Logistics, 2021, 33 (4): 909-923.

④ OKSANEN A, AALTONEN M, MAJAMAA K, et al. Debt Problems, Home-Leaving, and Boomeranging: A Register-Based Perspective on Economic Consequences of Moving Away from Parental Home［J］. International Journal of Consumer Studies, 2017, 41: 340-352.

（二）营销因素

营销因素是指围绕着产品的供应平台、销售渠道、服务人员、营销刺激以及产品自身特征等因素。Kotler 和 Gertner 将营销因素划分为 4P 要素，包括 Product——产品因素、Promotion——宣传因素、Price——价格因素与 Place——渠道因素。① 因此本书按照 Kotler 和 Gertner 的观点，再结合互联网消费信贷场景，明确 4P 因素所包含的内容，对营销因素与消费者持续使用意愿的关系进行阐述。

1. 产品因素。在互联网消费信贷场景中，产品因素主要包括产品类别、特征、设计、质量、品牌、服务、售后保障。消费者面对不同的产品自然会存在行为意愿方面的差异，例如产品可以分为享乐型产品与实用型产品。朱振中等人在对外观新颖性与消费者购买意愿的关系研究中，便确定了产品类型在其中的调节作用。② 冯小亮和任巍针对虚拟产品的研究场景，探讨了消费者对不同类型产品采用意愿的差异③，互联网消费信贷产品属于无形产品，其下还可以进一步分为受托支付式产品与直接借贷式产品。依据市场客群的占比来看，也可以知道产品类型、特征对消费者的持续使用意愿是存在影响的。

而互联网消费信贷产品的设计则主要体现在网站的设计、操作的便捷程度、应用场景的兼容性上。消费者在使用产品的过程中，会与产品设计发生交互体验、性能体验和感官体验，这三者会影响用户忠诚度。韩伟伟和王晶以网络购物环境为例，发现消费者认为高审美吸引力的设计意味着产品具有较高的性能，消费者相应的购买率也较高，产品设计的审美性对消费者的行为决策具有正向影响。④

产品的质量是决定消费者是否持续使用的关键因素。Tuncer 等人证实了产品质量与购后行为及推荐意愿、正面评价、支付行为正相关。⑤ 简而言之，产品

① KOTLER P，GERTNER D. Country as Brand，Product，and Beyond：A Place Marketing and Brand Management Perspective ［J］. Journal of Brand Management，2002，9（4）：249-261.

② 朱振中，李晓君，刘福，等．外观新颖性对消费者购买意愿的影响：自我建构与产品类型的调节效应［J］. 心理学报，2020，52（11）：1352-1364.

③ 冯小亮，任巍．社会影响易感性和虚拟产品采用：用户等级和产品类型的调节作用［J］. 南开管理评论，2018，21（5）：73-82.

④ 韩伟伟，王晶．产品设计与性能冲突对消费者决策过程的神经学影响［J］. 南开管理评论，2017，20（2）：155-168.

⑤ TUNCER I，UNUSAN C，COBANOGLU C. Service Quality，Perceived Value and Customer Satisfaction on Behavioral Intention in Restaurants：An Integrated Structural Model［J］. Journal of Quality Assurance in Hospitality & Tourism，2020，22（4）：1-14.

质量体现为产品的功能实现程度，在使用和处置过程中给顾客带来的效用。经济人假设提出，消费者的趋利性会在购买/使用产品的过程中要求获得价值，而感知价值与成本的对比将影响消费者的满意度评价。韩伟伟和王晶的研究同时也表明，当消费者发现产品性能与实际不符时，会降低消费者对产品的审美体验，进而降低产品的购买率。① 在诸多代表性的研究模型中，均考虑了产品质量因素对消费者行为意愿、持续使用意愿的重要性。②

消费者对供应商的品牌认知以及企业形象认可度，一方面可以降低消费者的感知风险，另一方面可以促进消费者产生消费行为。邓恩等人表示，互联网金融行业尤为看重品牌的广告营销与口碑效应，消费者对品牌的认可可以提高相应的消费意愿，而负面的新闻报道则会降低消费者的品牌信任度。③ 朱振中等人试图探究广告诉求与品牌认同、购买意向间的关系，发现消费者对品牌认同度越高，购买意向也会越高，二者存在正向的影响关系。④ 因此，品牌因素可以通过增加消费者信任度、降低消费者感知风险，从而对持续使用意愿具有提升作用。

服务与售后保障主要是指销售人员和售后服务人员的态度、效率等方面，被看作是消费者对服务过程进行评估的结果。在线上线下销售场景中，消费者通过与销售人员产生互动行为以了解产品信息、执行购买决策。因此，销售人员向消费者传递的服务氛围、服务质量将影响消费者的购买情绪⑤。

2. 宣传因素。体现为企业通过电视、广播等媒介向消费者传递产品信息的手段。Raza 等人研究了政治广告中传递的文化价值信息对最终受访者政治参与

① 韩伟伟，王晶．产品设计与性能冲突对消费者决策过程的神经学影响［J］．南开管理评论，2017，20（2）：155-168.

② ROSILLO-DIAZ E，BLANCO-ENCOMIENDA F J，CRESPO-ALMENDROS E. A Cross-Cultural Analysis of Perceived Product Quality，Perceived Risk and Purchase Intention in E-Commerce Platforms［J］. Journal of Enterprise Information Management，2020，33（1）：139-160.

③ 邓恩，向志强，赵明．品牌传播对互联网金融业消费者选择行为影响研究［J］．财经理论与实践（双月刊），2017，38（209）：33-38.

④ 朱振中，刘福，Chen H P. 能力还是热情？广告诉求对消费者品牌认同和购买意向的影响［J］．心理学报，2020，52（3）：357-370.

⑤ OTTO D. Driven by Emotions！The Effect of Attitudes on Intention and Behaviour Regarding Open Educational Resources（OER）［J］. Journal of Interactive Media in Education，2021（1）：1.

意愿的影响。① Fogel 与 Herzog 对比了社交媒体与传统广告宣传手段对消费者最终决策的影响，发现广告宣传确实会对消费者行为产生显著影响，但消费者对报刊广告、电视媒体的关注在一定程度上会减少行为发生的可能性。在实体店购买时，环绕消费活动的具体物理和空间环境也将被视作宣传促销的手段之一。② 好的商场氛围能够延长购物者在店内的滞留时间、提升消费者满意度，进而加大购买的可能性。③ 但在互联网消费信贷场景中只存在线上消费场景，不存在实体环境，因此相应的宣传因素主要体现为广告宣传。

3. 价格因素。价格体系、折扣、让利、支付周期、支付方式等均包含在价格因素之内，体现了消费者的付出。产品价格的高低会引起消费者的感知风险不同以及行为控制的能力不同。折扣等促销方式可以降低消费者的财务风险感知，从而刺激消费者发生购买行为，不仅满足了消费者节省的心理④，折扣还利用了人们对损失的厌恶心理⑤。同时，价格折扣也最容易促使消费者发生冲动性消费行为，消费金额会增加。⑥ 例如 Guo 等人发现以产品运费折扣与产品推荐

---

① RAZA S H, ADAMU A A, OGADIMMA E C, et al. The Influences of Political Values Manifested in Advertisements on Political Participation: Moderating Roles of Self-Transcendence and Conservation [J]. Journal of Creative Communications, 2020, 15 (3): 318-341.

② FOGEL J, HERZOG R. Direct-to-Consumer Prescription Medication Advertisements and Use of Different Types of Media [J]. Journal of Electronic Commerce in Organizations, 2020, 18 (4): 51-72.

③ BARROS L B L, PETROLL M D, DAMACENA C, et al. Store Atmosphere and Impulse: A Cross-Cultural Study [J]. International Journal of Retail & Distribution Management, 2019, 47 (8): 817-835; ILMI Z, DARMA D C. Can Servqual Mediate from the Store Atmosphere and Customer Satisfaction? [J]. Management Theory and Studies for Rural Business and Infrastructure Development, 2020, 42 (3): 359-368.

④ MONTAZERI S, TAMADDONI A, STAKHOVYCH S, et al. Empirical Decomposition of Customer Responses to Discount Coupons in Online FMCG Retailing [J]. Journal of Retailing and Consumer Services, 2021, 58: 102340.

⑤ ARMSTRONG M, CHEN Y M. Discount Pricing [J]. Economic Inquiry, 2020, 58 (4): 1614-1627; MONTAZERI S, TAMADDONI A, STAKHOVYCH S, et al. Empirical Decomposition of Customer Responses to Discount Coupons in Online FMCG Retailing [J]. Journal of Retailing and Consumer Services, 2021, 58; DE VRIES E L E, ZHANG S. The Effectiveness of Random Discounts for Migrating Customers to the Mobile Channel [J]. Journal of Business Research, 2020, 110: 272-281.

⑥ GUO Y, HU X N, ZOU Y, et al. Maximizing E-Tailers' Sales Volume through the Shipping-Fee Discount and Product Recommendation System [J]. Discrete Dynamics in Nature and Society, 2020, 2020: 1-14; WALLACE L A, MORRIS V G, HUDAK K M, et al. Increasing Access to WIC through Discount Variety Stores: Findings from Qualitative Research [J]. Journal of the Academy of Nutrition and Dietetics, 2020, 120 (10): 1654.

系统作为联合营销的手段可以促使消费者感知经济成本的节省，但同时消费者购买了更多的产品。

消费者行为也会因消费者面临的支付方式不同而存在差异。① 与现金相比，信用卡支付往往伴随着更高的消费意愿②，这也是为什么互联网消费信贷是进一步促进消费经济发展的重要工具。Falk 等人的研究表明，相较于现金支付方式，移动支付方式会提升消费者对产品的价格印象，认为商家的价格水平合理或处于较低水平，进而显著愿意购买商品。③ 王晓彦和胡德宝尽管发现支付宝与微信支付两种移动支付方式对消费者行为不存在显著差异影响，但互联网消费信贷产品的使用确实能对消费产生刺激作用。④

4. 渠道因素。购买产品的场景中包含销售渠道、销售范围、物流、配送等系列因素。随着信息技术与互联网的普及，消费渠道受到市场需求的刺激发展为在线渠道与线下渠道。产品选择范围的扩大会对消费者的购买行为产生影响。在互联网消费信贷场景中，销售渠道体现为线上金融服务；销售范围指代产品的受众市场；物流、配送等因素则等同于消费信贷的资金来源、审批到账流程。各类金融机构的划分实际代表了信贷资金的来源渠道，因此渠道因素在一定程度上也反映了产品的品牌因素。相比传统消费信贷产品，互联网消费信贷产品具备门槛低、到账快的特征，吸引了众多长尾客户使用互联网消费信贷产品，而替代了对传统消费信贷产品的需求。而在各类互联网消费信贷产品中，由于信用水平不同、消费者所需资金不同、机构审批程序不同都会导致贷款的到账时间不同，从而影响消费者的使用体验，结合消费者对产品质量的感知对持续使用意愿产生影响。

（三）个人因素

情境理论中考虑了消费者所处的物理环境与社会环境，同时也认为消费者

---

① RAGHUBIR P, SRIVASTAVA J. Monopoly Money: The Effect of Payment Coupling and Form on Spending Behavior [J]. Journal of Experimental Psychology Applied, 2008, 14 (3): 213-225; SEE-TO E W, NGAI E W. An Empirical Study of Payment Technologies, the Psychology of Consumption, and Spending Behavior in a Retailing Context [J]. Information and Management, 2019, 56 (3): 329-342.

② MEYLL T, WALTER A. Tapping and Waving to Debt: Mobile Payments and Credit Card Behavior [J]. Finance Research Letters, 2019, 28 (1): 381-387.

③ FALK T, KUNZ W H, SCHEPERS J J, et al. How Mobile Payment Influences the Overall Store Price Image [J]. Journal of Business Research, 2016, 69 (7): 2417-2423.

④ 王晓彦，胡德宝．移动支付对消费行为的影响研究：基于不同支付方式的比较［J］．消费经济，2017，33（5）：77-82.

当时的个人因素会对行为意愿产生影响。消费者存在的个体差异会使得消费习惯有所不同，从而对互联网消费信贷的观点与选择产生影响。① 根据文献梳理，结合情境理论、客户生命周期价值理论，本书将互联网消费信贷场景中的个人因素划分为四个方面分别进行阐述，包括个人统计特征、可用时间与金钱、产品涉入度以及个人心理因素。

1. 个人统计特征。在个人因素中，消费者的个人特征是指消费者的人口统计特征，如性别、年龄、收入、家庭、生命周期、受教育程度等。不少学者都证明了个人统计特征的差异会体现在具体的消费行为中，因此在互联网消费信贷产品的选择方面本书认为个人统计特征仍然会对行为意愿产生影响。众多研究报告已显示，已婚人群或年轻群体选择消费信贷的可能性更高，同样样本在收入分布上也存在显著差异。因此在对消费者持续使用意愿进行研究时，需要考虑个人统计特征的影响。

2. 可用的时间与金钱。消费者所能用于某次购物过程的时间越长，了解产品知识越多，容易弱化购买风险，从而发生持续使用行为的可能性越高。可利用购物时间少，人们因为压力驱使会发生冲动购买行为，而冲动型消费行为不利于理性的持续使用行为发生。这一原理同样适用于互联网消费信贷产品。当消费者选择互联网消费信贷产品的可用时间越多，消费者就会对产品的信息进行详细的对比，自主降低产品风险。当消费者拥有持续的信贷动机时，则间接提高了持续使用该消费信贷产品的可能性。在互联网消费信贷产品选择当下，可利用金钱体现为消费者的持久性收入与存款。用于偿还贷款的金钱越少，经济压力越大，在选择产品时越会精打细算，消费行为更理智。互联网消费信贷产品的出现加大了消费者发生冲动购买行为的可能性，因此在对互联网消费信贷产品持续使用意愿的影响因素研究中，应该考虑消费者选择产品时的可用时间与可用金钱这两大情境因素。

3. 产品涉入度。客户关系管理的必要性指出，每一个客户的产品涉入度是不同的，企业需要依据不同阶段的客户行为特征制定相应的管理策略。② 处于客户稳定期的消费者产品涉入度更高，容易忽略时间和金钱成本，强调对产品各

① FANG J, WEN C, GEORGE B, et al. Consumer Heterogeneity, Perceived Value, and Repurchase Decision-Making in Online Shopping: The Role of Gender, Age, and Shopping Motives [J]. Journal of Electronic Commerce Research, 2016, 17 (2): 116.

② MIGDADI M M. Knowledge Management, Customer Relationship Management and Innovation Capabilities [J]. Journal of Business & Industrial Marketing, 2021, 36 (1): 111-124

种功能属性的关注，消费的可能性更高。① 例如，长期使用同一款互联网消费信贷产品的消费者，已经潜意识形成了顾客忠诚，并且在考虑转换使用另一款同类产品时面临着转换成本与转换风险。可以看出，产品涉入度反映了消费者使用互联网消费信贷产品的行为习惯，产品涉入度不同的消费者对待产品持续使用的态度略有差异。

4. 心理因素。心理因素体现为个人的内心活动，包括感觉、动机、态度等。感觉是消费者受到外界信息刺激后在内心形成的对事物的感知状态，包括对外部环境、产品性价比、商家品牌形象、所付成本的感知。从认知理论的角度而言，刺激消费者产生行为意愿的除了外部驱动因子，还有内在驱动因子。环境因素与营销因素表明了影响消费者心理感知的外界信息，而动机便是促使消费者采取行为的内部动力，源于人的需求与目标②，将与外界因素一起作用于态度变量。态度反映了消费者对事物所持的情感，取决于消费者的满意程度，呈现为积极或消极的情感。在消费者行为的研究模型中，态度通常作为影响消费者行为意愿的前置变量，不少学者探讨了积极情绪、行为态度、满意度、信任对消费者持续使用意愿的正向影响③。

（四）因素逻辑

Belk 认为情境是客观存在的④，而本书更认同 Assael 的观点，认为情境、

---

① LI Z F, YUAN J, DU B S, et al. Customer Behavior on Purchasing Channels of Sustainable Customized Garment with Perceived Value and Product Involvement [J]. Frontiers in Psychology, 2020, 11.

② HE X S, LUO J M. Relationship among Travel Motivation, Satisfaction and Revisit Intention of Skiers: A Case Study on the Tourists of Urumqi Silk Road Ski Resort [J]. Administrative Sciences, 2020, 10 (3): 56.

③ PESTANA M H, PARREIRA A, MOUTINHO L. Motivations, Emotions and Satisfaction: The Keys to a Tourism Destination Choice [J]. Journal of Destination Marketing & Management, 2020, 16: 100332; KHALILZADEH J, OZTURK A B, BILGIHAN A. Security-Related Factors in Extended UTAUT Model for NFC Based Mobile Payment in the Restaurant Industry [J]. Computers in Human Behavior, 2017, 70: 460-474; ALALWAN A A, DWIVEDI Y K, RANA N P. Factors Influencing Adoption of Mobile Banking by Jordanian Bank Customers: Extending UTAUT2 with Trust [J]. International Journal of Information Management, 2017, 37 (3): 99-110; MARRIOTT H R, WILLIAMS M D. Exploring Consumers Perceived Risk and Trust for Mobile Shopping: A Theoretical Framework and Empirical Study [J]. Journal of Retailing and Consumer Services, 2018, 42: 133-146.

④ BELK R W. Situational Variables and Consumer - Behavior [J]. Journal of Consumer Research, 1975, 2 (3): 157-164.

产品、消费者因素之间存在相互影响，从而共同推动消费者行为的产生①。在实证分析的文献中也经常发现，研究人员通过测量消费者感知状态构建研究模型，将外界环境因素所营造的消费氛围、商家和产品相关的营销因素对消费者的影响体现为消费者通过一系列心理活动过程所形成的对上述信息的感知状态，例如技术接受模型中的感知有用性、感知易用性变量体现为消费者所感受到的产品功能实现情况、产品操作的简易程度；服务接触理论更是直接体现了消费者所接触的产品、人员与技术系统的评价情况。经过概念转化后，相关心理感知变量结合消费者本有的心理特征与状态，例如行为动机、产品期望确认，共同对行为意愿产生影响。通过对环境因素、营销因素与消费者个人因素进行内涵与维度梳理，参考 Howard-Sheth 模式将消费者购后行为模式整理为如图 2-8 所示。

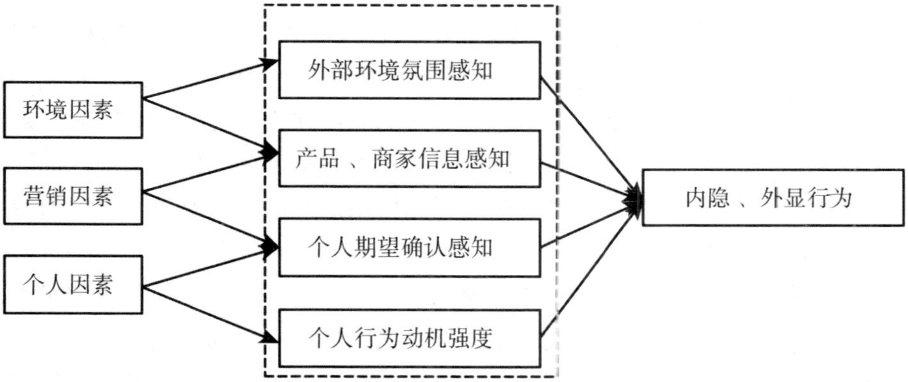

图 2-8 购后行为模式

在明确了环境因素、营销因素、个人客观因素将以个人心理感知变量对消费者内隐、外显行为产生影响后，针对个人心理因素，本书也将依据已有研究对相关因素的作用路径进一步细化、明确，为概念模型结构合理性提供理论支撑。

1. 外部环境氛围感知。消费者所处的环境氛围包含内容更为广泛，例如经济环境、文化环境对消费者消费理念潜移默化的影响②，也存在政治环境、社会

---

① ASSAEL H. Consumer Behavior and Marketing Action [M] Boston：PWS-Kent Pub. Co. 1984.

② 黄静，王诚，熊小明. 人际冲突中，文化信念对消费者行为意向的影响 [J]. 中国软科学，2014 (7)：139-151.

环境、市场环境这一类对消费者起到引导、参照作用的环境氛围①。本书测量的外部环境氛围体现为更为宏观的概念，区别于消费者个人与产品、商家。因此外部环境氛围感知对消费者心理的影响主要集中于消费者接触产品之前所持有的对产品的基本消费观念，而这些想法会加强或者弱化消费者在接触产品后形成的认知与最终行为意愿的影响关系。所以外部环境氛围更多表现为调节变量，从而在消费者行为模型中对相关路径起到调节作用。②

2. 产品、商家信息感知。在消费者使用产品的过程中，直面产品、商家信息刺激自身心理。因此在众多经典消费者行为模型中，感知有用性、感知易用性、感知利得、感知成本、感知风险都作为模型的前置变量，体现消费者对所使用产品的认知程度。对 EKB 模型进行分析，消费者在对产品产生认知后，会依据信念—态度—意图的心理路径对产品方案进行评价，在使用产品之后，基于对产品的评价产生满意/不满意的情绪，从而影响持续使用意愿、行为。由此可知，源于产品、商家的信息对消费者产生心理刺激是第一步，体现为产品、商家信息感知程度；第二，消费者会形成行为态度进行影响第一次的行为决策；第三，消费者在使用产品之后会对产品进行满意度评价，同时也对产品认知程度有了更新；第四，基于对产品的评价状态，决定是否持续使用当前产品。这整个过程体现了产品、商家信息感知对持续使用意愿的作用路径，其中消费者满意度是关键的中介变量。

3. 个人期望确认感知。个人期望确认感知的产生节点源于消费者使用产品后对实际绩效与期望进行对比的情况，也是基于期望确认的程度，消费者才能进行满意度评价。所以个人期望确认感知也是通过消费者满意度对持续使用意愿产生影响的，这一作用机理在期望确认模型中也得到充分的验证。同时，由

---

① EASTMAN J K, IYER R, EASTMAN K L, et al. Reaching the Price Conscious Consumer: The Impact of Personality, Generational Cohort and Social Media Use [J]. Journal of Consumer Behaviour, 2020, 20 (4): 898-912; WEN N, GUO W X. "Toxic Friends"? The Farther Away, the Less Stressful: The Impact of Social Distance to a Dissociative Group on Consumer Choices [J]. European Journal of Marketing, 2021, 55 (3): 925-943; SONG C H, BROWN H T, TAMEEZ R R. The Effectiveness of Perceived Social Support in Discount Stores in Korea [J]. Asia Pacific Journal of Marketing and Logistics, 2021, 33 (4): 909-923.

② 荣鹏飞，苏勇，张岚．CEO 变革型领导、高管团队认知决策行为与企业决策绩效：团队氛围的调节效应［J］．复旦学报（社会科学版），2019，61（3）：167-177；刘泓辰，王兴元．创业者网络管理能力与创业机会识别及开发：一个有调节的中介模型［J］．科技进步与对策，2020（4）：1-9；王凯旋．劳动关系氛围对员工主动型行为的影响机制研究［D］．济南：山东大学，2019.

于消费者更新了对所使用产品的认知程度，故消费者对产品所感知到的利得因素、成本因素也是滞后于消费者个人期望确认的。①

4. 个人行为动机强度。行为动机的产生源自消费者对产品的需求，更多取决于个人情况。所以个人行为动机强度的出现与其他因素形成了相对独立的两个部分，即消费者行为的内在驱动因子和外在驱动因子。在实证研究中，行为动机强度也被视作为消费者满意度的前置变量，从而与消费者行为意愿之间存在直接影响作用与间接影响作用。因此，本书认为个人行为动机强度与产品、商家信息感知应处于并列地位，通过对消费者的行为态度产生影响，进而影响行为意愿。

依据对上述心理因素对持续使用意愿的作用路径梳理，得到图 2-9，以供本书构建概念模型参考。

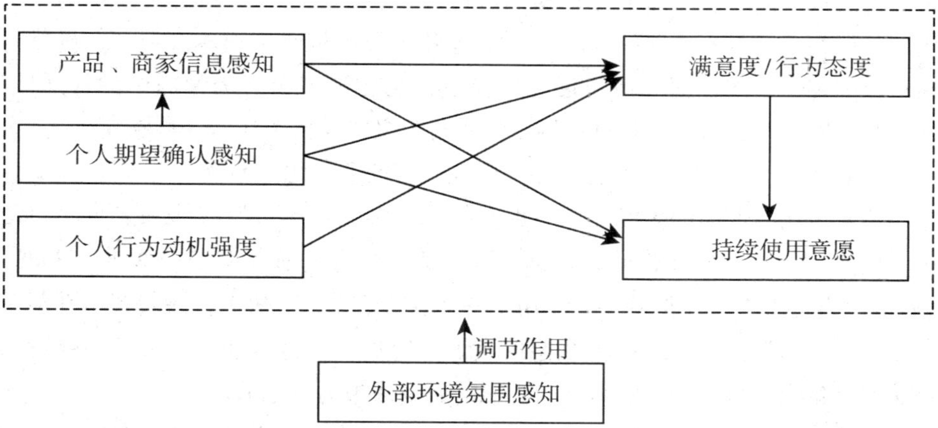

图 2-9 心理因素对持续使用意愿的作用路径参考图

四、研究述评

本书梳理了互联网消费信贷相关研究、消费者持续使用意愿的理论基础与概念维度、持续使用意愿影响因素，已有研究的成果与观点明确了本书的研究方向与范围，为本书的研究可行性提供了理论基础。但同时已有研究成果不完全适用于解释本书的研究问题，尚存在改进之处。为进一步明确本书借鉴的研

① AL-EMRAN M, ARPACI I, SALLOUM S A. An Eempirical Examination of Continuous Intention to Use m-Learning: An Integrated Model [J]. Education and Information Technologies, 2020, 25 (4): 2899-2918; 袁晓芳，方颖，金紫薇. 共享单车用户持续使用意愿的影响因素研究 [J]. 工业工程与管理，2019，24 (6): 149-172.

究基础与待执行的研究思路，本小节对已有相关研究的代表性成果进行总结与评价，并对存在的研究空间进行阐述。

（一）成果总结

本书依据理论基础、概念内涵、类型划分、重点研究分布的梳理思路对国内外文献进行了归纳整理。与本书研究主题相关的代表性研究成果与观点为本书研究提供了扎实的理论基础，具体情况如下。

1. 信贷行为在个人消费行为领域中的特殊性

消费行为围绕着可利用资金展开，一般消费者购买产品需要先支付经济成本然后获得购买产品的使用权与所有权。消费者购物行为决策模型以及购后行为的概念提出也是基于大多数先付费后获得产品的场景而采用的“购买”一词，因此被应用于许多消费者行为研究中。然而，消费者使用信贷产品是在通过审批后先获得产品，即所需资金，到期后再还本付息的过程，所付利息即为经济成本。但在消费者不逾期的情况下，消费者无须支付经济成本。因此，信贷行为意愿的理论与实证研究成果展现了信贷行为在消费者行为领域中的特殊性，在对互联网消费信贷产品持续使用意愿进行定义时需要关注这一特殊性。

2. 购后行为意愿应用的普适性与研究角度的多元化

随着市场与产品的多元化，不少产品无须实施“购买”过程或者说不再适用“购买”一词。例如，付费型场景的“购后行为意愿”被“持续使用意愿”“后续行为意愿”等用词替换，应用于一些软件、系统、服务使用场景。在相关产品持续使用意愿、后续行为意愿的实证研究中，对持续使用意愿、后续行为意愿的测量内容仍然是以购后行为意愿的研究成果为基础的。

消费者的持续使用意愿反映了个人对上一次使用行为决策的评价结果，一定程度上也体现了下一次使用行为的意愿倾向。从研究视角上看，学者分别从消费者角度与企业角度对消费者的持续使用意愿进行研究，代表性成果有消费者购物行为决策模型与客户生命周期价值理论。因此对研究视角的理论成果进行整合，从研究内容维度又可将消费者的持续使用意愿划分为口碑推荐意愿、重复使用意愿、增量使用意愿、交叉使用意愿，每个维度在细分领域均又被应用在不同产品场景中。通过对场景特征的分析，以上四种持续使用意愿维度均适用于互联网消费信贷产品，为概念模型变量的测量提供了很好的参考内容。

3. 消费者行为意愿影响因素研究模型丰富

基于早期消费者行为理论的代表学者研究成果，消费者行为的影响因素被划分为多个维度，每一个维度也有多个组成部分。因此不同学者基于不同视角研究了各个维度对消费者行为意愿的影响作用，逐渐形成了丰富的理论体系。

例如，本书选择了顾客感知价值理论、顾客满意度理论、期望确认理论作为研究消费者持续使用意愿的主要理论支撑。在实证研究模型方面，已有研究中学者大多从消费者心理角度研究对行为意愿的影响程度，并且从最初的顾客感知价值模型逐渐演变为体现信息系统特征的用户接受模型。技术接受模型、计划行为理论、整合型信息技术接受与使用模型、价值接受模型、感知风险理论所包含的研究变量被不同学者以不同组合方式运用于消费者行为意愿的研究中，提供了丰富的消费者行为影响因素集。本书将相关影响因素按照主体的不同主要分为环境因素、营销因素与个人因素，已有消费者行为意愿影响因素的研究成果为本书的概念模型关键变量筛选与作用路径搭建提供了可靠的信息。

（二）研究空间

已有相关文献的研究成果显著，也为本书的研究提供了重要支撑。但在具体实证研究过程中，本书发现互联网消费信贷产品持续使用意愿影响因素研究的相关领域中还存在一定的研究空间。本书依据研究空间提出并开展研究，研究空间呈现为以下三点。

1. 行为意愿的影响因素筛选逻辑有待讨论

研究模型是进行数据收集、实现假设验证的基础，已有研究提供了多元化的研究变量，以综合性模型构建为导向，将面临研究变量的对比与筛选。通过文献梳理可以发现，测量内容或测量目的相似的变量不止一个，然而大多数研究并未对文中所构建模型中存在的变量转换或变量新增进行原因解释。一方面，不少实证研究将感知利得类与感知成本类变量同时纳入模型，在测量内容方面出现重复工作，削弱了研究的创新性，增大了研究的工作量。另一方面，相同变量之间的关系存在多种结论。例如感知要素与信任的关系被划分为三种观点：第一，信任是感知要素的前因变量；第二，感知要素是信任的前因变量；第三，感知要素与信任是平行关系。除此之外，在模型中对行为态度、消费者满意度、情绪等变量也存在理解上的混淆。因此在构建概念模型之前，将对影响持续使用意愿的关键因素进行关系梳理，完成对概念模型的推导。

2. 互联网消费信贷产品持续使用意愿影响因素模型的构建有待完善

尽管顾客感知价值理论、顾客满意度理论、期望确认理论以及各类实证模型的研究成果颇多，为互联网消费信贷产品持续使用意愿的影响因素研究模型提供了参考思路。但目前针对消费者使用互联网消费信贷产品后的持续性行为影响因素模型构建研究较少，更多是集中于潜在消费者对初次使用或购买新产品的行为意愿研究。而持续使用意愿是基于消费者已经购买过同一产品一次或多次后的行为意愿，并且本书试图探讨互联网消费信贷产品的持续使用意愿研究，产品特征不同。因此，已有的消费者行为研究不能完全适用于持续使用意愿研究，其影响因素与作用路径会有所不同。在借鉴消费者行为研究成果构建持续使用意愿影响模型时，还需要对类似变量进行区分筛选，最终完成模型的构建。

3. 外部环境因素对消费者行为意愿的影响有待关注

已有研究明确了消费者行为影响因素主要分为个人因素、营销因素与环境因素，三类因素又分别体现在个人心理因素上。在本书梳理的持续使用意愿研究模型中主要体现了信息技术场景中个人对外部环境、产品、商家以及自身行为偏好的主观感受因素。通过文献梳理，外部环境包括经济环境、文化环境、政治环境、社会环境、市场环境等较宏观概念，对消费者心理感知、态度、行为意愿也有着一定的影响，然而在实证分析中对外部环境与消费者行为意愿的关系研究侧重于社会环境—参考群体、市场环境—竞争产品两部分，并且很少有学者探讨外部环境氛围对消费者行为意愿的调节作用。但实际上，外部环境为消费者在某一特定消费场景中营造的良好氛围也会对消费者行为意愿产生影响。

五、本章小结

作为研究开展的理论支撑部分，本书对互联网消费信贷相关研究、持续使用意愿相关研究以及相关影响因素进行了文献梳理，并结合互联网消费信贷场景明确了本书的研究问题。通过对持续使用意愿的理论基础进行剖析，明确了消费者持续使用意愿的影响因素范围，发现了消费者持续使用意愿研究的改进空间。互联网消费信贷的相关研究尽管对互联网消费信贷产品的影响因素进行了一定的讨论，但互联网消费信贷产品持续使用意愿的影响因素讨论还有待深化与完善。已有研究较少关注持续使用意愿的影响因素组成；在消费者行为研究模型中，研究风格由单一模型向多模型结合的风格转化，随着研究成果数量的增加，变量关系多元化，概念内涵有所混淆；单独分析消费者心理因素与消费者行为意愿的研究较多，并未同时体现消费者对外部环境、产品、商家的感知状况以及自身期望确认对消费者持续使用意愿的影响。因此，本书根据现有研究空间，以互联网消费信贷产品为研究对象，探讨消费者持续使用意愿影响因素结构，明确互联网消费信贷产品持续使用意愿的内涵与维度，并通过实证分析研究所提假设。

第三章

研究设计

本章首先对影响消费者行为意愿的代表模型进行总结，并对模型变量进行对比分析，结合环境因素、个人因素从心理测量角度推导出互联网消费信贷产品持续使用意愿影响因素及其作用机理的概念模型。研究模型主要包含9个研究变量：产品接触质量、品牌接触质量、技术接触质量、信贷感知风险、信贷期望确认、信贷动机强度、消费者满意度、持续使用意愿、外部环境氛围。其次，为了增加模型可行度，在实证研究中还加入了控制变量与分组变量对样本数据进行检验。然后对各变量进行了定义，阐述了筛选原因，并基于各变量之间可能存在的关系提出研究假设。最后在文献整理与理论综述的基础上，参考已有成熟量表，初步设计测量量表题项条款，并完成了评估与修正工作。

一、模型构建

在对持续使用意愿进行测量并探讨影响因素关系的研究中，对影响因素的测量大多是通过对消费者进行心理感知自评体现的。消费者心理因素指由环境因素、营销因素、消费者个人特征而对消费者心理活动产生刺激而形成的关于动机、态度、意愿等心理感知状态。因此，个人心理因素从形成时间节点上暗含了第二章中所述的环境因素、营销因素、个人因素。生命周期—持久收入假说与缓冲存货储蓄理论分别分析了消费者选择信贷产品的两种基本动机。顾客感知价值理论指出消费者的持续使用行为受到消费者感知利得与感知损失的影响，反映了营销因素对消费者心理刺激的结果。因此，本书也试图从心理影响因素角度分析持续使用意愿的影响因素及其作用机理，对已有的研究模型进行回顾总结，在此基础上结合互联网消费信贷产品的特征，推导出本书的研究概念模型。

（一）成熟模型

在具体情境下，互联网消费信贷具有显著的信息系统特征，适用于信息系统场景下发展起来的用户接受行为模型，主要包括技术接受模型、计划行为理论、整合型技术接受与使用模型、期望确认模型与价值接受模型，体现了影响消费者行为的营销感知因素与作用路径。目前关于互联网消费信贷产品持续使用意愿的影响因素的针对性研究较少，因此仅对代表研究模型进行基本内容阐述。

1. 理性行为理论。理性行为理论（Theory of Reasoned Action，TRA）是由美国学者 Fishbein 与 Ajzen 率先提出的。该理论假设人是理性的，人们的实际行为可根据其行为意愿得以推断。① 因此作为实际行为的前导变量只有行为意向，而行为态度和主观规范以行为意向为中介变量对实际行为产生间接影响。行为态度体现了个人自身对事件、目标的情感正负，主观规范则体现了参照群体中具有重要影响的人支持使用新系统、技术、产品的个人感知程度。TRA 的模型框架如图 3-1 所示。

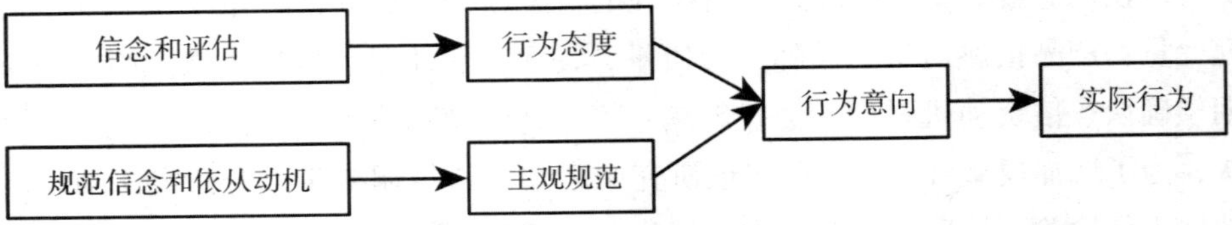

图 3-1　理性行为理论（TRA）框架

2. 计划行为理论。由于理性行为理论并未考虑组织环境对个人行为的影响，Ajzen 在理性行为理论的基础上进行补充研究，于 1991 年提出计划行为理论（Theory of Planned Behavior，TPB），其框架如图 3-2 所示。计划行为理论认为个人会受到周围环境组织的影响而对自身的行为有所控制，因此引入了知觉行为控制变量，旨在反映个人在执行某一项决定时所感知到的控制程度以及预期的阻碍程度。

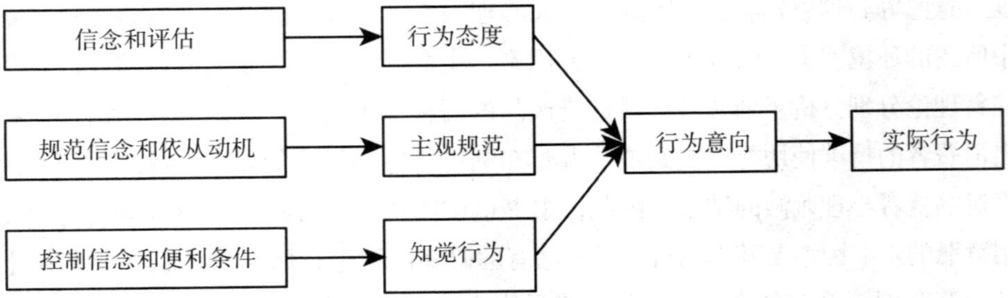

图 3-2　计划行为理论（TPB）框架

① AJZEN I. From Intentions to Actions：A Theory of Planned Behavior［M］//KUHI J，BECKMANN J. Action Control. Berlin：Springer-verlag，1985：11-39.

3. 技术接受模型。同时期，Davis 结合信息系统接收特征对理性行为理论进行了改进，提出了技术接受模型（Technology Acceptance Model，TAM）。技术接受模型提出了感知有用性与感知易用性两个解释用户对信息系统接受的决定性因素。感知有用性体现了个人使用工具、执行决定所能带来的利益或好处，在测量内容方面也体现了行为发生后呈现的直观效果。而感知易用性则指出了个人面对新的事物、工具包含的新技术，为达到使用目的的便利性，即学会使用当前工具的容易程度。二者通过正向影响使用态度从而影响行为意愿。TAM 的模型框架如图 3-3 所示。

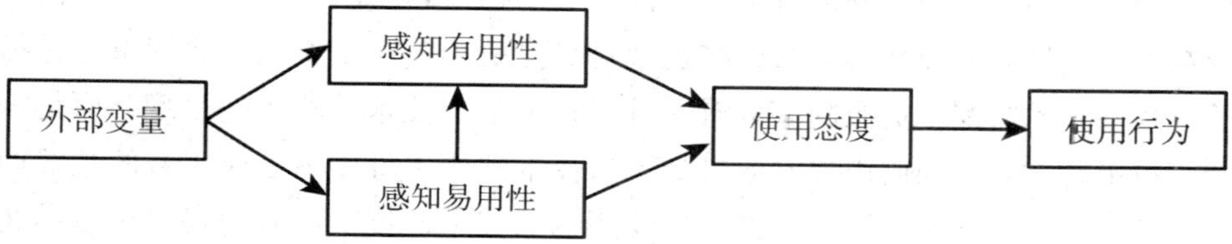

图 3-3 技术接受模型（TAM）框架

计划行为理论与技术接受模型作为代表性的信息系统接受模型，大多数实证研究都证明了计划行为理论或技术接受模型的理论模式的可行性，行为受到态度、意愿和动机的影响，态度与意愿有着显著关系，并且基于计划行为理论与技术接受模型进行了模型拓展。① 技术接受模型的运用主要凸显了感知有用性、感知易用性两大变量对消费者行为意愿的影响，在此基础上，引入新理论与外部变量、应用于新场景成为以技术接受模型为关键词的研究趋势。②

4. UTAUT 模型。由于行为的复杂性，单一模型无法完全涵盖消费者行为影响因素，Davis 和 Venkatesh 将 8 个理论模型进行总结，提出了整合型信息技术接受与使用模型（Unified Theory of Acceptance and Use of Technology Model，

---

① AHMAD S，KHALID K. The Adoption of M-Government Services from the User's Perspectives：Empirical Evidence from the United Arab Emirates［J］. International Journal of Information Management，2017，37：367-379；PROCTER L，ANGUS D J，BLASZCZYNSKI A，et al. Understanding Use of Consumer Protection Tools among Internet Gambling Customers：Utility of the Theory of Planned Behavior and Theory of Reasoned Action［J］. Addictive Behaviors，2019，99：106050.

② 阮文佳，虞虎，宋学俊．基于扩展计划行为理论的国际游客在雾霾威胁下的行为意向研究：以北京国际游客为例［J］. 干旱区资源与环境，2019，33（7）：195-201.

UTAUT)。[①] 整合型信息技术接受与使用模型重新凝练了消费者行为涉及的关键因素，体现为："绩效期望""社会影响""努力期望""便利条件"，并且考虑了年龄、性别、自愿性和经验在模型中的调节作用[②]。关于各变量的定义，绩效期望是指消费者认为当前技术、工具的使用可以为其精神、功能需求方面提升的程度，类似于技术接受模型中的感知有用性变量。而努力期望则与感知有用性类似，体现为消费者使用新技术所感知的难易程度。不同成长背景的使用者对同一技术的采用所感知到的难易程度存在差异，当使用者认为新技术的掌握难度越低，就会更容易接纳这一项新技术并选择使用。由于消费者处在一个社会环境中，因此社会影响是指使用者自身所能感知到的周围参照群体对其使用新技术的支持度，社会影响的存在也会对自身的决策产生影响。便利条件是指这一项新技术的配套资源的获取难易程度，考虑了技术并非单一呈现，而是需要多方配合达到顺利使用技术的目的。当技术的使用可以满足使用者的绩效期望、技术容易被掌握、周围人群支持使用这项技术、技术所需的资源也容易获取时，使用者对技术的接受意愿就更高。UTAUT 模型的框架如图 3-4 所示。

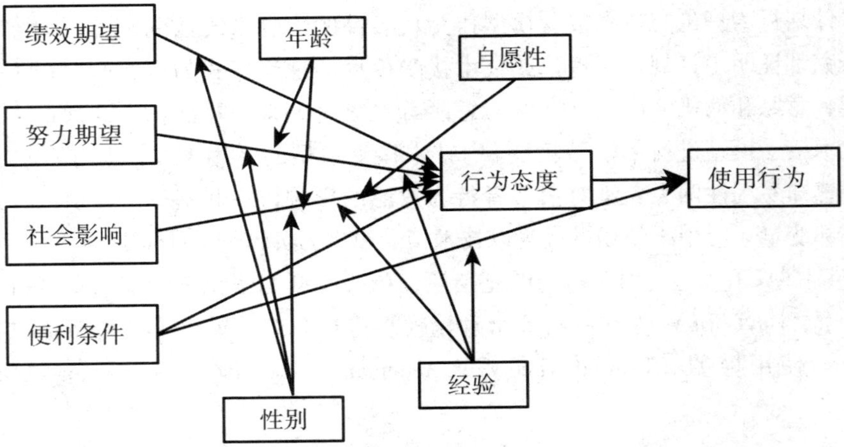

图 3-4　整合型信息技术接受与使用模型（UTAUT）

目前，UTAUT 模型已在多个领域应用并已被证实具有较高的解释度。邢丘

---

① DAVIS F D, VENKATESH V. A Critical Assessment of Potential Measurement Biases in the Technology Acceptance Model: Three Experiments [J]. International Journal of Human-Computer Studies, 1996, 45 (1): 19-45.

② DAVIS F D, VENKATESH V. A Theoretical Extension of the Technology Acceptance Model: Four Longitudinal Field Studies [J]. Management Science, 2000, 46 (2): 186-204.

丹等人以余额宝为研究对象，在 UTAUT 模型基础上考虑了余额宝凸显的经济价值功能与感知风险可能性，以此构建了用户投资行为的研究模型。① 王彩云以 UTAUT 模型为基准模型构建银行互联网金融产品购买行为影响因素模型。②

5. 期望确认模型。在技术接受模型、整合型信息技术接受与使用模型中，行为意愿作为中介变量存在，两个模型侧重于探讨各类因素对实际行为的影响，且对行为意愿、实际行为并未分别进行节点划分。期望确认理论为持续使用行为意愿的研究指引了方向，但在实际应用方面范围存在局限之处。Bhattacherjee（2001）致力于解释信息技术的持续使用行为，最终提出了期望确认模型（Expectation Confirmation Model，ECM）③，见图 3-5。

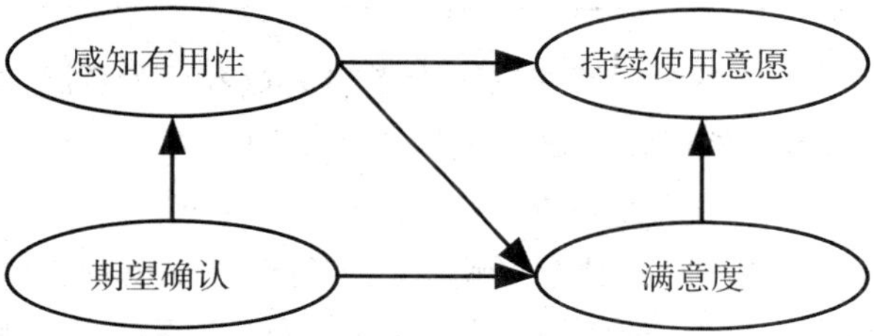

图 3-5　期望确认模型（ECM）框架

期望确认模型的构建原理凸显了研究者对消费者使用后的变量关注，对消费者使用技术、产品后的期望确认程度与感知有用性进行测量，以此引出对持续使用意愿的研究。而期望确认程度与感知有用性体现了消费者关于产品质量的整体正向感知，侧重于产品的功效实现，并作为满意度评价的前置变量；而未对影响行为意愿的环境因素、营销因素进行调查，将消费者的感受、体验更为直观、确切地呈现出来。持续使用意愿研究是了解消费者更为理性的产品态度以及企业进行客户关系管理的有效依据，因此期望确认模型在提出之后便被国内外学者应用到各个应用场景中，并根据自身研究的特征，对期望确认模型进行调整与丰富。表 3-1 展现了当前学者将期望确认模型应用于互联网技术加持的产品场景分布情况，各类学习型 APP、社会服务 APP、社交软件/网站、网

① 邢丘丹，解建丽，张宁．互联网金融模式下的余额理财用户投资行为分析［J］．财经理论与实践，2015，36（5）：15-22.

② 王彩云．基于 UTAUT 的银行互联网金融产品购买行为影响因素研究［D］．深圳：深圳大学，2018.

③ BHATTACHERJEE A. Understanding Information Systems Continuance：An Expectation-Confirmation Model［J］. MIS Quarterly，2001，25（3）：351-370.

上金融服务、线上购物的持续性行为意愿都适合采用期望确认模型作为基础解释模型。

表 3-1 期望确认模型的互联网应用场景

应用场景	参考文献
在线学习	Hayashi 等人（2004），Joo 和 Choi（2016）
移动服务	Kim（2010），Oghuma 等人（2016），刘毅和张庭松（2020）
社交平台	刘虹等人（2014），代宝和刘业政（2015），常桂林等人（2017）
网上银行	Susanto（2016），Albashrawi（2021）
电子商务	曹高辉等人（2017），李琪等人（2018）

6. 价值接受模型。感知价值理论认为影响消费者行为意愿的因素包括消费者感知的利得与成本，然而在信息系统用户接受模型中仅强调了技术、产品使用所存在的有用性。遵循认知—情感—态度—行为的逻辑顺序，李武在研究电子书阅读用户的行为意愿时将社会影响引入了价值接受模型，认为感知价值体现为用户对所使用产品的一种认知内化，进而对行为意愿产生影响。① 在互联网有关的研究领域，学者更愿意采用价值接受模型（Value Acceptance Model，VAM）解释消费者的行为意愿。价值接受模型是由新加坡学者 Kim 等人将顾客感知价值理论引入了技术接受模型，认为感知收益（有用性和娱乐性）和感知成本（易用性和感知费用）形成消费者的感知价值，由感知价值对行为意愿产生影响，从而提出的。② 模型如图 3-6 所示。

较顾客价值理论而言，价值接受模型提出了运用于实证的研究模型，呈现了感知价值的维度以及对行为意愿的作用路径，同时也凸显了对感知成本的考虑。相较而言，价值接受模型未凸显消费者对产品使用的态度，仅考虑了感知价值对行为意愿的影响。因此在解释力度方面，仍然没有技术接受模型、期望接受模型更具有说服力，被研究者采纳与应用的广泛度更低。但价值接受模型揭示了对感知成本关注的必要性，为消费者行为研究模型的丰富提供了思路。

7. 感知风险理论。面对产品使用场景的丰富，消费者更多面临的不是实际的成本付出，而是需要承担的未知风险。Bauer 提出了感知风险理论（Perceived

① 李武，胡泊，季丹．电子书阅读客户端的用户使用意愿研究：基于 UTAUT 和 VAM 理论视角［J］．图书馆论坛，2018，38（4）：103-110.

② KIM H-W，CHAN H C，GUPTA S．Value-Based Adoption of Mobile Internet：An Empirical Investigation［J］．Decision Support Systems，2007，43（1）：111-126.

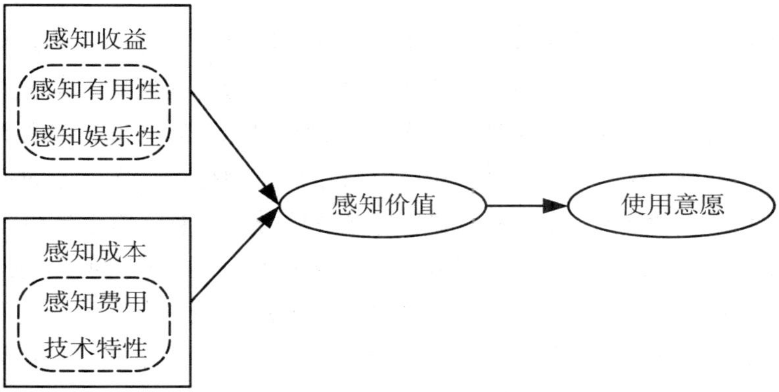

图 3-6 价值接受模型（VAM）框架

Risk Theory，PRT）①，将感知风险从心理学领域引入了消费者行为研究中，利用消费者的风险厌恶差异开展风险感知对行为意愿的影响。Mitchell 认为，感知风险在消费者行为意愿方面的强解释力更加印证了消费者使用产品前的消极感知的重要性。② 实证研究的结果也表明感知风险对消费者的态度、行为意愿以及最终的决策都有着重要的影响。③

在消费者购物决策过程中，感知风险会随着消费者对产品信息的了解程度而发生动态变化。消费者第一次使用产品前，由于缺乏自身体验以及相关信息，感知风险最大，在使用过程结束后感知风险会有所下降。由于感知风险测量的是对未来结果的不确定性，尽管消费者已经通过使用产品了解了互联网消费信贷产品的实际功效与潜在风险，但在继续使用互联网消费信贷产品时，仍然存在感知风险，而对当前产品的感知风险程度又会成为下次使用的关键影响因素，持续使用意愿的相关影响因素都衔接了两次使用行为阶段。当消费者通过使用当前产品感知到的风险较高时，由此产生的重复使用意愿、增量使用意愿、交

---

① BAUER R A. Consumer Behavior as Risk Taking [C] // HANCOCK R S. Dynamic Marketing for a Changing World. Proceedings of the 43rd. Conference of the American Marketing Association. Chicago: American Marketing Association, 1960: 389-398.

② MITCHELL V W. Consumer Perceived Risk: Conceptualisations and Models [J]. European Journal of Marketing, 1999, 33 (1-2): 163-195.

③ 叶乃沂，周蝶．消费者网络购物感知风险概念及测量模型研究 [J]．管理工程学报，2014, 28 (4): 88-94; CASIDY R, WYMER W. A Risk Worth Taking: Perceived Risk as Moderator of Satisfaction, Loyalty, and Willingness-to-Pay Premium Price [J]. Journal of Retailing & Consumer Services, 2016, 32: 189-197; 刘守平．消费者感知风险对购后行为的影响研究 [D]．哈尔滨：哈尔滨工业大学，2014.

叉使用意愿、口碑推荐意愿都会降低。

关于互联网场景的感知风险研究更多集中于网上购物与互联网金融产品的使用，且以新增变量的形式出现在成熟的消费者行为研究模型中，包括技术接受模型、计划行为理论、UTAUT 模型与期望确认模型。叶乃沂和周蝶研究发现感知风险是消费者在网络购物过程中，对自己的购物行为带来可能的不利后果的感受和判断。① Kaplan 等人将消费者感知风险分为 5 种：财务风险、功能风险、身体风险、心理风险、社会风险。② Yang 等人发现技术的不确定性、信息不对称、监管不到位和服务不完善是感知风险的决定因素，而财务风险、隐私风险和绩效风险则被证实对感知价值和用户移动支付采纳意愿具有极大的负面影响。③ 因此，研究互联网消费信贷产品的持续使用意愿，需要考虑消费者的感知风险。

8. 服务接触理论。服务接触的概念是由 Solomon 等人率先提出的，④ 随后 Shostack 提出了服务蓝图，将服务接触与服务流程相结合。⑤ 最初的服务接触是指消费者与前台员工、后台员工的接触，即人员接触。Bateson 指出了服务接触包含的三元主体，即顾客、服务组织与员工。⑥ 技术的更新迭代使得服务接触的内容有所变化，技术设备的自助服务逐渐替代了消费者与员工之间的交流。⑦ Seck 和 Philippe 随后提出了消费者通过互联网终端而实现的无形接触概念，⑧ 服

---

① 叶乃沂，周蝶．消费者网络购物感知风险概念及测量模型研究［J］．管理工程学报，2014，28（4）：88-94；CASIDY R，WYMER W．A Risk Worth Taking：Perceived Risk as Moderator of Satisfaction，Loyalty，and Willingness-to-Pay Premium Price［J］．Journal of Retailing & Consumer Services，2016，32：189-197.

② KAPLAN L B，SZYBILLO G J，JACOBY J．Components of Perceived Risk in Product Purchase：A Cross-Validation［J］．Journal of Applied Psychology，1974，59（3）：287-291.

③ YANG Y，LIU Y，LI H．Understanding Perceived Risks in Mobile Payment Acceptance［J］．Industrial Management & Data systems，2015，115（2）：253-269.

④ SOLOMON M R，SURPRENANT C，CZEPIEL J A．A Role Theory Perspective on Dyadic Interactions：The Service Encounter［J］．Journal of Marketing，1985，49（1）：99-111.

⑤ SHOSTACK G L．Understanding Services through Blueprinting［J］．Advances in Services Marketing and Management，1992，1（1）：75-90.

⑥ BATESON J E G．Self-Service Consumer：An Exploratory Study［J］．Journal of Retailing，1985，61：49-76.

⑦ BEATSON A，LEE N，COOTE L V．Self-Service Technology and the Service Encounter［J］．Service Industries Journal，2007，27（1-2）：75-89.

⑧ SECK A M，PHILIPPE J．Service Encounter in Multi-Channel Distribution Context：Virtual and Face-to-Face Interactions and Consumer Satisfaction［J］．The Service Industries Journal，2013，33（6）：565-579.

务接触包括了消费者与服务供应商、服务环境以及互联网终端技术的接触①。由此可见随着互联网技术的加入，产品的服务接触内容发生了变化，李嘉欣对服务接触的发展阶段进行了整理，包括狭义的人际接触、传统行业服务接触范围扩展以及互联网背景下服务接触的扩展②，并对服务接触的要素维度从人员接触扩展到口碑接触、人员接触、技术接触三个维度。消费者在使用互联网消费信贷产品的过程中可以通过电脑、手机等技术设备直接完成，也无需实体消费环境的存在。因此，本书基于互联网消费信贷产品的场景特征，结合 Walker 的三阶段服务满意评估模式③、Gronroos 的服务接触系统模型④、李嘉欣的服务接触划分思路对互联网消费信贷产品的服务接触维度进行划分。

（1）产品接触。产品接触主要指消费者通过使用产品而对产品的各项信息、功能产生接触的过程，主要包括产品质量、价格、设计、特征、包装、折扣、支付周期与方式等。王俊男指出消费者购买产品的目的是获得产品的功能效用和精神效用，分别由产品质量和品牌形象进行衡量。⑤ 因此产品接触主要围绕产品性价比而展开测量。当消费者发现所选择的互联网消费信贷产品质量高、价格合理且品牌形象好时，具有长期信贷需求的消费者持续使用同一产品的可能性则会提高。而在大多实证分析中也表明，产品接触后的感知质量对消费者的行为意愿存在显著的促进作用。

（2）品牌接触。根据已有研究结果，在消费者选择互联网消费信贷产品时，消费者对供应商的品牌认知以及企业形象认可度可以降低消费者选择产品时的感知风险。张秀莲和董雅丽指出，消费者会通过搜集产品品牌的信息去降低由于选择某一特定品牌而带来的操作风险，因此消费者倾向于选择之前具有购买经验的品牌。⑥ 当消费者感知到较高的社会风险时，消费者也会选择品牌知名度

---

① 谭巧巧．服务接触对顾客网购满意度的影响研究［D］．哈尔滨：哈尔滨工业大学，2013.

② 李嘉欣．服务接触对互联网理财产品持续使用意愿的影响研究［D］．北京：北京交通大学，2019.

③ WALKER J L. Service Encounter Satisfaction：Conceptualized［J］．Journal of Services Marketing，1995，9（1）：5-14.

④ GRONROOS C. Service Management：A Management Focus for Service Competition［J］．International Journal of Service Industry Management，1990，1（1）：6-14.

⑤ 王俊男．消费者购后行为影响因素研究［D］．北京：北京交通大学，2010.

⑥ 张秀莲，董雅丽．“品牌接触点”传播降低消费者感知风险机理分析［J］．科技管理研究，2007（5）：147-148，174.

更高的同类产品。① 品牌接触作为消费者与供应商的接触，注重于企业向消费者传递的产品信息，例如品牌形象、品牌可信任度、广告宣传真实性。报刊广告、电视、社会媒体宣传对消费者行为具有显著影响，并且这些影响因素是可以由企业调控的，因此品牌接触是明显区别于产品接触的。

（3）技术接触。消费者在使用互联网消费信贷产品过程中涉及的技术接触内容主要指消费者接触的网站、手机页面设计是否能让消费者快速掌握产品操作方法，以及网站页面设计的观感舒适度，包括内容、性能、界面、导航、安全等方面。Khare 等人认为，一个讨人喜欢和有用的网站也会提高消费者的行为意愿。② 一定程度上技术接触反映了消费者接触的技术可用性，网站的可用性会影响消费者对网站的信任程度③，从而提升消费者使用体验的满意度。

在线下或电话购物场景中，消费者通过与销售人员产生互动行为以了解产品信息、执行购买决策，销售人员在与客户进行信息交流时所表现的服务态度会影响消费者对该销售人员的信任，最终会进一步影响对该供应商的强烈信任。因此，销售人员向消费者传递的服务氛围、服务质量将影响消费者的购买情绪。然而消费者使用互联网消费信贷产品时很少与线上客服人员接触，因此本书不将人员接触作为互联网消费信贷产品的主要服务接触内容。

广义的服务接触测量内容更为宽泛，不仅局限于消费者对产品的体验结果，还会结合商家平台、宣传营销、技术水平等因素进行测量，有时候会影响产品使用感受，对满意度乃至持续使用意愿产生作用。例如，在某些场景中产品使用体验并不突出，但消费者对品牌的信赖会降低消费者对产品使用体验的要求。同时，价格优惠也会降低消费者对产品功能实现的要求，使消费者反而更容易达到满意状态。因此，本书选取了符合 Bateson 观点的服务接触质量测量内容④作为影响消费者满意度的前置变量之一，既符合 Assael 的三因素说⑤，又综合考

---

① LOEBNITZ N，ZIELKE S，GRUNERT G. Consumers' Brand Decision：A Matter of Social Risk [J]. International Journal of Retail & Distribution Management，2020，48（6）：575-589.

② KHARE A，DIXIT S，SARKAR S. Factors Affecting Website Continuance Intention：A Study of Indian Travel Websites [J]. Information Technology & Tourism，2020，22（2）：243-271.

③ JAM C，SANTOS D，OLIVEIRA T. Exploring the Influential Factors of Continuance Intention to Use Mobile Apps：Extending the Expectation Confirmation Model [J]. Information Systems Frontiers，2020，22：243-257.

④ BATESON J E G. Self-Service Consumer：An Exploratory Study [J]. Journal of Retailing，1985，61：49-76.

⑤ ASSAEL H. Consumer Behaviour. A Strategic Approach [M]. Boston：Houghton Mifflin Company，2004.

虑了商家向消费者提供的可接触的产品相关信息。

（二）变量讨论

顾客价值理论、顾客满意理论、服务接触理论、用户接受行为模型、感知风险理论等从不同角度提出了影响消费者行为的因素，侧重于探讨营销因素对行为意愿的影响。在对某一模型的拓展以及多模型的整合研究中，有学者对存在相似概念的变量进行了等价替换，或者结合相反的心理感知变量加强关系假设的验证。例如，Susanto 在研究模型中同时对感知有用性、感知风险与持续使用意愿之间的关系进行了考察。① 曹高辉等人以期望确认模型为基准模型，新增了感知易用性、感知趣味性以及自我价值感知变量。② Carlos 等人采用绩效期望替换了期望确认模型中的感知有用性，对持续使用意愿进行测量。③

由于本书是对互联网消费信贷产品持续使用意愿进行影响因素研究，因此在前面列出的研究模型中，本书选择以期望确认模型作为基准模型，对模型变量进行确定、更换、新增。然而在互联网消费信贷场景中，哪些模型变量是具备代表性的？筛选的模型变量在互联网消费信贷场景中的定义与测量内容如何界定？这些是在提出并构建概念模型前有待明晰的问题。据此，本书对前面所列出的代表研究模型进行变量对比，为本书的概念模型变量选取提供参考。

1. 期望确认模型变量对比

期望确认变量与持续使用意愿变量作为模型的核心变量，在诸多研究中作为自变量与因变量存在，且在同一产品类型下不存在相似变量。因此对期望确认模型的变量对比主要围绕感知有用性、满意度展开。

（1）感知有用性与相似变量。作为技术接受模型的关键变量，感知有用性主要测量所用产品功能的实现程度。从测量对象与测量内容出发，感知有用性体现了顾客感知价值理论中的功能价值，同时也可以被 UTAUT 模型中的绩效期望变量替代。服务接触理论中的产品接触质量维度在测量内容上不限于体现产品的感知有用性，而感知风险下的绩效风险维度也从相反的测量方向考察消费者使用产品的功能实现程度。因此感知有用性、功能价值、绩效期望、产品接

---

① SUSANTO A, CHANG Y, HA Y. Determinants of Continuance Intention to Use the Smartphone Banking Services: An Extension to the Expectation-Confirmation Model [J]. Industrial Management & Data Systems, 2016, 116 (3): 508-525.

② 曹高辉，虞松涛，张煜轩，等．消费者持续参与在线评论意愿实证研究［J］．管理评论，2017，29（11）：148-158.

③ TAM C, SANTOS D, OLIVEIRA T. Exploring the Influential Factors of Continuance Intention to Use Mobile Apps: Extending the Expectation Confirmation Model [J]. Information Systems Frontiers, 2020, 22: 243-257.

触质量、绩效风险之间存在相似性。

（2）满意度与相似变量。满意度作为态度变量，是影响持续使用意愿的前置变量。在技术接受模型、计划行为理论、UTAUT 模型中更多是以行为态度为中介变量，体现消费者对产品使用的态度。二者的测量目的与内容基本一致，在众多学者的实证研究中也实现了等价替换。满意度体现了消费者对产品的综合评价，在设计问卷题项时，通常采用“满意—不满意”“愉悦—不愉悦”“沮丧—满足”“糟糕—愉悦”正反两个方向对满意度进行测量，正好体现了情绪理论中积极、消极双维度分类。① 不同的是，情绪变量一般运用于冲动购买行为研究②，而满意度则更多用于预测用户接受行为、持续性行为。

2. 其他代表模型变量对比

本书以顾客感知价值理论为基础，依次对价值接受模型、感知风险理论、技术接受模型、UTAUT 模型、服务接触理论、信任理论、理性行为理论的关键变量进行相似分析。

（1）感知有趣性与相似变量。消费者在使用产品时还附带有情感价值需求，希望在使用产品的过程中能够产生愉悦的心情，即消费者使用产品前对有趣性的感知状态。感知风险理论中的心理风险则是测量消费者在执行决策行为前的负面情绪，具体表现为担心、害怕、焦虑。③ 二者从相反的角度体现了消费者在使用产品前的情感状态，具有一定的相似性。

（2）感知费用与相似变量。具有相同逻辑关系的还包括价值接受模型中的感知费用与感知风险理论中的成本风险变量，二者旨在测量消费者使用当前产品所需付出的成本大小。尽管感知风险所有的维度均是从结果的不确定性测量，强调消费者在实施行为前对损失程度和接受程度的感知大小。但成本风险侧重

---

① 邓俊超．网络团购中消费者冲动性购买意向影响因素研究：正向情绪的中介作用［D］．重庆：重庆工商大学，2013.

② GUO Y，HU X N，ZOU Y，et al. Maximizing E-Tailers' Sales Volume through the Shipping-Fee Discount and Product Recommendation System［J］. Discrete Dynamics in Nature and Society，2020，2020：1-14；WALLACE L A，MORRIS V G，HUDAK K M，et al. Increasing Access to WIC through Discount Variety Stores：Findings from Qualitative Research［J］. Journal of the Academy of Nutrition and Dietetics，2020，120（10）：1654.

③ THAM K W，DASTANE O，JOHARI Z，et al. Perceived Risk Factors Affecting Consumers' online Shopping Behaviour［J］. Journal of Asian Finance Economics and Business，2019，6（4）：249-260；VENTRE I，KOLBE D. The Impact of Perceived Usefulness of Online Reviews，Trust and Perceived Risk on Online Purchase Intention in Emerging Markets：A Mexican Perspective［J］. Journal of International Consumer Marketing，2020，32（4）：287-299.

于体现消费者所承担的经济成本、时间成本风险，与顾客感知价值理论中的感知成本、价值接受模型中的感知费用变量更为贴切。

（3）技术特性与相似变量。在价值接受模型中，技术特性被认为是由产品所持的技术特征而带来的感知成本，因此与成本类变量进行比较。由于互联网消费信贷产品具有显著的技术特征，因此在消费者的感知风险维度中还包括技术风险。不包含隐私风险，技术风险是指由于系统、技术带来的操作不便利、使用程序烦琐等情况。而感知易用性则是测量使用操作产品的简易程度。UTAUT 模型中的努力期望与便利条件是指个体使用一项技术所感觉到的难易程度以及使用一项技术所需要的资源获得的难易程度。技术接触质量则是让消费者对所接触的网站、页面、操作便利度做出评价。① 以上变量都侧重于体现产品的信息系统技术特征，因此本书认为技术特征、技术风险、感知易用性、努力期望—便利条件、技术接触质量在测量内容方面存在相似之处。

（4）社会风险与相似变量。感知风险理论中的社会风险变量旨在衡量个体认为对其有重要影响的人希望自己使用新系统的感知程度，反映了周围人群对个体行为的影响。与社会影响—UTAUT 模型、主观规范—技术接受模型的测量内容相似，都是考察消费者周围参照人群对个人行为的认可程度。技术接受模型认为主观规范不会通过行为态度对行为意愿产生影响，然而参照群体的意见会作为环境因素显著影响消费者感知要素与使用态度之间的关系。

（5）品牌接触质量与信任。服务接触质量中的品牌接触质量反映了消费者对品牌认知以及企业形象认可度。品牌认可度越高，意味着消费者的品牌信任度越高。在测量内容方面，通过询问消费者对品牌信息的信任度来体现品牌接触质量，二者间建立起了相似关系。在持续使用意愿的研究背景下，消费者已具备产品使用经验，对品牌接触信息的真实性、产品接触质量的高低、感知风险的大小以及期望确认的程度已然有了基准判断，四种评价在形成的时间节点上相差无几，进而共同对持续使用意愿产生影响。因此对于已有文献存在的三种不同观点，本书认为感知要素与信任属于平行关系，会共同对态度、行为意愿产生影响。

明确代表模型变量间的相似性后，以期望确认模型为基准，依据感知要素变量与态度变量的既定关系，最终得到如图 3-7 所示的逻辑关系图。

---

① LEE C K，CHUNG N. Understanding Factors Affecting Rrust in and Satisfaction with Mobile Banking in Korea：A Modified Delone and McLean's Model Perspective［J］. Interacting with Computers，2018，21（5-6）：385-392；丁林．基于任务—技术匹配的网上银行使用意向影响因素研究［D］. 杭州：浙江大学，2008.

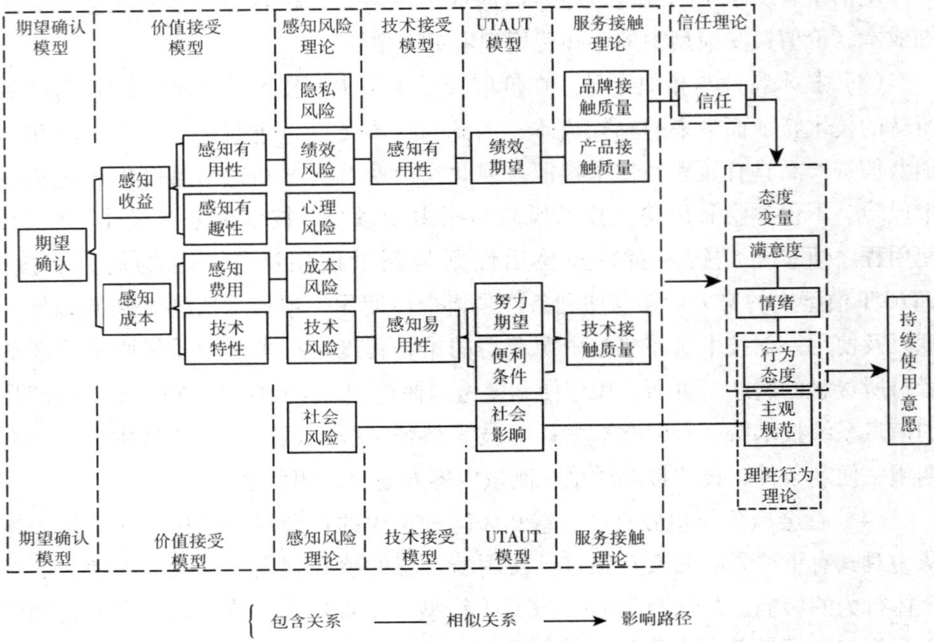

图 3-7 代表模型变量逻辑关系图

值得注意的是，感知风险理论对消费者行为意愿影响因素测量方向与其他理论模型的测量方向不同，而技术接受模型、UTAUT 模型、服务接触理论侧重于测量消费者行为所带来的利得对其行为意愿的影响。如顾客感知价值理论与价值接受模型指出，影响消费者持续使用意愿的因素既包括感知利得，也包括感知损失。对互联网消费信贷产品的消费者持续使用意愿进行研究时，应考虑利得与损失两方面的因素同时对消费者行为意愿的最终影响，这也将作为本书构建概念模型的指导思想之一。

（三）概念模型

通过对消费者行为代表模型的变量进行逻辑梳理，得到图 2-8 与图 3-7，考虑研究目的与可行性，本书构建的互联网消费信贷产品持续使用意愿影响因素及其作用机理的概念模型如图 3-8 所示。

图 3-8 是通过文献整理、半结构化访谈后，对图 2-8、图 3-7 进行因素筛选、关系整理所呈现的概念模型图。模型构建的整体思路是体现外部环境、营销因素、个人因素转化为心理因素后对互联网消费信贷产品持续使用意愿的影响。首先，基于本书对持续使用意愿的研究意图，选取期望确认模型作为基准模型，明确了信贷期望确认与消费者满意度两个变量及其影响关系。不同于期

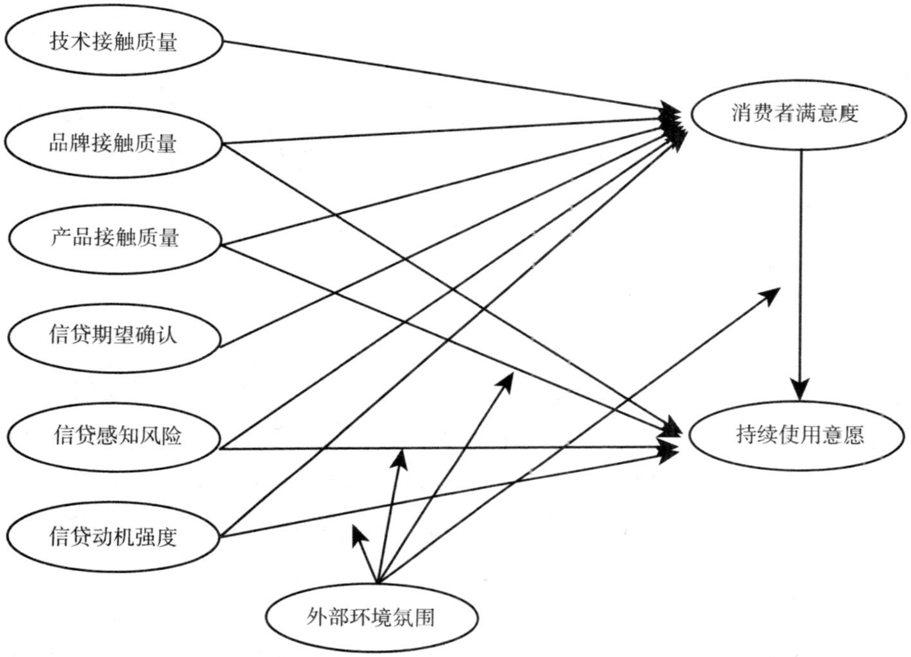

图 3-8 研究概念模型

望确认模型的是，本书增添了产品接触质量替换了原有的感知有用性变量，同时因为服务接触质量的测量内容范围大于感知有用性，不再局限于影响消费者的产品功能因素，因此模型还包括了品牌接触质量与技术接触质量，反映出品牌形象、品牌信赖度以及产品使用的技术便利。其次，由于互联网消费信贷产品具有显著的信息技术特征，风险特征非常突出，且部分风险内容无法涵盖在服务接触质量中，因此本书遵循顾客感知价值理论与感知风险理论引入了信贷感知风险这一变量，与产品接触质量分别体现消费者使用过互联网消费信贷产品所感知的损失可能性与利得。然后，基于期望确认程度与感知有用性的相关关系，本书假设个人期望确认会直接影响消费者感知的产品接触质量与信贷感知风险。最后，模型除了体现消费者由于接触产品相关信息转化而成的心理感知变量，还引入了信贷动机强度体现消费者对互联网信贷产品的内在动机，以及外部环境氛围作为调节变量体现经济、文化、社会等环境为消费者营造的互联网消费信贷产品使用氛围。由于服务接触质量包含三个维度，其中产品接触质量替换了期望确认模型中的感知有用性，感知风险与感知有用性在顾客感知价值理论中处于同一等级变量，因此在所构建的概念模型中，将产品接触质量、品牌接触质量、技术接触质量、信贷感知风险、信贷期望确认、信贷动机强度统一放置于图3-8最左。至此，本书所构建的模型借鉴了顾客感知价值理论、顾客满意度理论、信贷期望理论、持久收入假说、生命周期假说、缓冲存货储蓄理论、认知理论等，从内在驱动力与外在驱动力角度覆盖了环境因素、营销因素、个人因素，旨在探讨互联网消费信贷产品持续使用意愿的关键影响因素及其作用机理。

二、变量界定

概念模型的构建依据源于对消费者持续使用意愿影响因素的梳理结果。本书的研究模型除了图3-8所呈现的主要研究变量外，还包括消费者性别、年龄、收入、职业等控制变量。从文献综述可知已有研究对消费者心理因素的类似概念较多，因此本书在问卷设计以及实证研究前，结合互联网消费信贷场景特征，对模型包含的每个变量均进行重新定义与区分，保证数据符合研究目的与研究假设要求。

（一）研究变量

研究模型包括9个研究变量，以持续使用意愿为因变量，自变量包括产品接触质量、品牌接触质量、技术接触质量、信贷感知风险、信贷期望确认与信贷动机强度，关键中介变量为消费者满意度，调节变量为外部环境氛围。其中，产品接触质量、品牌接触质量、技术接触质量隶属于服务接触质量，因此在对这三个变量分别进行定义前，应先对服务接触质量进行概念与内涵界定。消费者在产生消费需求时，会通过信息搜集行为获取与产品相关的信息。除了参考群体、社交媒体等第三方提供的客观评价信息，消费者对产品的了解主要源于企业呈现的内容。企业为了刺激消费者购买或使用产品而向消费者呈现的关于产品的所有信息，主要包括产品信息、商家平台、宣传营销、服务质量。互联网消费信贷产品的使用虽不同于网络购物与网络理财产品，但也是通过互联网终端完成产品使用过程，因此本书将互联网消费信贷服务接触定义为消费者为满足自身消费信贷需求而与平台提供的产品功能、信息系统技术质量、公开信息产生的一系列交互行为，包括公司形象、广告、口碑等，消费者与产品、系统技术的接触。而服务接触质量则是指消费者对这一系列交互行为所做出的体验评价。

1. 自变量：产品接触质量

（1）定义及内涵。产品接触质量（Quality in Product Encounter，QPE）是指

消费者在与产品质量、产品价格、产品功能等信息发生交互行为后对产品性价比做出的评价。互联网消费信贷产品的特征体现为门槛低、资金审批到账时间快、利息合理、兼容性强等，市场中存在的互联网消费信贷产品在上述特征方面存在差异。

(2) 测量内容。结合互联网消费信贷产品的无形特征，本书从产品自身角度主要考察产品功能的实现，即是否满足消费信贷需求。产品面向对象的使用资质、产品定价的接受程度、贷款审批到账的时间、应用场景的兼容性也会被纳入对消费者行为意愿的考量范围。

(3) 筛选原因。由于本书测量消费者对商家提供的产品接触质量及其对消费者的影响，在变量选取与测量内容方面，与技术接受模型中的感知有用性、顾客感知价值理论中的功能价值、感知风险理论中的绩效风险等变量测量内容存在相似之处。但产品接触质量在测量内容方面集合了消费者在产品功能方面的需求，体现了互联网消费信贷产品的优势，从感知利得的角度对消费者心理进行测量。同时借助于服务接触理论，使得产品接触质量、品牌接触质量与技术接触质量在理论层面自成体系，使得研究模型更具系统性。

2. 自变量：品牌接触质量

(1) 定义及内涵。企业通过长期经营所树立的企业品牌形象，以及日常运营中通过广告媒体对消费者传递的产品信息，是独立于产品本身的。品牌接触质量（Quality in Brand Encounter，QBE）是指消费者对企业自身信息接触的质量评估，体现为消费者对企业形象的信赖程度，并且对企业的信任也会转移至产品本身，从而影响消费者持续使用意愿。消费者在选择产品时，不可避免会考虑产品背后的企业、品牌因素。

(2) 测量内容。本书对消费者品牌接触质量的测量旨在体现消费者与企业、平台接触，从而反映消费者对企业、平台的信任程度。去除产品本身特征信息、技术系统的支持，企业自身的形象、产品品牌的形象以及广告运营等营销手段都会成为企业向消费者传递的信息。例如，广告设计的观感舒适度高、广告投放的频率高都会让消费者对企业、平台形成可靠的印象。

(3) 筛选原因。在测量消费者的品牌感知方面，大部分实证研究中直接采用品牌形象、信任程度等变量来反映消费者对企业品牌的认知态度，本质上品牌接触质量的测量内容也反映了消费者对企业的信任程度。在本书互联网消费信贷研究场景中，选择品牌接触质量的原因之一是消费者在选择互联网消费信贷产品时由于感知风险的存在，会考虑产品供应商的品牌形象问题；其次，本书的测量对象为具有使用经验的消费者，已经对产品的有用性、风险等感知要素形成自我评价标准。因此，对企业的信任与感知要素在持续使用意愿的研究模型中应处于平行关系，选择品牌接触质量反映这一内容可以与产品接触质量、技术接触质量以及其他感知要素更好地呈现平行关系。最后，品牌接触质量直观地凸显了所测量对象是企业品牌而非产品本身，不同品牌形象存在“有”“无”“好”“坏”等多个方向，品牌接触质量的测量方向更为明确。

3. 自变量：技术接触质量

（1）定义及内涵。互联网消费信贷的技术接触质量是指消费者在使用互联网消费信贷产品完成交易支付、贷款审批到账这一个过程中所接触的技术质量。技术接触质量（Quality in Technical Encounter，QTE）侧重于消费者使用平台提供的技术完成产品使用过程中在技术方面的感知利得，体现为系统的稳定性、页面内容的丰富程度与操作的便捷性。

（2）测量内容。在互联网消费信贷产品的使用过程中，消费者能够直观感受到的技术成果体现为产品网站、页面的设计。页面设计包括图片与文字，消费者会关心页面所呈现的产品内容是否足够清晰让消费者了解产品使用的后果、完成产品使用过程所需要的操作过程是否简便易懂、在操作过程中技术系统是否稳定以免个人信息丢失。本书主要对上述几个方面进行量表内容设计。

（3）筛选原因。技术接触质量的测量内容与测量目的在于体现消费者使用产品的便捷性，因此与技术接受模型中的感知有用性、UTAUT 模型中的努力程度与便利条件、感知风险理论中的技术风险存在相似之处。一方面，技术接触质量突出了消费者接触的主体对象。另一方面，由于技术接触质量的测量内容在于体现消费者对互联网消费信贷产品所持技术的积极印象，而技术风险变量在部分测量题项的设计方面容易形成双重否定致使消费者填写难度增加，因此本书对技术方面的测量内容进行了拆分。技术接触质量体现消费者在技术层面的感知利得，与产品接触质量、品牌技术质量在测量思路方面保持一致性。

4. 自变量：信贷感知风险

（1）定义与内涵。互联网消费信贷场景中的信贷感知风险（Credit Perceived Risk，CPR）是指消费者使用产品时对产生结果的不确定性程度，是基于消费者在使用产品前将所设定目标作为结果组合而做出的风险评估，即消费者认为消费行为发生后，所产生的结果不能达到预期目标的可能性。

（2）测量内容。消费者使用互联网消费信贷产品的感知风险维度包括绩效风险、成本风险、社会风险、心理风险、技术风险与隐私风险。但在本书中由于外部环境氛围考虑了周围参照人群的意见，服务接触质量从利得角度测量了互联网消费信贷产品的绩效、成本、品牌、技术因素。为了避免测量内容重复，因此本书的信贷感知风险着重探讨消费者在使用互联网消费信贷产品时的心理风险与隐私风险，例如消费者担心消费过度、使用记录影响征信水平、个人信息与交易信息泄露等问题。

（3）筛选原因。从测量角度而言，与感知风险更为类似的是顾客感知价值理论中的感知成本变量，二者都从体验产品后的成本、损失角度进行评估。但对互联网消费信贷产品而言，随着技术的提升，使用产品的损失更多体现为一种风险属性。例如消费者需要提交自己的个人信用、交易记录等信息以获取产品使用资格。尽管不少消费者产生过度消费的行为，但消费金额的付出也获得了对应的商品，因此本书选择感知风险这一变量更为贴合互联网消费信贷产品特征。从测量内容而言，感知风险与技术接受模型、UTAUT 模型、服务接触理论、计划行为理论都存在交叉内容，并且互联网消费信贷产品的感知风险测量维度具有其独特之处，为有效区分，本书对感知风险的测量范围旨在覆盖服务接触质量以外的互联网消费信贷产品风险特征显著的内容。

5. 自变量：信贷期望确认

（1）定义与内涵。消费者对互联网消费信贷产品使用前的正向期望、负向期望与使用后的实际绩效比较称为信贷期望确认（Confirmation of Credit Expectation，CCE）。因此，在测量消费者期望确认前需要了解消费者使用互联网消费信贷产品的利得期望与风险期望是什么。一般而言，消费者使用产品的利得期望泛指产品功能的实现以及产品优点给消费者带来的其他利益。风险期望是指消费者在使用产品时面临的成本、风险可能性，消费者会倾向于降低产品成本与相关风险。互联网消费信贷产品客户在使用前期望互联网消费信贷产品能够满足的消费需求与使用产品后的实际绩效之间的匹配程度。

（2）测量内容。消费者使用产品的主要期望在于产品功能的实现，同时由于接触多方信息而拓展了期望的内容。从正向角度来看，消费者对产品功能、品牌信赖、服务质量、技术水平都有一定的期望，当使用行为发生的那一刻便实现了实际绩效与期望的对比。除了正向期望，互联网消费信贷产品满足消费者信贷需求的同时也带来了风险问题。因此，本书主要从消费者对产品服务在功能实现、情感满足、成本付出、风险控制方面的感知情况来衡量消费者使用互联网消费信贷产品后的期望确认。

（3）筛选原因。期望确认的概念源于顾客感知质量，是顾客感知质量的综合体现，包含了顾客感知价值与顾客感知成本两方面。期望确认反映了所购产品为消费者带来的功能实现、需求满足、承担成本与预期水平的对比程度，因此与顾客感知质量的测量方式有所不同。与其他单个的感知要素不同，期望确认反映了消费者对产品使用满足自身需求程度的确认状态，而感知要素则反映了消费者对产品有关的各项因素的接受程度，是一种认知状态。从所含内容范围来看，期望确认与顾客感知价值相同，不仅包含了感知有用性、感知风险内容，也包括了绩效期望、努力期望、便利条件。作为分析消费者持续使用意愿的期望确认模型核心变量，本书采用期望确认综合体现消费者使用互联网消费信贷产品后的期望满足程度。

6. 自变量：信贷动机强度

（1）定义与内涵。动机能激发消费者产生某种消费行为，并且是指向某一具体目标的消费行为，在一定时间范围内能让消费者维持当前行为或者调节行为的强度和方向。信贷动机是激发和维持消费者使用互联网消费信贷产品的行为，并促使对应行为意愿产生的心理倾向或内部驱力，因此隶属于心理状态。消费者的信贷动机主要包括平滑消费动机、缓冲存货型储蓄动机以及享乐型动机。而信贷动机强度（Credit Motivation Intensity，CMI）则反映了消费者信贷动机的强烈程度。

（2）测量内容。从动机的定义与内涵出发，结合文献综述对信贷行为意愿产生的动机梳理情况，本书将消费者平滑消费动机与缓冲存货型储蓄动机划分为实用型动机，并通过调研访谈确定消费者使用互联网消费信贷产品的享乐型动机，完成对动机强度的测量。三种动机的加强都会促使消费者产生消费信贷需求，并产生强烈的行为意愿。在产品持续使用阶段，动机对消费者持续使用意愿的影响作用体现为稳定的产品使用需求。

（3）筛选原因。在动机变量的筛选方面不存在相似变量，区别在于内容的测量范围层面。在已有研究中，消费者可以从享乐型动机和实用型动机出发实施购买、使用行为。而本书的研究对象为互联网消费信贷产品，产品的特殊性体现了消费者在使用产品时存在平滑消费动机与缓冲存货型储蓄动机，这两种动机都在实现消费信贷需求满足层面可以被归纳为实用型动机。除此之外，消费者使用互联网消费信贷产品也存在享乐型动机，因此对动机变量内容的评估不能仅用平滑消费动机、缓冲存货型储蓄动机、实用型动机、享乐型动机指代，本书将消费者使用互联网消费信贷产品的动机命名为信贷动机，测量和反映上述动机内容；同时为了与其他变量的测量思路保持一致，将反映信贷动机程度的变量命名为信贷动机强度。

7. 中介变量：消费者满意度

（1）定义与内涵。消费者在使用产品后的期望确认基础上会形成愉悦或失望的感觉状态，此时消费者满意度（Consumer Satisfaction，CS）不再局限于对产品、品牌、利得、风险单个维度的感知状态，而是消费者在接触所有产品相关信息、经过产品体验后的一种内在情绪，例如是否满足、愉悦，反映了对互联网消费信贷产品体验的综合评价。

（2）测量内容。本书主要围绕情绪状态而对消费者满意度进行题项选取与量表设计，选择那些既能全面反映消费者满意状况又具备代表性的题项，作为消费者满意度的测量指标。消费者在使用过互联网消费信贷产品后，心情是否愉悦、是否感到满足、与其他产品对比的满意情况、消费者的综合评价都可以反映消费者对当前使用产品的满意度情况。

（3）筛选原因。依据消费者购买决策模型、顾客满意度理论以及期望确认模型，消费者满意度是影响消费者持续使用行为意愿的直接变量，体现为一种情绪，也体现为对产品的信任程度。行为态度、情绪与满意度在概念定义上存在交叉之处，在众多消费者行为模型中，满意度、行为态度、情绪也被互相替代，扮演着行为意愿的前置变量角色，并被众多学者在实证分析中予以验证。但这些实证场景更多的是分析消费者面对某一产品或服务的行为意愿，未区分潜在消费者与具有使用经验的消费者，也未区分产品使用阶段。在持续使用阶段，消费者满意度反映了消费者使用过产品并拥有使用体验感受的状态，具有明显的购后特征，符合本书对持续使用意愿影响因素的研究原理。因此，本书最终选择满意度作为持续使用意愿的直接影响变量，并且不再考虑其他两个变量。

8. 调节变量：外部环境氛围

（1）定义与内涵。外部环境是指在消费者使用互联网消费信贷产品的决策过程中除了所购产品和消费者自身特征以外的所有对消费者行为产生影响的环境因素，主要包括经济、文化、政治、社会与市场环境。外部环境氛围（External Environmental Atmosphere，EEA）则是指这一系列环境因素为消费者营造的良好氛围。消费者所处的经济环境稳定能减少消费者对未来不确定性的感知，文化环境能提供大众的消费文化的观念，从而对行为意愿产生影响。政治环境反映了政府治理市场的态度，政府通过颁布法律、规章、制度等手段对企业的市场交易行为进行直接控制或干预，对消费者行为的影响一般是通过借助法律程序间接规范管理市场，以经济激励为主。社会环境与市场环境则反映了消费者接触的亲朋好友、社会媒体等参考群体以及同类互联网消费信贷产品的供应情况。亲朋好友、社会媒体作为重要参考的信息来源渠道，对消费者的行为态度、行为意愿都具有显著影响。有了竞争产品信息的对比，消费者对产品的满意度不再限于产品本身使用情况的影响，行为意愿也会产生差异。

（2）测量内容。外部环境包含多个子环境，总体呈现为消费者感知的外部环境氛围，即对互联网消费信贷产品的使用是否持支持态度。因此本书从经济环境的稳定性、消费信贷观念的渗透性、政府对互联网消费信贷发展的支持与监管力度、参考群体对互联网消费信贷产品的评价建议以及市场中同类竞争产品的分布情况来考量外部环境为消费者营造的消费氛围。其中，与互联网消费信贷产品构成竞争关系的包括商业银行、消费金融公司提供的同类产品。

（3）筛选原因。Belk 的情境理论研究成果主要将影响消费者行为的环境因素分为物理环境、社交环境、时间、任务与现行状态。① 其中物理环境更倾向于营销因素范畴，社交环境强调了参考群体对决策者的影响，与本书定义的社会环境概念范畴一致。时间、任务与现行状态是指消费者当时的个人特征。由此可以发现情境理论与外部环境影响因素存在一定交叉，但本书认为 Hawkins 等人对情境的定义更加符合外部环境，即非产品或消费者因素以外的所有环境因素。② 除此之外，情境理论强调情境的暂时性，仅限于消费者当时所接触的环境，而对经济、文化等宏观环境的长期影响未作考虑。对此，本书依据 Assael 的三因素说③将情境理论所含维度进行了整理，最终选择外部环境变量，从经济、文化、政治、社会与市场环境考量外部环境的影响。

9. 因变量：持续使用意愿

（1）定义与内涵。持续使用意愿（Continuance Intention，CI）是指消费者在完成一次产品使用行为后，基于产品价值与满意度而采取的外显行为意愿。互联网消费信贷产品持续使用意愿则是指消费者在完成信贷还款后，在信贷期望确认、消费者满意度以及其他因素影响下而形成的外显行为意愿。需要明确的是，消费者在执行还款行为后才到达了互联网消费信贷产品的持续使用阶段，即购后阶段。

（2）测量内容。参考已有的行为意愿研究，本书将互联网消费信贷产品的持续使用意愿分别划分为口碑推荐意愿、重复使用意愿、增量使用意愿、交叉使用意愿。在具体调查中，考察消费者向他人推荐互联网消费信贷产品的意愿、消费者在当前消费规模下再次使用同一产品的意愿、消费者增加对产品的消费

---

① BELK R W. Situational Variables and Consumer Behavior [J]. Journal of Consumer Research, 1975, 2 (3): 157-164.

② HAWKINS D I, RAAJJ W F V. Consumer Behavior: Building Marketing Strategy [M]. Boston: Irn/Mc Graw-Hill, 2000.

③ ASSAEL H. Con sumer Behavior: A Strategic Approach [M]. Boston: Houghton Mifflin Company, 2004.

规模意愿、消费者在使用这一互联网消费信贷产品后对企业提供的其他产品的采纳意愿等等。

（3）筛选原因。随着产品类型和应用场景的不同，学者采用了不同的概念表达类似的内容。在消费者购买或使用一项产品或服务时，对购后阶段行为意愿的测量主要由购后行为意愿、持续使用意愿与后续行为意愿三者为代表。尽管在互联网消费信贷场景中，市场提供的产品既包括受托支付式产品，也包括需要还本付息的直接借贷式产品。但互联网消费信贷产品的提供被企业、消费者更多地视为一种金融服务产品，获取过程更符合“使用”而非“购买”。因此已有研究也更多采用“持续使用意愿”一词指代消费者面对互联网金融产品、消费信贷产品的后续行为意愿，因此本书最终选择持续使用意愿作为因变量。

（二）控制变量

1. 性别。男女由于消费观念、家庭角色分工等原因在消费信贷需求、一家消费信贷类型的选择上存在明显的差异。在传统消费信贷领域，男性的整体需求与被拒率都高于女性。然而随着依托电子商务平台的互联网消费信贷产品出现激发了女性更高的购物欲望，因此女性的消费信贷需求大大增加。① 而具体性别在消费者使用互联网消费信贷产品后的行为意愿差异以及受产品类型的影响还有待观察。但不可否认，大多数消费场景中性别对消费者行为意愿是具有显著影响的。因此本书将消费者性别视为控制变量。

2. 年龄。互联网消费信贷产品具有显著的信息技术特征，因此快速俘获了更为年轻的客户群体，体现出不同年龄在消费者行为意愿方面的差异。并且，在互联网消费信贷市场服务客群中，不同年龄段的消费者关注因素不同、对同一产品的态度不同、信贷需求类型不同，从而选择的互联网消费信贷产品也会有所差异。

3. 户口类型。研究表明农村户口消费者与城镇户口消费者在互联网金融产品、互联网消费信贷产品的选择行为上是不同的。在互联网消费信贷业务发展之前，城镇户口人群的消费信贷主要源于银行，而农村户口人群的消费信贷需求主要由非银行渠道满足。并且整体上农村户口人群的消费信贷总额是显著低于城镇户口人群的。随着互联网消费信贷市场对长尾客户的覆盖，消费者户口类型体现在消费信贷产品使用上的差异发生了变化。

4. 文化程度。文化程度反映了消费者接受产品知识的渠道可信度、所接受

---

① 韩斐．大学生用户对互联网消费金融平台产品持续使用意愿的影响因素研究［D］．昆明：云南财经大学，2020.

信息的范围、对使用行为产生的利益与成本进行权衡的能力。目前而言，受过高等教育的家庭对互联网消费信贷产品的使用率是最高的，使用过互联网消费信贷产品的消费者更多是集中在专科或本科学历。但可以了解到的是，消费者的学历一定程度上会对自身的互联网消费信贷产品使用行为产生影响。因此本书将消费者文化程度视为研究模型的控制变量。

5. 婚姻状况。已婚消费者需要承担家庭累积的经济压力，刚性消费需求较未婚消费者高，从而会产生一定的消费信贷需求。而未婚消费者追求享乐生活以及对持久性收入的把握，也会采取使用消费信贷产品以满足自己的当期消费。在互联网消费信贷产品市场中，已婚消费者与未婚消费者的持续使用行为差异主要体现于产品类型的不同而表现出的不同意愿。但也不排除两类消费者群体结合其他影响因素而最后呈现为一样的选择。对此，本书将消费者的婚姻状况视为控制变量。

6. 职业类型。不同职业的消费者由于自身所处的职业环境与收入水平对互联网消费信贷产品的观念会产生差异，例如全日制大学生由于收入来源的限制会选择互联网消费信贷产品满足即期消费，职业和收入较为稳定的企业员工和公务员事业单位人员是消费信贷的客户主体。可以看出，职业类型与收入水平具有一定相关性，会对消费者互联网消费信贷产品使用意愿产生影响，同时考虑职业类型与收入水平，尽可能覆盖消费者人口统计特征方面对持续使用意愿的影响。

7. 收入水平。收入与消费需求是决定消费信贷需求的直接因素，因此肯定会对消费信贷产品的持续使用意愿有所影响。收入水平较低的消费者出于平滑消费的动机对互联网消费信贷产品的使用需求较高，但收入水平较高的消费者也可通过使用互联网消费信贷产品来满足自己更高的消费标准，同时还可以利用互联网消费信贷产品降低自身的资金风险。从统计报告也可看出，互联网消费信贷产品的便利性让资产更多的家庭反而使用网贷的比例最高。为了控制互联网消费信贷场景中收入水平对消费者行为意愿的影响，本书将消费者收入水平纳入模型中。

8. 选择可用时间。消费者在选择产品的同时会受到自身可用时间的约束。在消费信贷需求迫切需要解决的情况下，消费者可能倾向于选择审批快、风险更高的产品。而当消费信贷需求允许等待一段时间去满足时，消费者会更仔细地对比产品功能、质量、风险等信息，从中选择更为适合自己的产品。① 互联网消费信贷产品较传统信贷产品在审批标准、审批周期上都更低、更快，由此才受到众多长尾客户的喜爱。而互联网消费信贷各类产品间也存在一定差异，因此，在本书实证研究过程中，消费者使用互联网消费信贷产品时的可用时间也被考虑进持续使用意愿影响因素模型中，并作为控制变量呈现。

9. 产品使用时间。不同消费者涉入互联网消费信贷市场的时间不同，同时对同一产品的持续使用时间存在差异。产品使用时间一方面可以反映上述信息，另一方面也反映了消费者使用互联网消费信贷产品的习惯与偏好。本书采用产品使用时间反映消费者的产品涉入度，实证分析表明，消费者的产品涉入度对消费者的持续使用意愿也会产生影响。② 消费者随着使用产品的时间增长，会逐步形成顾客忠诚度，持续使用意愿也会增长。同时，使用时间越长对产品信息越发了解，一方面印证了本书调研样本的针对性，另一方面保证了实证结果的应用价值。

10. 月均信贷金额。月均信贷金额一方面反映了消费者使用互联网消费信贷产品的行为习惯，另一方面反映了消费者稳定的消费信贷需求。本书对产品使用时间与月均信贷金额的测量旨在反映消费者的产品涉入度与习惯偏好，丰富研究模型中对持续使用意愿可能存在影响的个人因素。同时，可以将月均信贷金额与收入水平的分布情况进行对比，了解互联网消费信贷产品受众群体的消费水平。

三、研究假设

依据图 3-8 所列出的箭头指向对本书的研究假设分别进行阐述。研究假设的提出需要参考理论背景与已有的实证分析成果，使得研究假设具有合理性。本书构建的概念模型是在已有的相关研究成果基础上，对持续使用意愿影响因素进行筛选，对消费者行为研究模型提供的影响路径进行了参考并调整。由于针对互联网消费信贷产品持续使用意愿的研究较少，本书将借助其他应用场景的相似研究成果为研究假设的提出提供间接的理论支撑，同时结合对互联网消费信贷场景的分析明确研究假设的适用性。

---

① 李志飞．异地性对冲动性购买行为影响的实证研究［J］．南开管理评论，2007（6）：11-18.

② RIPOLL G，PANEA B. The Effect of Consumer Involvement in Light Lamb Meat on Behavior，Sensory Perception，and Health-Related Concerns［J］. Nutrients，2019，11（6）：1200.

（一）信贷期望确认对产品接触质量的影响作用

随着期望确认理论与用户接受模型的结合，期望确认不再只通过满意度这一个中介变量对消费者持续使用意愿产生间接影响。在期望确认模型中，感知有用性替代了感知绩效这一变量，成为期望确认间接影响消费者持续使用意愿的又一个中介变量。感知有用性与期望确认的区别在于期望确认是消费者对产品使用前后的期望与绩效对比情况，而感知有用性侧重于产品功能实现的具体考量与判断。二者的关系研究主要体现在以期望确认模型为基础的实证分析中，大多数研究假设与结果证明期望确认与感知有用性存在正向影响关系。以消费者的要求为参照标准，当消费者的期望确认度越高时，则表明消费者认为产品实现的功能效用越高，产品越有用。本书引入了服务接触理论，通过产品接触质量反映消费者对产品有用性的感知状态，在测量内容范围方面略大于感知有用性，但测量目的均在于体现消费者使用产品后的感知利得。在互联网消费信贷产品的使用过程中，消费者会感知到所使用产品在信贷金额满足、时间成本、经济成本等方面的信息，通过产品功能的形式体现，从而对消费者的产品接触质量以及信贷期望确认产生刺激。本书认为当消费者期望确认程度越高时，对所接触到的互联网消费信贷产品质量评价越高，产品接触质量越好，二者间存在正向的影响作用关系。例如，产品提供的消费信贷金额满足了预期的资金需求，获得资金使用权的时间比预期的更快，都会让消费者对所使用的产品本身做出更高的评价，产品质量较高。因此，如图 3-9 所示，本书提出以下假设：

H1：信贷期望确认对产品接触质量有正向影响作用。

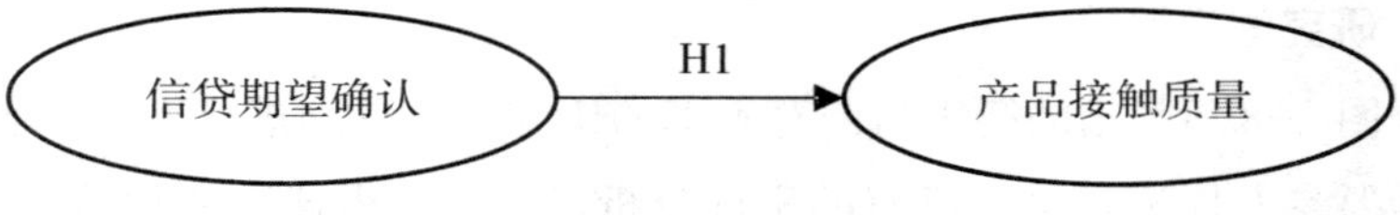

图 3-9　信贷期望确认对产品接触质量的影响研究假设

（二）信贷期望确认对信贷感知风险的影响作用

消费者行为研究模型的组成要素已经过众多学者不同角度的解构与重组，有学者结合其他理论成果对期望确认模型进行了拓展研究。Al-Emran 等人就结合了期望确认模型、计划行为理论与技术接受模型扩展了研究模型的研究变量与路径范围。[①] 由于本书对感知风险的测量范围旨在覆盖服务接触质量以外的互联网消费信贷产品风险特征显著的内容，因此若信贷期望确认与产品接触质量存在正向影响，那么信贷期望确认与信贷感知风险则可能存在负向的影响关系。袁晓芳等人证实了共享单车用户的期望确认能够降低消费者感知的风险大小。[②] 他们认为如果用户在使用产品的过程中感知到风险会对风险期望起到降低作用，进而增大了持续使用过程中感受到的风险。同样，消费者使用互联网消费信贷产品前存在对产品风险的期望，在使用过程中形成实际的风险感知状态，并将风险感知的实际绩效与风险期望进行对比。当消费者在产品接触、风险感知方面的期望得到大部分满足，将缓解消费者对产品使用后果的不确定性，从而降低消费者的感知风险。据此，如图 3-10 所示，本书提出以下研究假设：

H2：信贷期望确认对信贷感知风险有负向影响作用。

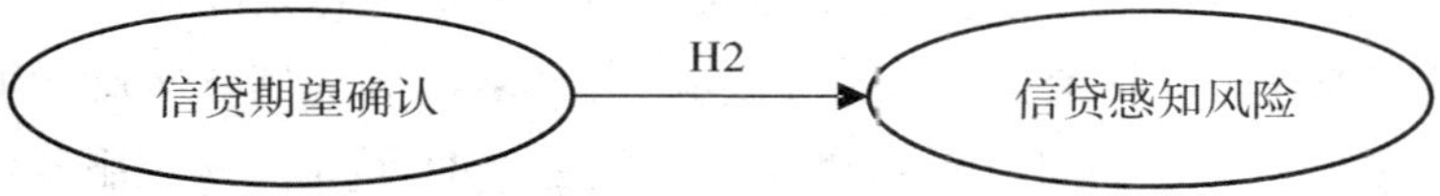

图 3-10　信贷期望确认对信贷感知风险的影响研究假设

（三）消费者满意度的影响假设

1. 服务接触质量对消费者满意度的影响

由于消费者是通过对比预期期望与感知绩效而产生满意情绪，消费者所接触的服务质量会对其满意度起直接作用。服务接触点要素包括产品因素、员工因素与企业因素，对顾客信任、顾客满意、行为意向、顾客忠诚会产生影响。[③] 本书将互联网消费信贷产品的服务接触界定于产品、品牌、技术三个接触点。互联网消费信贷产品的功能在于实现消费者的短期资金需求，功能的实现程度反应为产品接触质量。产品定价反映了消费者付出的经济成本，消费者认为产

① AL-EMRAN M, ARPACI I, SALLOUM S A. An Empirical Examination of Continuous Intention to Use M-Learning: An Integrated Model [J]. Education and Information Technologies, 2020, 25 (4): 2899-2918.

② 袁晓芳，方颖，金紫薇．共享单车用户持续使用意愿的影响因素研究 [J]．工业工程与管理，2019，24（6）：149-172.

③ 肖轶楠．服务接触研究综述 [J]．吉首大学学报（社会科学版），2017，38（S1）：50-54.

品定价的合理度、消费者对价格的容忍度也与满意度呈正向相关关系。① 不同于网上购物考虑的物流配送因素，贷款审批到账的时间体现了互联网消费信贷消费者所需付出的时间成本，时间成本越高，消费者满意度越低。

除了产品本身的信息，由产品供应商提供的宣传广告、优惠活动，以及供应商形象都会对消费者满意度产生一定影响。企业对外的品牌形象是企业产品质量、功能、效用的特征显示，经过长时间的形象塑造，反映了消费者对企业产品的质量认证与信任程度。于其他消费者而言，这又是影响心理与决策的参考信息。品牌形象对消费者的影响力日益升高，良好的品牌形象对消费者满意度具有正向的显著影响。② 消费者认为，选择信赖的互联网消费信贷企业提供的产品可以满足自身需求的同时降低消费者风险。

多元的服务接触不仅包括顾客与服务提供者（企业）之间的互动，还包括顾客与服务设施及其他有形物之间的接触。随着互联网技术的加入，Froehle 和 Roth 提出了基于人与技术交互的服务接触。③ Massad 等人则首次概括了技术介入型服务接触的含义，即以网络为媒介并利用先进 IT 技术来实现服务接触的交互过程。④ Khare 等人认为，一个讨人喜欢和有用的网站会影响消费者的信任度，同时也反映了供应商提供产品的技术实力⑤。系统的响应性、效率性，以及界面设计的简洁性、功能信息的明确性都会影响消费者的满意度。⑥ 消费者在完成互联网消费信贷产品使用过程中发现界面提供信息越明确、操作越简便，会产生愉悦的心情，从而增加对产品的满意度。

整体上，服务接触质量既隶属于服务接触理论，又体现了顾客感知价值理论中消费者对服务质量的评估状态。因此依据顾客感知价值与消费者满意度的

---

① MUELLER C E. Examining the Inter-Relationships between Procedural Fairness, Trust in Actors, Risk Expectations, Perceived Benefits, and Attitudes towards Power Grid Expansion Projects [J]. Energy Policy, 2020, 141.

② 井森．网上购物的感知风险研究：基于上海大学生的实证分析［M］. 上海：上海财经大学出版社，2006.

③ FROEHLE C M, ROTH A V. New Measurement Scales for Evaluating Perceptions of the Technology-Mediated Customer Service Experience [J]. Journal of Operations Management, 2004, 22 (1): 1-21.

④ MASSAD N, HECKMAN R, CROWSTON K. Customer Satisfaction with Electronic Service Encounters [J]. International Journal of Electronic Commerce, 2006, 10 (4): 73-104.

⑤ KHARE A, DIXIT S, SARKAR S. Factors Affecting Website Continuance Intention: A Study of Indian Travel Websites [J]. Information Technology & Tourism, 2020, 22 (2): 243-271.

⑥ 宫华萍，尤建新，王岑岚．互联网学习产品学习者感知质量因素研究［J］. 中国远程教育，2020 (3): 51-57, 79, 81.

影响关系，同时对服务接触的各维度与消费者满意度的影响路径进行分析，如图 3-11 所示，本书提出以下三条假设：

H3：产品接触质量对消费者满意度有正向影响作用。

H4：品牌接触质量对消费者满意度有正向影响作用。

H5：技术接触质量对消费者满意度有正向影响作用。

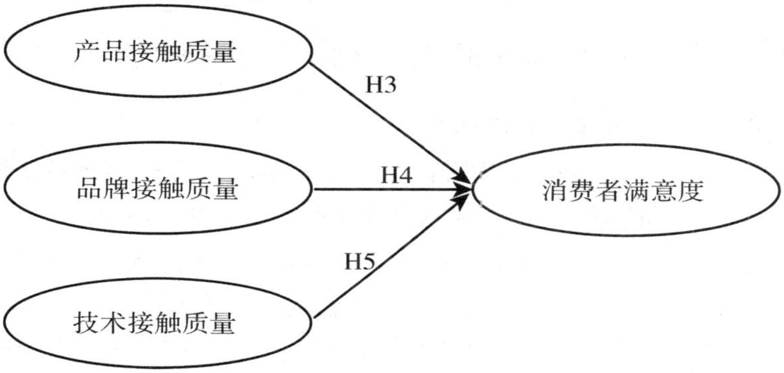

图 3-11 服务接触质量对消费者满意度的影响研究假设

2. 信贷感知风险对消费者满意度的影响

消费者的信贷感知风险对满意度的影响往往体现在以期望确认模型为基准模型的消费者行为研究中，研究认为当消费者感知到的风险越大，会降低对产品使用的整体满意度。在使用互联网产品进程中，因为大部分程序需要移动运营商的后台系统自动完成，对网络流程和技术知识的缺失，使用户很大程度上会感觉到风险的存在，从而对用户使用产品的满意度有负向的影响。① 而移动支付方式、线上消费行为增添了消费者对隐私性、安全性的顾虑，会对消费者满意度的形成、持续使用的态度产生影响。②

消费者使用互联网消费信贷产品可能导致用户在经济、时间、隐私、社会等方面出现损失，使消费者出现不满、自责、焦虑、郁闷、失落、不平衡等心理状态，这会降低用户对互联网消费信贷产品的肯定态度。不论是初次体验的用户还是老用户，在发生信贷行为时都会考虑可能面临的风险问题，区别在于

① 郭慧慧．互联网金融背景下移动支付用户持续使用行为研究［D］．郑州：华北水利水电大学，2019.

② YI J，YUAN G，YOO C. The Effect of the Perceived Risk on the Adoption of the Sharing Economy in the Tourism Industry：The Case of Airbnb［J］. Information Processing & Management，2020，57（1）；胡昌平，李霜双，冯亚飞．感知风险对个人云存储服务持续使用意愿的影响：转换成本的调节作用分析［J］．现代情报，2019，39（5）：64-73.

风险感知的程度不同。因此本书认为信贷感知风险与消费者满意度之间存在负向影响关系，如图 3-12 所示，提出以下假设：

H6：信贷感知风险对消费者满意度有负向影响作用。

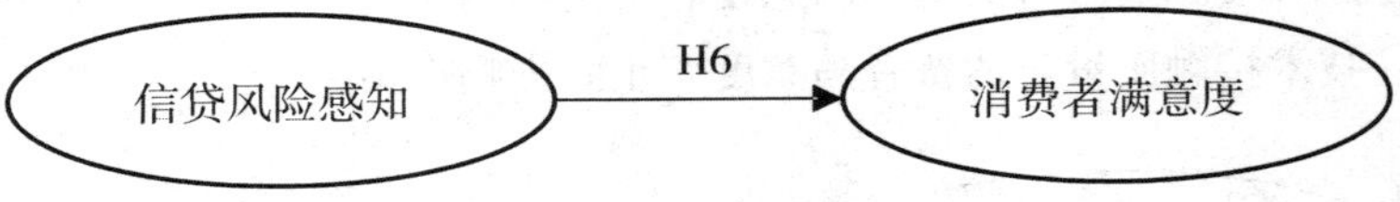

图 3-12　信贷感知风险对消费者满意度的影响研究假设

3. 信贷期望确认对消费者满意度的影响

消费者在体验过产品或服务后对自身期望与感知绩效进行确认的结果被称为期望确认，而基于期望确认对产品或服务生成是否满意的一种情绪，这种情绪的高低程度被称作满意度。期望确认由期望与感知绩效两部分组成，Churchill 和 Surprenant 的研究证实感知绩效是消费者满意度的决定性因素。① 随后，Oliver 和 DeSarbo 发现感知绩效正向影响消费者满意度。② 王孝莹和王新月发现期望对满意度有负向的显著影响关系，而感知绩效对满意度有正向的显著影响关系。③

期望确认程度反映了消费者的感知绩效与期望的比值，当产品或技术的实际绩效匹配甚至超过相应的期望时，用户便会产生满意，因此期望确认程度会显著提升消费者的满意度。刘毅和张庭松研究了用户对移动新闻 APP 的期望确认度与满意度正相关。④ 曾颖从产品体验、审批效率、供应商服务水平、总体期望对互联网金融产品的期望进行测量，验证了其期望确认对满意度的影响显著性。⑤ 实际上，消费者在选购产品时，会对产品的利得与损失进行比较，在对产品产生期望的同时，也会设立所付的成本标准。在互联网消费信贷产品场景中，消费者对产品满足的功能、情感期望进行确认的同时，还会对使用前后的风险感知程度进行确认。结合感知风险对消费者满意度的负向影响，当消费者用前

① CHURCHILL G A, SURPRENANT C. An Investigation into the Determinants of Customer Satisfaction [J]. Journal of Marketing Research, 1982 (19): 491-504.

② OLIVER R L, DESARBO W S. Response Determinants in Satisfaction Judgments [J]. Journal of Consumer Research, 1988, 14 (4): 495-507.

③ 王孝莹，王新月．基于期望与感知的毕业生就业满意度分析：以山东省济南市高校为例 [J]. 人口与经济，2016 (6): 92-101.

④ 刘毅，张庭松．移动新闻 APP 持续使用意向的影响因素研究：基于信息系统持续使用的期望确认模型之拓展 [J]. 西南民族大学学报（人文社科版），2020, 41 (3): 151-156.

⑤ 曾颖．互联网消费金融用户持续使用意愿影响因素研究 [D]. 南昌：江西财经大学，2019.

感知风险小于用后感知风险时，即实际的风险程度超过了所承受的风险水平，风险期望确认度较低。

可以发现，期望确认与消费者满意度的关系研究已形成了具有代表性的理论成果，即通过期望确认理论与期望确认模型展现，应用场景也逐渐多元化。尽管本书的期望确认测量内容中包含了感知利得与感知风险部分，但结合二者与消费者满意度的影响假设，本书仍然支持消费者对比期望和感知绩效后形成的期望确认越高，消费者满意度就越高这一观点。由此，如图 3-13 所示，提出以下假设：

H7：信贷期望确认对消费者满意度有正向影响作用。

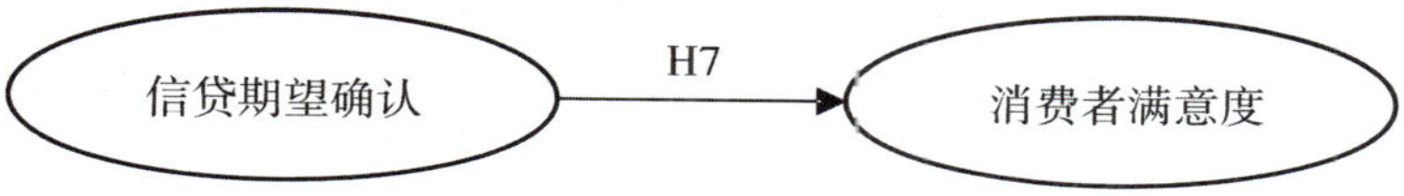

图 3-13 信贷期望确认对消费者满意度的影响研究假设

4. 信贷动机强度对消费者满意度的影响

动机受到消费者需求与行为目标的影响，当消费需求未得到满足时，动机会推动人们采取行为以满足需求。目标则体现为消费者对未来的期待，而消费者对目标、外界的认知会转化为消费者的内在动力，外部诱因转化为内在动机，从而推动行为的产生。因此认知理论的观点认为动机可以激发个体产生具有目标性的行为，区别于外界环境信号，体现为内心深处最为稳定的心理状态。同时动机作为消费者的一种内在驱动力，消费者始于消费需求产生动机，经过一次消费决策后，基于对事物的认知与消费体验，消费者的满意度会受到动机的影响。

消费者动机强度越高代表了消费者的动机需求越大，当产品满足消费者始于动机而产生的需求时，消费者就很容易感到满足，而对其他成本因素不再计较，因此多数的实证分析结果显示二者存在正向相关关系，正向的动机强度会促使满意度的形成。Shim 等人以坚持高尔夫球锻炼这一行为为研究场景，发现健康动机、成就动机、快乐动机和自我释放动机对人们的情绪满意度有显著影响，而成就动机和快乐动机对绩效满意度有显著影响。① 当消费者持有稳定的动

① SHIM K R, PAEK B J, YI H T, et al. Relationships between Golf Range Users' Participation Motivation, Satisfaction, and Exercise Adherence Intention [J]. Asia Pacific Journal of Innovation and Entrepreneurship, 2017, 11 (1): 50-62.

机需求时，才能与满意度形成稳定的影响关系，并且保证行为的持续性。推动型动机体现了个体的内在需求与行为的目标性，Wong 等人将行为动机分为了推动型动机与拉动型动机，验证了两种动机对满意度的正向影响，并且发现推动型动机更能影响满意度的产生。①

目前针对互联网消费信贷场景动机与满意度关系的研究较少，对消费者相关的动机剖析也较少。本书认为消费者使用互联网消费信贷产品的动机可以被划分为平滑消费型动机、缓冲存货型储蓄动机和享乐型动机。平滑消费型动机是为了满足消费者自有资金不足而产生的信贷需求，缓冲存货型储蓄动机是为了满足消费者留有流动性资金的需求，而享乐型动机则是消费者将互联网消费信贷产品视为支付工具，认为使用互联网消费信贷产品在交易过程中方便、快捷，从中产生愉快的情绪。在互联网消费信贷市场中，由商业银行、消费金融公司与互联网消费金融公司提供的互联网消费信贷产品市场竞争激烈，信贷产品无须消费者抵押资产，信贷审批时间快、金额小，整体上所付经济成本与时间成本在消费者接受范围内，且互联网消费信贷产品替代性强，选择范围广。因此本书认为信贷动机强度与消费者满意度呈正向影响关系。由此，如图 3-14 所示，本书提出以下假设：

H8：信贷动机强度对消费者满意度有正向影响作用。

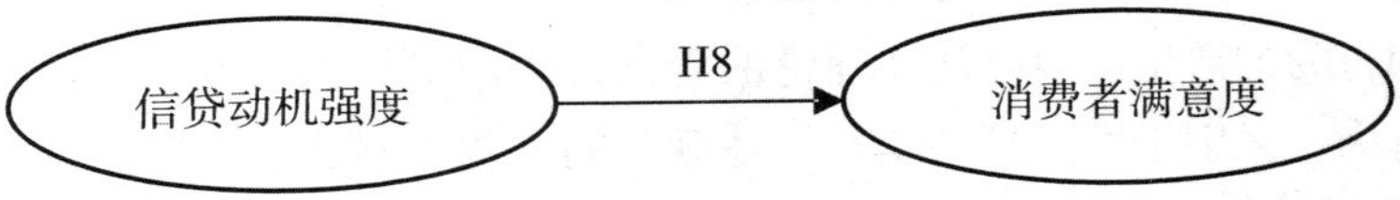

图 3-14　信贷动机强度对消费者满意度的影响研究假设

（四）持续使用意愿的影响假设

1. 服务接触质量对持续使用意愿的影响

消费者面对服务接触质量的认知状态实质上反映了消费者对互联网消费信贷产品功能、品牌、性价比、技术水平的关注重点，结合产品类型更能反映消费者的个体差异。拥有购买或使用经历的消费者对服务接触质量的认知状态更能清楚地反映产品各因素的合理程度，为企业管理层提供产品改进的方向。而持续使用意愿在本书的概念界定中是指购后阶段的消费者行为意愿，测量内容与产品购买意愿、使用意愿略有差异。在期望确认模型的作用路径设置中，感

① WONG B K M, MUSA G, TAHA A Z. Malaysia My Second Home: The Influence of Push and Pull Motivations on Satisfaction [J]. Tourism Management, 2017, 61: 394-410.

知有用性、感知绩效除了通过消费者满意度对持续使用意愿产生间接影响外，仍然可以直接对持续使用意愿产生影响。① 樊刚指出，来自营销因素的外界刺激会对消费者个体循环信用使用行为产生显著的影响。② 服务接触质量在感知有用性的基础上扩充了影响消费者行为意愿的营销因素组成部分，在单独的实证分析中，互联网消费信贷产品质量、价格、性价比、品牌形象仍然会对消费者持续使用意愿产生影响。

贷款审批手续少、时间短是互联网消费信贷产品的一大特征，也是众多长尾客户选择重复使用互联网消费信贷产品的原因。尽管与商业银行提供的消费信贷产品相比，互联网消费信贷产品存在更大的未知风险。在这一情境中，许多消费者会更加看重产品的功能满足而忽略了产品的成本与风险。在某些消费场景中，商家为维护客户关系而提供的定期优惠活动会促使消费者直接产生正向的持续使用意愿，与其他产品或消费场景的绑定也会使得消费者增加重复使用、交叉使用产品的意愿。以品牌形象为例，消费者对品牌形象的信赖程度会使得消费者忽略经济成本与竞争产品的性价比因素，直接产生溢价支付或者交叉使用产品的行为意愿。企业品牌形象与消费者价值观的符合程度也会影响消费者的后续行为意愿。产品的功能实现体现为感知有用性，布局合理、界面美观、响应速度快被视为系统质量，也是本书所指代的技术接触质量，在 UTAUT 模型中反映为努力期望与便利条件。技术接触反映了消费者接触的技术可用性，因此本书认为消费者接触的技术系统、操作便利性也会影响消费者对当前使用的互联网消费信贷产品持续使用意愿。当消费者认为使用产品的界面信息更详细、完成使用过程的操作更简便时，会增加继续使用当前产品的可能性。③

综上所述，服务接触质量的每个维度会对消费者持续使用意愿产生不同程度的影响，而消费者持续使用意愿是受到多个服务接触点综合影响而呈现的最终状态。根据商家向消费者传递的服务接触质量信息能刺激消费者持续使用意愿的产生这一推断，如图 3-15 所示，本书提出以下三个假设：

H9：产品接触质量对持续使用意愿有正向影响作用。

---

① WANG Y S, LIN H H, LUAM P. Predicting Consumer Intention to Use Mobile Service [J]. Information Systems Journal, 2006 (2): 157-179.

② 樊刚. 外界刺激对循环信用使用行为的影响研究：信用卡态度和物质主义价值观的调节 [J]. 暨南学报（哲学社会科学版），2015 (4): 2015.

③ LEE C K, CHUNG N. Understanding Factors Affecting Trust in and Satisfaction with Mobile Banking in Korea : A Modified Delone and McLean's Model Perspective [J]. Interacting with Computers, 2018, 21 (5-6): 385-392.

H10：品牌接触质量对持续使用意愿有正向影响作用。

H11：技术接触质量对持续使用意愿有正向影响作用。

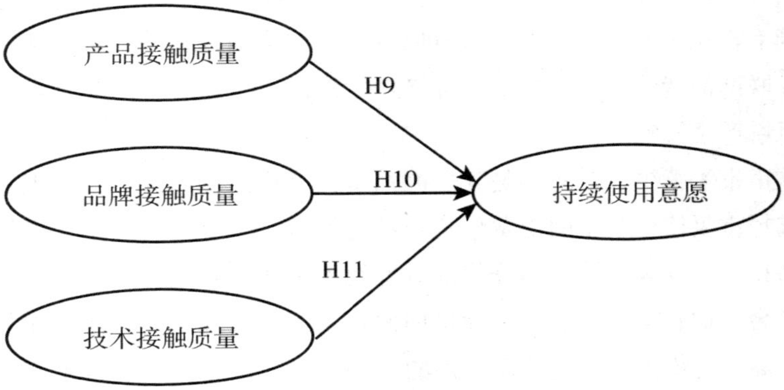

图 3-15 服务接触质量对持续使用意愿的影响研究假设

2. 信贷感知风险对持续使用意愿的影响

消费者使用互联网消费信贷产品的同时，往往处于线上购物场景或者面对移动支付需求，叶乃沂和周蝶研究发现，感知风险是消费者在网络购物过程中，对自己的购物行为带来可能的不利后果的感受和判断。① 在网络环境中，Parthasarathy 和 Bhattacherjee、Zeba 和 Ganguli、张庆杰和龚涵适等诸位学者都验证了感知风险对消费者购买或使用意愿的显著负向作用。② 在技术接受模型、期望确认模型或者 UTAUT 模型的拓展研究中，感知风险也常被视作与其他感知要素平行的影响因素共同对消费者的行为态度、满意度、行为意愿产生作用。③

在本书的研究场景中，互联网产品的风险特征被放大，感知风险成了不可忽略的影响因素。Belonax 和 Javalgi 在分析美国消费者的金融产品选择行为时发现资金安全性的感知风险对行为的影响最大，只有在可接受范围内的风险才会

---

① 叶乃沂，周蝶．消费者网络购物感知风险概念及测量模型研究［J］．管理工程学报，2014，28（4）：88-94.

② ZEBA F，GANGULI S. Word-of-Mouth，Trust，and Perceived Risk in Online Shopping：An Extension of the Technology Acceptance Model［J］. International Journal of Information Systems in the Service Sector，2016，8（4）：17-32；PARTHASARATHY M，BHATTACHERJEE A. Understanding Post-Adoption Behavior in the Context of Online Services［J］. Information Systems Research，1998，9（4）：362-379；张庆杰，龚涵适．人脸识别支付用户使用意愿研究［J］．财经理论与实践，2018，39（5）：109-115.

③ 郑凡．互联网金融产品对消费者使用意愿的影响机制研究［D］．泉州：华侨大学，2019.

促使消费者认可产品。① 相较于传统消费信贷，互联网消费信贷除了信用风险、操作风险，也包含着社会风险。例如，信息泄露、身份识别、第三方资金存管安全、金融基础设施风险、操作风险、法律风险、信用违约风险等。而在居民使用互联网消费信贷产品的过程中，冲动消费、信息泄露、平台诈骗等问题发生的可能性更高。因此在测量互联网消费信贷产品的感知风险时应注重产品独特的风险特征。依据已有实证得出的关于感知风险与持续使用意愿的负向影响结论，本书认为消费者感知到的信贷风险会对持续使用意愿存在负向的直接作用，如图 3-16 所示，提出以下假设：

H12：信贷感知风险对持续使用意愿有负向影响作用。

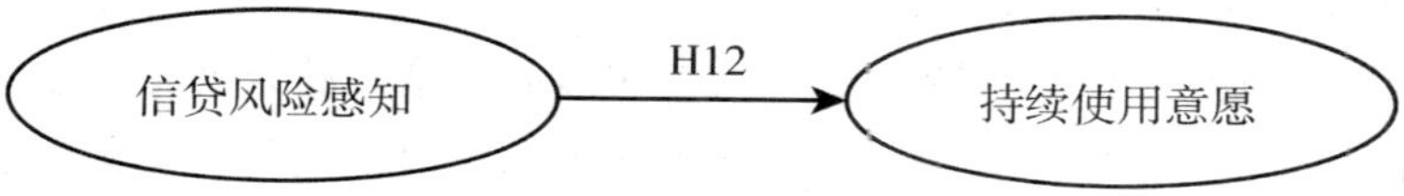

图 3-16 信贷感知风险对持续使用意愿的影响研究假设

3. 信贷动机强度对持续使用意愿的影响

从认知理论角度而言，环境因素、营销因素对消费者行为意愿的影响体现为外部推动因子，即技术接受模型中所呈现的外部变量。消费者的互联网消费动机强度是消费者产生行为意愿乃至持续性行为意愿的内部拉动因子。不同消费场景的动机强度有所不同，而面向互联网消费信贷场景的动机与行为意愿关系影响较少，本书依据信贷行为意愿的理论基础将消费者产生互联网信贷消费意愿的动机划分为平滑消费动机、缓冲储蓄动机以及享乐型动机。平滑消费动机是指消费者企图通过消费信贷产品满足超出当期收入水平的消费需求；缓冲储蓄动机是指消费者利用消费信贷产品而非自有收入去满足自己的当期消费需求，达到短期储蓄当期收入的目的；而消费者的享乐型动机则在于通过使用产品达到快捷支付、满足情感需求的目的。

动机是行为的起点，动机强度代表了消费者信贷需求的强度以及信贷行为意愿的强度。在持续使用意愿的研究中，消费者的动机强度可以直接对其持续使用意愿产生影响，并且影响关系的显著性在旅游场景、社交平台、绿色化发展、农业技术等多个研究领域都得到了证明。根据动机的分类，动机与持续使用

① BELONAX J J, JAVALGI R G. The Influence of Involvement and Product Class Quality on Consumer Choice Sets [J]. Journal of the Academy of Marketing Science, 1989, 17 (3): 209-216.

意愿的关系可以分为正向与负向。本书中分析的平滑消费动机、缓冲储蓄动机、享乐型动机均会促使消费者产生信贷需求，刺激行为意愿的产生，动机强度与持续使用意愿的关系应为正相关。因此，如图 3-17 所示，本书提出以下假设：

H13：信贷动机强度对持续使用意愿有正向影响作用。

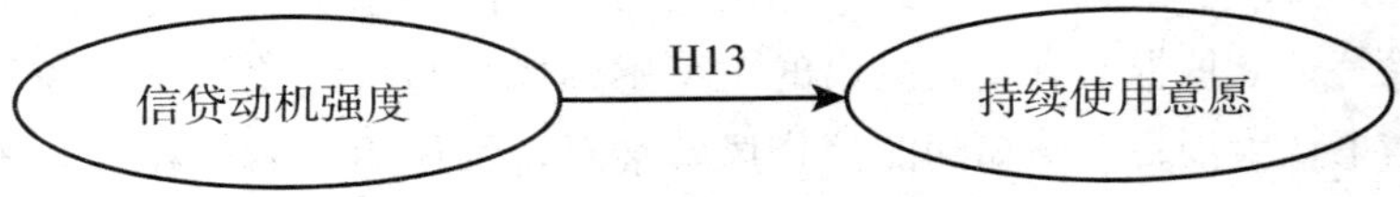

图 3-17　信贷动机强度对持续使用意愿影响的研究假设

4. 消费者满意度对持续使用意愿的影响

结合顾客满意度理论与持续使用行为的形成机理，满意度是产生持续使用意愿的主导因素。尽管技术进步与消费场景不同，但是消费者满意度、消费者持续使用行为研究都是各类企业提升产品服务质量的必经之路。不同于顾客忠诚与顾客信任，满意度只反映了消费者仅限于对已使用产品的体验与服务的肯定评价，如何培养消费者信任乃至忠诚度则是企业依据满意度评估情况而采取营销策略达到的目的。对满意度的测量主要围绕产品服务相关因素展开，随着研究模型的不断拓展，满意度经常与感知有用性、感知风险、感知娱乐性等其他变量一起影响消费者的持续使用意愿，在众多实证场景中，消费者满意度都被证明对消费者持续使用意愿存在正向且显著的影响作用。Konuk 验证了顾客满意度在感知质量、感知价值、价格公平性与顾客行为意向间的部分中介作用，顾客满意度会正向促进顾客的行为意向。① Shin 对 247 名韩国数字银行用户进行了调查，验证了有用性、便利性、员工—客户参与度和安全性对客户满意度和重用意愿的影响，以及客户满意度如何在客户体验和重用意愿之间起中介作用。②

对互联网消费信贷企业而言，如果消费者对企业产品与服务感到满意，那么他们重复使用互联网消费信贷产品，以及将自身消费感受分享给其他消费者的可能性也会更高，从而起到为企业产品宣传、提升知名度的作用，为企业发

① KONUK F A. The Influence of Perceived Food Quality, Price Fairness, Perceived Value and Satisfaction on Customers' Revisit and Word-of-Mouth Intentions towards Organic Food Restaurants [J]. Journal of Retailing and Consumer Services, 2019, 50: 103-110.

② SHIN J W. Mediating Effect of Satisfaction in the Relationship between Customer Experience and Intention to Reuse Digital Banks in Korea [J]. Social Behavior and Personality, 2021, 49 (2): 1-18.

展带来新活力注入的可能性。但大部分产品由于特征逐渐同质化，市场竞争激烈，当消费者产生不满意情绪后转换使用产品的成本很低，持续使用当前产品的可能性会很小。因此若想维持消费者与产品之间的使用关系，需要提高消费者对所使用产品的满意度，进而达到提高产品持续使用意愿的目的，最终形成顾客忠诚。除此之外，本书以期望确认模型为基准研究模型进行拓展，消费者满意度作为模型的核心变量，与持续使用意愿存在直接作用关系。结合以上文献参考与互联网消费场景的分析，如图 3-18 所示，本书提出以下假设：

H14：消费者满意度对持续使用意愿有正向影响作用。

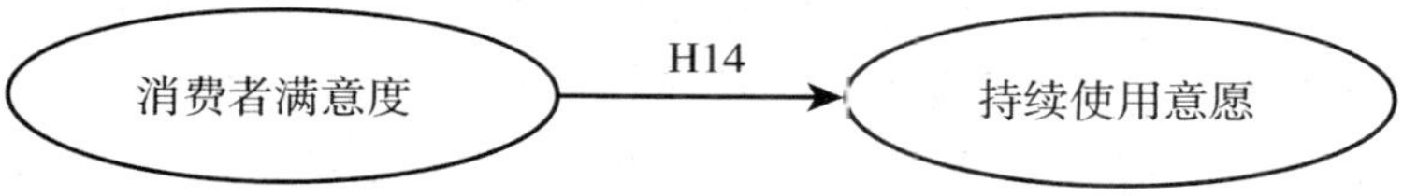

图 3-18 消费者满意度对持续使用意愿的影响研究假设

（五）外部环境氛围的调节作用

外部环境构成了消费者购买或使用产品的环境氛围。消费者对外部环境氛围的感知不同，从而存在不同的感知心理、动机以及行为意愿。经济环境与文化环境决定了消费者现阶段持久收入的稳定情况与消费观念，结合消费者消费需求从而决定消费者面对消费信贷产品相关行为意愿的持久性，不同的文化信念对消费者行为意向影响存在情境性和个体差异性特点。经济环境与文化环境较营销因素对消费者的内在心理与外显行为影响是潜移默化的、持续时间更长的。中国居民的消费文化观念经过岁月的沉淀养成了消费者对国家政府强烈的地方依恋感，政府、组织对某项行为的支持度能影响消费者对新鲜事物的接受程度与行为意愿。政府对互联网消费信贷行业的支持与监管力度也会让消费者对产品拥有更大的包容性，能有效增强消费者对互联网消费信贷的信心，增加产品的持续使用意愿。Song 等人在研究社交网站用户继续使用意向时发现，社会环境提供的氛围信息会影响用户的产品使用意愿。① 此外，Wen 和 Guo、Eastman 等人的研究显示，用户在使用某种技术或服务时会受人使用状况以及社会

① SONG C H, BROWN H T, TAMEEZ R R. The Effectiveness of Perceived Social Support in Discount Stores in Korea [J]. Asia Pacific Journal of Marketing and Logistics, 2021, 33 (4): 909-923.

氛围的影响。①

在群体生活中面对具有一定风险的产品，参照群体为消费者展示了一般的行为模式，互联网技术的提升为产品、消费者的安全提供了保障，同时也让消费者接触到更多的信息获取来源，除了家人、亲朋好友，陌生人生成的网络评论能客观冷静地帮助消费者分析当前产品的使用体验感，从而继续使用互联网消费信贷产品，推荐其他朋友使用互联网消费信贷产品。

外部环境对消费者在持续使用意愿方面的影响主要体现为个体感知标准的构建，经济环境、文化环境对全国居民的行为偏好与观念产生影响，形成群体价值观；政府支持度体现了对个人行为的规范方向；家人、亲朋好友、其他消费者的意见态度会让消费者个人寻求认同性而对消费者的行为意愿产生影响。所以一定程度上，外部环境是对参照群体的范围进行了扩充。外部环境从不同的环境层面阐释了对消费者行为意愿的价值观影响、规范性影响与认同感影响。因此影响机制不同于其他感知要素，外部环境氛围强调的是一定时间内对消费者内心意识的影响，在对主体行为意愿的影响方面常常以调节变量的角色出现。但目前多数研究停留在外部环境对消费者行为意愿的理论分析上，未开展定量研究，更多是验证了外部环境氛围对企业主体行为意愿的影响机理。与王凯旋证实的工作环境氛围类似②，对消费者而言，外部环境氛围体现消费者所处的消费环境氛围。若外部环境为消费者提供了良好的环境氛围时，消费者对所使用的产品会产生积极的后续行为意愿，即自己继续并增量使用互联网消费信贷产品，推荐他人使用互联网消费信贷产品。互联网消费信贷产品的供应伴随着一系列同平台产品，因此消费者一旦认为互联网消费信贷产品可信，交叉使用企业其他产品的可能性也会提高。而外部环境氛围的影响主要体现在消费者对产品本身以及自己的动机强度、情绪状态，对品牌、技术方面的影响不明显。良好的外部环境氛围可以加强产品接触质量、信贷动机强度、消费者满意度与持续使用意愿的正向关系，也可能降低信贷感知风险对持续使用意愿的负向作用。因此结合外部环境氛围在企业主体行为方面的研究成果以及对互联网消费信贷

① EASTMAN J K, IYER R, EASTMAN K L, et al. Reaching the Price Conscious Consumer: The Impact of Personality, Generational Cohort and Social Media Use [J]. Journal of Consumer Behaviour, 2020: 20 (4): 898-912; WEN N, GUO W X. "Toxic Friends"? The Farther Away, the Less Stressful: The Impact of Social Distance to a Dissociative Group on Consumer Choices [J]. European Journal of Marketing, 2021, 55 (3): 925-943.

② 王凯旋. 劳动关系氛围对员工主动型行为的影响机制研究 [D]. 济南: 山东大学, 2019.

外部环境氛围的分析结果，如图 3-19 所示，本书提出以下假设：

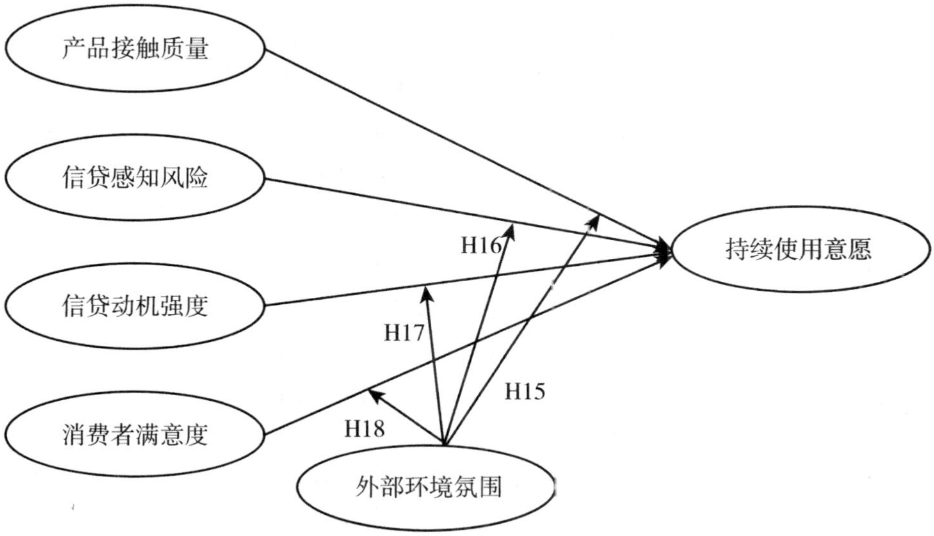

图 3-19 外部环境的调节作用研究假设

H15：外部环境氛围在产品接触质量与持续使用意愿关系中起正向调节作用。

H16：外部环境氛围在信贷感知风险与持续使用意愿关系中起负向调节作用。

H17：外部环境氛围在信贷动机强度与持续使用意愿关系中起正向调节作用。

H18：外部环境氛围在消费者满意度与持续使用意愿关系中起正向调节作用。

（六）研究假设汇总

通过对持续使用意愿的影响因素及其作用机理进行梳理并构建概念模型，本书试图分析服务接触质量、信贷感知风险、信贷期望确认、信贷动机强度通过消费者满意度这一中介变量对持续使用意愿产生的间接影响；概念模型中还包含了服务接触质量、信贷感知风险、信贷动机强度、消费者满意度与持续使用意愿的直接影响关系；同时信贷期望确认也会对产品接触质量与信贷感知风险产生直接影响；外部环境氛围在产品接触质量、信贷感知风险、信贷动机强度、消费者满意度与持续使用意愿的关系中存在调节作用。本书的概念模型如图 3-20 所示，共包含 18 个研究假设，汇总情况如下：

H1：信贷期望确认对产品接触质量有正向影响作用。

H2：信贷期望确认对信贷感知风险有负向影响作用。

H3：产品接触质量对消费者满意度有正向影响作用。

H4：品牌接触质量对消费者满意度有正向影响作用。

H5：技术接触质量对消费者满意度有正向影响作用。

H6：信贷感知风险对消费者满意度有负向影响作用。

H7：信贷期望确认对消费者满意度有正向影响作用。

H8：信贷动机强度对消费者满意度有正向影响作用。

H9：产品接触质量对持续使用意愿有正向影响作用。

H10：品牌接触质量对持续使用意愿有正向影响作用。

H11：技术接触质量对持续使用意愿有正向影响作用。

H12：信贷感知风险对持续使用意愿有负向影响作用。

H13：信贷动机强度对持续使用意愿有正向影响作用。

H14：消费者满意度对持续使用意愿有正向影响作用。

H15：外部环境氛围在产品接触质量与持续使用意愿关系中起正向调节作用。

H16：外部环境氛围在信贷感知风险与持续使用意愿关系中起负向调节作用。

H17：外部环境氛围在信贷动机强度与持续使用意愿关系中起正向调节作用。

H18：外部环境氛围在消费者满意度与持续使用意愿关系中起正向调节作用。

四、调研程序

本书选择通过问卷调查实现样本数据的收集，依据互联网消费信贷已有研究成果、本书研究目的确定具体的抽样方法与问卷调查方法，包括问卷填写方式与传递方式。由于本书试图研究控制互联网消费信贷产品类型对模型结果的影响，再结合样本特征与样本误差的考虑，本书选择被访者驱动抽样作为确定样本特征的抽样方法，使得每种产品类型的样本量大致相同。

（一）调查方法

从问卷填写者的不同可以将问卷调查分为自填式问卷和结构式访谈。自填式问卷一般是向调查对象提供一份标准化的调查问卷，由调查对象按照量表的

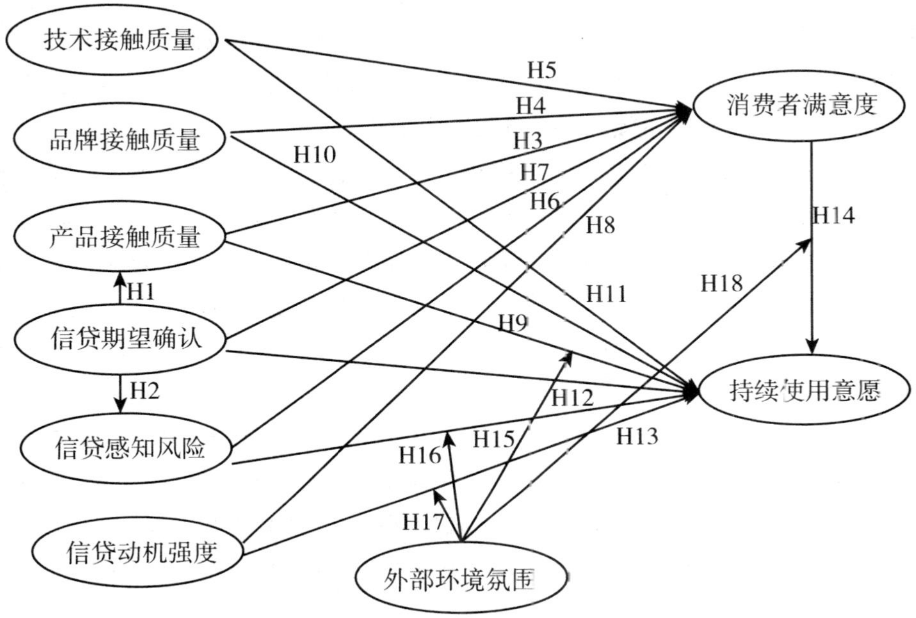

图 3-20 研究假设汇总

顺序与题项要求自行填写问卷答案，填写效率更高，且调查对象不易受周遭环境的干扰。结构式访谈则是由访谈人员严格按照访谈内容与访谈顺序向被访谈者依次讲解，并获取答案，由访谈人员将问卷答案填写在问卷上，填写数据更为真实，回答率也会高于自填式问卷。由于消费场景的迅速多元化，已有的成熟量表无法完全满足新的消费场景或者研究问题，半结构式访谈开始受到研究者的喜爱。半结构式访谈通过抛出研究框架、主线、问题，借由被访谈者的专业知识对研究题项、测量内容进行明确的界定。因此本书为了保证样本数据的真实有效性，本书先采用半结构式访谈对问卷题项设计进行修正，再采用自填式问卷法与被访者驱动抽样法获取样本数据。

（二）设计过程

问卷设计需要具备足够的科学性，因此已有研究的问卷设计倾向于在经过多次检验的成熟量表基础上结合研究问题与研究场景对问卷题项进行内容调整。成熟量表提供了可信度与有效度较高的测量题项，能提高工作效率、保障数据质量、节约研究资源。但来自国内外的成熟量表在测量内容上受到制度差异、文化差异、语言差异的约束，不能直接被应用于新的研究问题中。研究面对不断的创新，模型变量在量表间的可借鉴度存在一定差异，部分成熟变量存在较为成熟的测量量表，而部分新引入或者不太成熟的变量则无法借鉴前人的研究成果，需要研究者根据参考文献、理论背景、现实背景完成对量表的自行开发。因此，在量表设计中，需要依据应用情境对成熟量表进行修正和改进，结合理论与现实背景完成对不成熟变量量表的自行开发。

本书的研究主题为互联网消费信贷产品持续使用意愿的影响因素。消费者行为研究经过多年以及众多学者的开发与拓展，服务接触质量、信贷感知风险、信贷期望确认、消费者满意度与持续使用意愿等变量的量表都经过了学者们的反复验证，形成了较为成熟的量表。本书需要依据情境内容以及前文关于变量的定义内涵对以上变量的测量内容做出调整与扩充。然而，关于外部环境氛围与信贷动机强度两个变量的测量量表还有待与专家进行讨论，以完成变量测量范围的界定以及测量内容的确定，最终与修正后的成熟量表、被访者基本信息构成最初的研究调查问卷。在收集问卷数据过程中，为减小共同方法偏差的影响，因此问卷题项的排序、题项文字表述的准确性都进行了相关控制。

明确问卷设计的方法与思路后，本书在参考 Churchill、Dunn 等人对问卷设计的流程要求基础上①，遵循以下流程完成问卷设计，如图 3-21 所示。

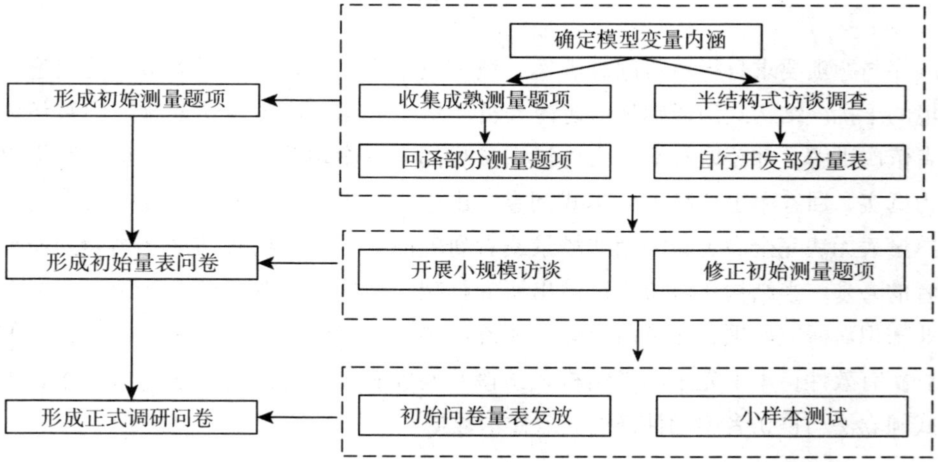

图 3-21　问卷设计流程图

① CHURCHILL G A. A Paradigm for Developing Better Measures of Marketing Constructs [J]. Journal of Marketing Research, 1979, 16 (1): 64-73; DUNN S C, SEAKER R F, WALLER M A. Latent Variables in Business Logistics Research: Scale Development and Validation [J]. Journal of Business Logistics, 1994, 15 (2): 145-172.

1. 确定模型组成变量及其内涵。在阅读整理相关文献资料的基础上构建出本书的研究模型，确定模型组成变量及其量表题项的来源方式，对比分析研究变量的相似概念，界定每个变量的内涵，从而明确问卷量表设计内容。

2. 成熟量表题项的收集与回译。本书通过对服务接触质量等变量的文献梳理，对比国内外关于这五个变量的测量研究，选取相关领域文献中最为贴合本书研究情境的成熟量表。大多学者借鉴的成熟量表源于英文文献，因此在对成熟量表进行情境调整之前需要把控题项回译的质量，确保题项理解与翻译的准确性。本书题项的回译工作由具备专业翻译能力的机构人员与学生比对完成，同时也寻求管理学专业的博士生和教授对具有歧义的题项进行讨论。

3. 初始测量量表的修正与开发。模型中关于外部环境氛围、信贷动机强度的测量量表鲜有成熟研究成果可借鉴，本书在相关文献梳理基础上明确外部环境氛围、信贷动机强度所包含的主要内容，并进行量表开发。采用半结构式访谈法向相关领域专家咨询，对外部环境氛围、信贷动机强度的题项构成、题项内容以及表达方式进行筛选与讨论，保证测量内容的有效性与代表性。结合对成熟量表的修正与自行量表的开发，完成初始测量量表题项的筛选。

4. 小规模访谈与测量题项修正。初始测量量表的完成是建立在文献梳理与半结构式访谈基础上，并不能保证所有题项的可靠性和有效性。因此为了提高所收集数据的质量，本书就初始测量题项与学术领域专家、企业管理层与资深互联网消费信贷产品消费者开展小规模访谈，结合三方视角满足题项内容的准确性与合理性。根据学术专家、企业管理人员与消费者提出的观点与修改建议对问卷题项的表述、长度、结构进行调整，保证题项科学性的同时呈现简洁易懂的问卷题项，便于填写者理解。

5. 小样本测试与正式量表形成。在发放正式问卷前，小样本测试用于确保问卷量表题项的有效性，用数据结果验证量表设计的合理性。小样本测试呈现了小范围内受访者的基本信息分布情况以及问卷的信效度检验结果。依据问卷数据的检验结果对不具有代表性、多重共线性的问卷题项进行删除或者调整内容的操作，在确定量表可信度与有效性的基础上形成本书的正式测量量表。

（三）调研内容

为了便于受访者快速、准确地了解问卷调查内容以及达到本书的研究目的，本书所设计的调查问卷主要包括四部分内容：

1. 问卷调研简介。问卷的第一部分首先对本书的互联网消费信贷研究背景、消费者持续使用意愿研究目的做出简单介绍。然后对问卷性质、填写要求做出声明，如问卷填写不涉及受访者的个人隐私，问卷数据仅供学术研究，对受访者答案的真实性要求。最后表达对受访者愿意参与问卷填写工作的感谢之意。

2. 产品使用情况。本书调查问卷的受访对象是具有互联网消费信贷产品使用经验的消费者，以明确产品的可持续性消费特质，保证研究问题、研究样本具有合理性，因此会设置相关问题控制有效问卷填写者。除此之外，对受访对象关于互联网消费信贷产品的使用情况做基本统计，包括使用产品类型、使用时长、月均信贷金额，以便依据产品类型、消费者的产品涉入度对样本进行分类和统计分析。

3. 研究变量测量。问卷第三部分对本书构建的研究模型所组成变量进行测量，是问卷量表的核心部分。调查受访者对互联网消费信贷产品的产品接触质量，品牌接触质量、技术接触质量、信贷感知风险、信贷期望确认、信贷动机强度、消费者满意度、持续使用意愿以及外部环境氛围 9 个变量的心理认知状态，以评分结果体现，便于纳入统计软件中进行运算分析。

4. 个人统计信息。问卷的最后对受访者的基本信息进行收集，主要包括人口统计特征与消费者的产品使用情况。通过一般性描述性统计对受访者的基本信息进行分析可以体现互联网消费信贷市场消费者分布情况，为实证分析的结论提供参考信息。

（四）产品对象

对互联网消费信贷相关研究进行梳理时，明确了互联网消费金融机构提供的产品类型可分为互联网受托支付式产品与互联网直接借贷式产品。测量方式将通过在问卷中设置归属于某一类产品的具体名称或平台，让消费者自主选择所使用的产品名称，然后由研究人员对样本数据进行分组。本书首先对市面上存在的互联网消费信贷产品进行了调研分析，通过探讨其运作机制将各产品进行归类。目前，互联网消费信贷市场中存在的代表性产品信息如下表 3-2 所示。

表 3-2　互联网消费信贷代表产品

产品类型	产品名称			
受托支付式产品	分期乐	人人分期	趣分期	爱又米
	京东白条	美团月付	蚂蚁花呗	
直接借贷式产品	有钱花	微粒贷	360 借条	宜人贷
	用钱宝	闪电借款	现金巴士	2345 贷款王
	手机贷	信用钱包	蚂蚁借呗	京东金条
	永利宝	闪电贷款	美团借钱	

五、问卷设计

本书首先从 Web of science、Sciencedirect、Scopus、EBSCO、Springer link 以及中国知网等各大学术文献数据库整理有关互联网消费信贷、互联网产品、期望确认模型、消费者持续使用意愿的相关研究成果。然后对类似应用场景、概念模型的研究内容进行剖析，梳理出量表设计大致的演变流程，分析对比同一变量的不同测量角度，筛选出信效度好、认可度高、可借鉴的经典量表。最后契合当下的场景特征，选择符合本书研究主题的量表题项对本书问卷量表内容进行设计、开发、确认和调整。

由于本书构建的互联网信贷产品持续使用意愿影响因素概念模型中关于外部环境氛围以及信贷动机强度的量表设计侧重于自行开发，先后邀请了三位互联网消费信贷行业的资深管理人员以及两位金融领域的教授专家开展小规模访谈。为保证访谈对象所提意见和建议的客观性，访谈工作采用半结构式的访谈方法。在介绍本书的研究主题与研究目的后，让访谈对象从变量概念界定、包含内容、问卷设计的参考方向以及题项的表述方面分享自身的观点。访谈过程中，主要采用“您如何看待……”等开放式问题进行观点询问，访谈时间控制在 30 分钟左右，最后的访谈记录由笔者整理，通过演绎法自行设计相关量表，并且对现有成熟的量表进行补充和修正。

（一）研究变量的测量题项

本书有待数据支撑的相关变量可以划分为研究变量、控制变量与分组变量，并依次展开题项设计的内容阐述。互联网消费信贷产品持续使用意愿影响因素模型中的主要研究变量包括产品接触质量、品牌接触质量、技术接触质量、信贷感知风险、信贷期望确认、信贷动机强度、消费者满意度、持续使用意愿以及外部环境氛围 9 个变量。

1. 服务接触质量的初始测量题项

消费者接触的有关产品的直接信息都会对消费者产生刺激作用。Solomon 等人首次提出“服务接触”概念①，随着消费场景的多元化，服务接触的要素范围不断被拓展。面对互联网消费场景，消费者增加了与信息系统的交互过程，谭巧巧探讨了顾客在与外界口碑、互联网终端、客服人员、售后服务等环节上

① SOLOMON M R, SURPRENANT C, CZEPIEL J A. A Role Theory Perspective on Dyadic Interactions: The Service Encounter [J]. Journal of Marketing, 1985, 49 (1): 99-111.

的接触对消费者网上购物满意度的影响。[①] 李嘉欣结合 Gronroos 的服务接触系统模型将服务接触分为口碑接触、技术接触与人员接触[②]，其中口碑接触对应了本书中的品牌接触质量，技术接触则指消费者在互联网消费信贷场景中与技术系统的接触。因此，本书主要借鉴了谭巧巧、李嘉欣对技术接触、人员接触的测量工作，对品牌接触质量、技术接触质量的量表进行设计。另外，Hsu 等人指出页面呈现的产品信息内容要丰富[③]，李璐认为吸引人的背景和色调、产品的图片和文字描述的清晰、美观是通过系统技术水平体现的，是能让消费者直接接触到的[④]。因此，本书在描述技术接触质量的题项内容时也会参考系统质量等变量的成熟量表。产品接触质量旨在反映互联网消费信贷产品的功能实现，例如，“支付和还款方便”“开通门槛低”“在一定时间内缓解经济压力”，在测量思路上贴近感知有用性、绩效期望。结合半结构化访谈，得到如表 3-3 所示的服务接触质量初始测量题项。

表 3-3　服务接触质量的初始测量题项

变量	维度	编号	题项
服务接触质量	产品接触质量	QPE1	进入门槛低
		QPE2	利息低，有折扣优惠，性价比高
		QPE3	能够快速完成购物交易，节省时间
		QPE4	能够缓解当前消费压力
		QPE5	能够快速获得资金使用权
		QPE6	应用领域与服务场景多，兼容性强 *

① 谭巧巧．服务接触对顾客网购满意度的影响研究［D］．哈尔滨：哈尔滨工业大学，2013.

② 李嘉欣．服务接触对互联网理财产品持续使用意愿的影响研究［D］．北京：北京交通大学，2019；WALKER J L. Service Encounter Satisfaction：Conceptualized［J］. Journal of Services Marketing，1995，9（1）：5-14；GRONROOS C. Service Management：A Management Focus for Service Competition［J］. International Journal of Service Industry Management，1990，1（1）：6-14.

③ HSU M H，CHIU C M，JU T L. Determinants of Continued Use of the WWW：An Integration of Two Theoretical Models［J］. Industrial Management & Data Systems，2004，104（9）：766-775.

④ 李璐．网络购物中情境因素对消费者冲动购买的影响研究［D］．广州：华南理工大学，2017.

续表

变量	维度	编号	题项
服务接触质量	品牌接触质量	QBE1	广告、网络平台宣传信息真实
		QBE2	品牌值得信赖
		QBE3	网络口碑良好
		QBE4	公众形象良好
	技术接触质量	QTE1	系统性能稳定，响应速度快
		QTE2	操作过程快捷、简便
		QTE3	页面有详细的使用说明和清晰的演示示范
		QTE4	产品图片和文字描述都很清晰、美观
题项来源：改编自谭巧巧（2013）、李璐（2017）、李嘉欣（2019）以及付荣等人（2019）的研究成果； * 根据访谈记录调整添加			

2. 信贷感知风险的初始测量题项

在整合的模型研究中，不少学者同时测量消费者对产品的感知有用性与多维度的感知风险，在测量内容方面有所交叉与重复。还有不少学者在同时分析感知有用性、感知风险对消费者行为意愿的影响时，对感知风险的测量内容体现为消费者对产品使用的整体风险感知状态①，不具有产品特征的针对性。因此，在模型构建中需要对产品的感知利得与感知风险作以区分。

互联网消费信贷产品的使用感知风险主要源于产品使用过程中的安全性问题以及对消费者造成消费观念扭曲的影响。互联网消费信贷产品使用的风险除了对产品功能无法满足预期的担心外，主要包括冲动消费、信息泄露、平台诈骗而造成的对个人隐私、财产的危害。付荣等人认为，互联网消费信贷产品的使用存在安全漏洞、刺激过度消费以及监管漏洞方面的风险问题。② Stone 和 GrøNhaug 更是指出消费者在使用过程中可能出现因为操作不当而导致风险发生的情况。③ 而随着社会信用体系的建设，不仅是消费者在各大线下银行体系的行为记录会被

① 刘蔓．互联网金融的使用与持续使用的对比研究［D］．成都：西南财经大学，2014.

② 付荣，姚红利，王雪梅．互联网消费信贷行为及满意度调查分析：以杭州市为例［J］杭州电子科技大学学报（社会科学版），2019，15（6）：26-31.

③ STONE R N，GRØNHAUG K．Perceived Risk：Further Considerations for the Marketing Discipline［J］．European Journal of Marketing，1993，27（3）：39-50.

视为影响个人征信的因素，消费者使用互联网消费信贷产品的记录也逐渐会被纳入央行征信体系中。不少消费者担心自己频繁使用互联网消费信贷产品会影响自己的征信水平，这体现为消费者在行为决策过程中的社会风险感知。结合多方面的分析结果，本书对信贷感知风险的测量体现了由技术系统导致的技术风险、隐私风险以及消费者的心理风险、社会风险内容，具体题项内容如表 3-4 所示，共 5 个题项。

表 3-4　信贷感知风险的初始测量题项

变量	编号	题项
信贷感知风险	CPR1	担心个人隐私信息与交易信息会遭到泄露
	CPR2	担心系统乱扣费、多收费造成财产损失
	CPR3	担心使用记录越多会影响个人征信水平 *
	CPR4	担心忘记还钱影响个人征信水平 *
	CPR5	担心自己消费过度，超出可接受范围
题项来源：改编自 Stone 和 GrøNhaug（1993）、付荣等人（2019）的研究成果； * 根据访谈记录调整添加		

3. 信贷期望确认的初始测量题项

已有研究大多从服务水平的体验与整体的角度对期望确认进行评估①，这是因为他们认为期望确认是源于对感知有用性、感知风险等具体测量内容的总体状态。本书认为期望确认的测量题项设计首先要明确消费者对互联网消费信贷产品的期望内容，如经济成本、时间成本、动机满足、使用的安全性②，其中主要包括对服务质量的期望确认③以及感知风险的控制程度。因此关于期望确认的题项设计主要基于产品接触质量、信贷感知风险的测量内容，突出期望与实际感知绩效的对比。本书在小规模访谈中就消费者对互联网消费信贷产品的期望

① GUPTA A, YOUSAF A, MISHRA A. How Pre-Adoption Expectancies Shape Post-Adoption Continuance Intentions: An Extended Expectation-Confirmation Model [J]. International Journal of Information Management, 2020, 52: 1-13; LI C Y, FANG Y H. Predicting Continuance Intention toward Mobile Branded Apps through Satisfaction and Attachment [J]. Telematics and Informatics, 2019, 43: 1-13.

② PEE L G, JIANG J, KLEIN G. Signaling Effect of Website Usability on Repurchase Intention [J]. International Journal of Information Management, 2018, 39: 228-241.

③ WU I L, CHIU M L, CHEN K W. Defining the Determinants of Online Impulse Buying through a Shopping Process of Integrating Perceived Risk, Expectation-Confirmation Model, and Flow Theory Issues [J]. International Journal of Information Management, 2020, 52: 102099.

进行了讨论与筛选，在表述问卷题项问题的方式上，发现大部分研究都保持了一致。① 因此本书参考了多位学者关于期望确认在不同消费场景中的测量题项，对场景的表述与对应的期望内容进行了调节，结构上仍然采取分总的形式完成期望确认的初始测量题项设计。由于涉及对感知利得与感知风险的期望，因此量表题项一共包括 8 个，如表 3-5 所示。

表 3-5 信贷期望确认的初始测量题项

变量	编号	题项
信贷期望确认	CCE1	获得资金使用权的时间比我预期的要快
	CCE2	所得金额能够满足我预期的信贷资金需求
	CCE3	产品供应商所提供的服务比我预期的要好
	CCE4	产品各方面的安全性比我预期的要高
信贷期望确认	CCE5	付出的时间和金钱成本是可以接受的
	CCE6	我会提前或者按时还款 *
	CCE7	到了还款截止日期时，已花费的信贷金额在我最初的心理预期范围内 *
	CCE8	总体上，我对互联网消费信贷产品的期望基本上得到了满足

题项来源：改编自刘蔓（2014）、Wangyue 等人（2018）、Al-Emran 等人（2020）的研究成果；
* 根据访谈记录调整添加

4. 信贷动机强度的初始测量题项

以往对消费者动机的划分大多以享乐型、实用型动机为主，例如部分消费者使用产品是为了获得相应的优惠。实用型动机道出了消费者对产品功能的需求，而享乐型动机强调了消费者使用产品时所获得的情感满足。由于缺乏可参考的互联网消费信贷动机强度量表文献，因此本书学习其他应用场景中对行为动机的测量方式，然后再结合互联网消费信贷场景中的行为动机类型自行开发量表。在互联网消费信贷场景中，消费者会因为资金需求不足而选择互联网消费信贷产品，或者选择使用互联网消费信贷产品以满足储蓄自有资金的需求。同时，也存在部分消费者将互联网消费信贷产品视为支付工具以获取情感满足，

① ZHOU W Y, TSIGA Z, LI B Y, et al. What Influence Users' E-Finance Continuance Intention? The Moderating Role of Trust [J]. Industrial Management & Data Systems, 2018, 118 (8): 1647-1670.

区别于以上两种动机。对动机的测量通常以询问消费者使用产品的目的这一形式开展，本书将消费者平滑消费和缓冲储蓄两大动机考虑进信贷动机强度的测量题项组合中，参考《2018中国消费信贷市场研究报告》对消费者的动机调查与分类，并且结合半结构化访谈结果，筛选出了8个测量消费者信贷动机强度的题项，如表3-6所示。

表3-6 信贷动机强度的初始测量题项

<table>
<tr><th colspan="2">变量</th><th>编号</th><th>题项</th></tr>
<tr><td rowspan="5">信贷动机强度</td><td rowspan="5">实用主义动机</td><td>CMI1</td><td>非常想买一样东西</td></tr>
<tr><td>CMI2</td><td>买东西自有资金不够</td></tr>
<tr><td>CMI3</td><td>想留有流动资金，先透支消费再还款 *</td></tr>
<tr><td>CMI4</td><td>电子支付不安全，不想绑定自己的银行卡用于消费 *</td></tr>
<tr><td>CMI5</td><td>支付方便，快捷</td></tr>
<tr><td rowspan="3">信贷动机强度</td><td rowspan="3">享乐主义动机</td><td>CMI6</td><td>可以记账，方便计算近期的花费情况 *</td></tr>
<tr><td>CMI7</td><td>体验新鲜事物</td></tr>
<tr><td>CMI8</td><td>参加活动优惠</td></tr>
<tr><td colspan="4">题项来源：改编自Carroll（1997）、Antonella（2019）、付荣等人（2019）的研究成果；
* 根据访谈记录调整添加</td></tr>
</table>

5. 消费者满意度的初始测量题项

本书对于消费者满意度的测量主要体现了消费者在使用产品或享受服务之后的总体评价情况。① 对于态度变量的测量，通常从“满意/不满意”“愉悦/不愉悦”“沮丧/满足”“糟糕/愉悦”正反两个方向对满意度进行测量。也有结合情绪，询问消费者对具体事项的满意度、消费体验的总体满意度。基于前文考量了服务接触质量、信贷感知风险等感知因素，本书对消费者满意度的测量参考Spreng等人的研究成果②设计题项，旨在反映消费者使用产品后的情绪、对

① OLIVER R L. Measurement and Evaluation of Satisfaction Processes in Retail Settings [J]. Journal of Retailing, 1981, 57 (43): 25-48; CROMPTON J L, MACKAY K J. Users' Perceptions of the Relative Importance of Service Quality Dimensions In Selected Public Recreation Programs [J]. Leisure Sciences, 1989, 11 (4): 367-375; 符国群，俞文皎. 从一线员工角度探讨服务接触中顾客满意与不满的原因 [J]. 管理学报，2004, 1 (2): 98.

② SPRENG R A, MACKENZIE S B, OLSHAVSKY R W. A Reexamination of the Determinants of Consumer Satisfaction [J]. Journal of Marketing, 1996 (60): 15-32.

体验过程整体的评价，5 个题项如表 3-7 所示。

表 3-7 消费者满意度的初始测量题项

变量	编号	题项
消费者满意度	CS1	在使用互联网消费信贷产品的过程中，我很满足
	CS2	在使用互联网消费信贷产品的过程中，我感到愉快
	CS3	与其他信贷产品相比，我对互联网消费信贷产品更满意
	CS4	使用互联网消费信贷产品是个明智的选择
	CS5	总体上我对互联网消费信贷产品的体验感到满意
题项来源：改编自 Spreng 等人（1996）、刘蔓（2014）的研究成果		

6. 外部环境氛围的初始测量题项

外部环境氛围是指除了产品和个人因素以外的外部环境因素，包含内容较为广泛。在本书中，互联网消费信贷产品和消费者的外部环境因素包括经济、文化、政治、社会与市场环境，反映了在一个文化环境下社会各方面对某一产品的接受程度。① 经济环境的测量体现为消费者执行消费行为的经济环境是否稳定，更多出现在消费者决策前对外部的感知风险测量中。吕雪晴在研究跨境网购消费者多阶段决策中认为，影响消费者决策的环境因素包括政策法律因素、社会文化因素等社会环境，并且运用了感知环境风险变量测量消费者对外部环境的感知状态。② 而文化环境反映在为个人消费者创造的消费信贷氛围以及区域内消费者的消费信贷意识变化。政治环境、社会环境与市场环境分别指代政府支持度、参照群体评价以及传统信贷产品的性价比评估状态。外部环境氛围的测量题项经过与小规模访谈结果的整合，如表 3-8 所示。

表 3-8 外部环境氛围的初始测量题项

变量	编号	题项
外部环境氛围	EEA1	国内互联网消费信贷的经济环境稳定
	EEA2	使用互联网消费信贷产品已成为居民的一种日常习惯 *

① ALGHAMDI A, ELBELTAGI I, ELSETOUHI A, et al. Antecedents of Continuance Intention of Using Internet Banking in Saudi Arabia: A New Integrated Model [J]. Strategic Change, 2018, 27 (3): 231-243.

② 吕雪晴. 跨境网购消费者多阶段决策感知风险动态形成机理研究 [D]. 北京：中国矿业大学，2016.

续表

变量	编号	题项
外部环境氛围	EEA3	政府支持消费者理性使用互联网消费信贷产品
	EEA4	主流媒体对互联网消费信贷产品持肯定态度 *
	EEA5	我的家人/朋友/同事等支持我使用互联网消费信贷产品
	EEA6	市场中存在性价比更高的同类产品
题项来源：改编自 Wangyue 等人（2018）的研究成果； * 根据访谈记录调整添加		

7. 持续使用意愿的初始测量题项

在消费行为领域，消费者的后续行为研究集中于口碑传播、重购意向和转换意向三类。本书结合客户潜在价值理论将消费者持续使用意愿分为 4 类：重复使用意愿、增量使用意愿、交叉使用意愿与口碑推荐意愿。重复使用意愿是指消费者基于消费情况和自身感受，再次选择某商家进行使用的倾向，是一种积极的购后行为意向；而增量使用意愿与交叉使用意愿是在重复使用意愿的基础上增加使用金额、次数、频率以及考虑使用同一品牌下其他产品的可能性①。口碑推荐意愿是指消费者在使用产品后感到满意，向他人推荐使用这一产品的可能性，达到吸引新客户的效果。持续使用意愿的题项表述如表 3-9 所示，为统一测量口径，未考虑对转换意愿的测量。

表 3-9　持续使用意愿的初始测量题项

变量	编号	题项
持续使用意愿	CI1	未来会继续使用这一互联网消费信贷产品
	CI2	未来会增加这一互联网消费信贷产品的信贷消费金额或使用频率
	CI3	我会尝试互联网消费信贷产品扩增的新服务
	CI4	我会尝试使用该品牌下的其他产品
	CI5	当有同类消费信贷需求时，我会首先选择这一互联网消费信贷产品
	CI6	我会向寻求意见的人推荐这一互联网消费信贷产品
题项来源：改编自 Bhattacherjee（2001）、陈明亮（2002）、Gupta 等人（2020）、Shin（2021）的研究成果		

① 陈明亮．基于全生命周期利润的客户细分方法［J］．经济管理，2002（20）：42-46；李莎莎．互联网理财平台用户持续使用行为研究：以余额宝为例［D］．南昌：江西财经大学，2016.

（二）控制变量的测量题项

本书的数据来源对象为消费者个人，消费者个人的人口统计特征反映了消费者的自身状态，不同特征的消费者个人在对外界环境、营销刺激以及个人心理感知上会有所差异，从而呈现的持续使用意愿也会有所差异。因此本书对消费者的人口统计特征进行测量，更全面地掌握互联网消费信贷市场中消费者群体的分布情况。本书的概念模型中对消费者性别、年龄、户口类型、文化程度、婚姻状况、职业类型、月均收入、选择产品的可用时间、产品使用时间以及月均信贷金额进行了控制处理。

1. 性别。与已有研究一致，本书将受访者的性别类型主要分为男和女，并且为了与其他控制变量的测量保持统一，本书将男性消费者编码为 1，女性消费者编码为 2。

2. 年龄。为了体现主要研究变量与消费者持续使用意愿的关系，本书将消费者年龄作为模型中的控制变量，并且对年龄进行分组编码，18—25 岁消费者记为 1，26—30 岁消费者记为 2，31—40 岁消费者记作 3，41—50 岁消费者记作 4，51—60 岁消费者记为 5。从市场各年龄段服务客群占市场份额的情况来看，本书不考虑 18 岁以下或者 60 岁以上的消费者人群。

3. 户口类型。中国居民的户口被分为城镇户口与农村户口，近年来随着户口改革还出现统一居民户口类型。但目前居民对统一居民户口的概念认识比较浅薄，因此本书依旧采用城市户口与非城市户口的划分方式将城市户口记为 1，非城市户口记为 2，供受访者选择。

4. 文化程度。对文化程度的测量大多仍然采用分组测量的方法。文化程度从低到高表现为文盲至博士研究生，在不同研究情境下的分组略有差异。本书将受访者文化程度划分为 4 个等级：高中及以下记为 1，中专/职高/大专/高职记为 2，大学本科记为 3，研究生及以上记为 4。

5. 婚姻状况。在西南财经大学中国家庭金融调查与研究中心领导开展的中国家庭金融调查中，对被调查者的婚姻状况分为未婚、已婚、同居、分居、离婚、丧偶、再婚 7 种状态。① 大多数研究在对受访者的婚姻状况进行调查时往往直接以已婚、未婚两种选项呈现，意味着同居、分居、离婚、丧偶这四个状态都隶属于未婚。由于本书中将婚姻状况视为控制变量，因此本书与多数研究一样，采用二分类做法，并将已婚消费者编码为 1，未婚消费者编码为 2。

① 中国家庭金融调查与研究中心．中国家庭金融调查问卷［R］．成都：中国家庭金融调查与研究中心，2017：1-137.

6. 职业类型。使用互联网消费信贷产品的消费者职业类型存在显著差异，因此需要对消费者的职业类型进行归集分类。由于职业类型在本书的研究模型中是作为控制变量，为了便于统计分析，本书对职业类型的分类并未按照行业进行具体划分，而是将职业类型主要划分为6个选项，包括全日制学生、公司/企业职工、机关/事业单位职员、个体经营者/私营业主、自由职业者以及其他，编码分别为1—6。

7. 月均收入。对消费者收入水平的测量同年龄、文化程度的测量一样，通常采用分组测量方法。设置合理的阈值范围可以保证消费者收入水平测量的有效性，由于互联网消费信贷产品面向的是信贷市场中的长尾客户，提供的是受托支付式产品与直接借贷式产品，涉及的主要客群是中低收入水平的消费者。本书对样本收入水平的划分：月收入2000元以下编码为1，2000元—4999元编码为2，5000元—9999元编码为3，10000元—19999元编码为4，20000元以上编码为5。

8. 选择可用时间。可用时间一定程度上反映了消费者是否冲动消费，从而决定了消费者是否有继续购买或使用产品的可能性。本书通过让消费者自己回答可用时间的充分度来衡量这一指标，设置“我有足够的时间对消费信贷产品进行比较”这一题项，1—5分别代表非常不充足、不充足、一般、充足、非常充足。

9. 产品使用时间。基于刘蔓的研究①，本书在对产品类型进行分类的问题调研基础上，对消费者产品使用情况也做了简单的了解。由于互联网消费信贷产品的一次使用过程通常会花费一个月及以上的时间，因此在对消费者使用产品时长进行划分时，本书列出了5个选项：1个月及以下指消费者才刚刚开始使用产品，编码为1；1—2个月编码为2（不包括1个月），2—6个月（不包括2个月）编码为3，6—12个月（不包括6个月）编码为4，若消费者使用产品时间长达12个月以上则编码为5。产品使用时间反映了消费者的信贷需求稳定性。

10. 月均信贷金额。月均信贷金额与产品使用时间同样旨在反映消费者的产品涉入度，由于涉及金额的测量，因此本书对月均信贷金额的测量选项与月均收入题项保持一致，即设置5个选项：月均信贷金额在2000元以下编码为1，2000元—4999元编码为2，5000元—9999元编码为3，10000元—19999元编码为4，20000元以上编码为5。

---

① 刘蔓．互联网金融的使用与持续使用的对比研究［D］．成都：西南财经大学，2014.

（三）测量题项评估与修正

基于已有文献与半结构化访谈完成了本书研究问卷题项的初步设计，由于应用场景的转换，为保证上述题项能有效反映互联网消费信贷产品的特征以及所测内容的准确度，本书再次邀请了相关学术领域专家、企业管理层对量表的测量题项进行评估。评估组由3位来自高校的学术专家、2位来自互联网消费信贷企业的中层管理者组成，在向各位访谈者具体阐述本书研究主题、各量表含义以及评判标准后，被访谈者就初始题项的相关性、明确性与重点性进行综合判断。

根据评估组的评估结果，基于动机的持续性而删除了信贷动机强度中的“非常想买一样东西”“体验新鲜事物”“参加活动优惠”题项，将信贷动机强度精简为5个题项、1个维度；修改了产品接触质量第二个题项的表述内容，改为“逾期/分期/贷款利息低，有折扣优惠，性价比高”；为了更清晰地表达外部环境氛围的测量目的，将题项“市场中存在性价比更高的同类产品”修改为“市场中存在很多性价比高的同类信贷产品”；同时对部分人口统计信息题项、产品使用情况题项的措辞进行了调整，最终得到主研究量表如表3-10所示，共包括49个题项。

表3-10 问卷设计量表题项汇总

变量	编号	题项
产品接触质量	QPE1	进入门槛低
	QPE2	逾期/分期/贷款利息低，有折扣优惠，性价比高
	QPE3	能够快速完成购物交易，节省时间
	QPE4	能够缓解当前消费压力
	QPE5	能够快速获得资金使用权
	QPE6	应用领域与服务场景多，兼容性强
品牌接触质量	QBE1	广告、网络平台宣传信息真实
	QBE2	品牌值得信赖
	QBE3	网络口碑良好
	QBE4	公众形象良好

续表

变量	编号	题项
技术接触质量	QTE1	系统性能稳定，响应速度快
	QTE2	操作过程快捷、简便
	QTE3	页面有详细的使用说明和清晰的演示示范
	QTE4	产品图片和文字描述都很清晰、美观
信贷感知风险	CPR1	担心个人隐私信息与交易信息会遭到泄露
	CPR2	担心系统乱扣费、多收费造成财产损失
	CPR3	担心使用记录越多会影响个人征信水平
	CPR4	担心忘记还钱影响个人征信水平
	CPR5	担心自己消费过度，超出可接受范围
信贷期望确认	CCE1	获得资金使用权的时间比我预期的要快
	CCE2	所得金额能够满足我预期的信贷资金需求
	CCE3	产品供应商所提供的服务比我预期的要好
	CCE4	产品各方面的安全性比我预期的要高
	CCE5	付出的时间和金钱成本是可以接受的
	CCE6	我会提前或者按时还款
	CCE7	到了还款截止日期时，已花费的信贷金额在我最初的心理预期范围内
	CCE8	总体上，我对该产品的期望基本上得到了满足
信贷动机强度	CMI1	买东西自有资金不够
	CMI2	想留有流动资金，先透支消费再用存款还钱
	CMI3	电子支付不安全，不想绑定自己的银行卡用于消费
	CMI4	支付方便，快捷
	CMI5	可以记账，方便计算近期的花费情况

续表

变量	编号	题项
消费者满意度	CS1	在使用该产品的过程中，我很满足
	CS2	在使用该产品的过程中，我感到愉快
	CS3	与其他信贷产品相比，我对该产品更满意
	CS4	使用该产品是个明智的选择
	CS5	总体上我对该产品的体验感到满意
外部环境氛围	EEA1	国内互联网消费信贷的经济环境稳定
	EEA2	使用互联网消费信贷产品已成为居民的一种日常习惯
	EEA3	政府支持消费者理性使用该产品
	EEA4	主流媒体对该产品持肯定态度
	EEA5	我的家人/朋友/同事等支持我使用该产品
	EEA6	市场中存在很多性价比高的同类信贷产品
持续使用意愿	CI1	未来会继续使用这一产品
	CI2	未来会增加这一产品的信贷消费金额或使用频率
	CI3	我会尝试该产品扩增的新服务
	CI4	我会尝试使用该品牌下的其他产品
	CI5	当有同类消费信贷需求时，我会首先选择这一产品
	CI6	我会向寻求意见的人推荐这一产品

六、本章小结

本章主要体现了基于文献综述进行的研究设计过程，明确了后续实证过程开展的相关内容。首先，构建了互联网消费信贷产品持续使用意愿影响因素及其作用机理概念模型，并对模型涉及的研究变量、控制变量与分组变量进行了定义解释、测量内容界定以及相关概念的比较。依据已有研究对主要研究变量关系在不同消费场景中的验证结论，以及互联网消费信贷产品的消费特征，确定消费者满意度在信贷期望确认、服务接触质量、信贷感知风险、信贷动机强度与持续使用意愿关系中的中介作用；试图考察外部环境氛围在信贷期望确认、服务接触质量、信贷感知风险、信贷动机强度与消费者满意度关系中的调节作用。最终，本书提出了 18 条研究假设。借助已有参考文献的成熟量表与小规模访谈结果，构建了本书的初始量表，经过题项评估与修正，最终问卷包括 49 个题项。

第四章

前测分析

在开始正式调研前，先收集了小样本数据。本章的主要内容与主要目的是对预调研所收集到的数据进行前测分析，通过信效度检验结果对量表进行再次修正，最终形成本书的正式量表。问卷通过“问卷星”平台进行网络发放与填写，调研对象覆盖了18岁—60岁消费者人群。本次问卷发放与数据收集过程中，剔除题项答案重复率大于80%以及填写时间少于180秒的不合格问卷后，得到有效问卷213份。针对量表型问卷调查，本书对小样本主要通过描述性统计分析、信效度检验以及探索性因子分析以验证问卷题项、结构设置的合理性。

一、描述统计

描述统计展现了问卷样本题项的基本情况，能体现样本选择的偏好，一定程度上有助于研究结论的推断。除了对人口统计特征进行描述统计，本书还对产品使用情况、测量题项的偏峰度情况进行了了解。

（一）人口统计特征描述

表4-1陈列了213份小样本数据的人口统计特征分布情况。具有互联网消费信贷产品使用经历的消费者在性别上无太大比例的悬殊，样本不包含18岁以下和60岁以上的样本数据，主要集中在18岁—50岁年龄阶段或者受教育程度在大学本科学历及以上的受众群体，尤其是已婚人士采纳互联网消费信贷产品的概率更高。在受访样本中，非城市户口消费者较多，占比54.9%；全日制学生与公司/企业职工占比最高，分别为31.5%与40.3%，43.2%的受访者表示个人月均收入水平在2000元—4999元左右。在213份问卷中，有101份问卷的受访者来自东部地区，占比47.42%。从省份样本均值来看，东北地区、东部地区、中部地区与西部地区依次为6、11.22、7.17与5.7①，样本间存在的地区差

① 问卷主要向中国大陆地区居民发放，并按照经济发展水平进行地区划分。预调研样本中没有来自吉林省、海南省、新疆维吾尔自治区、西藏自治区的数据。

异需进一步控制。

表 4-1 小样本人口统计特征信息（N=213）

统计指标		频数	百分比（%）
性别	男	104	48.8
	女	109	51.2
年龄	18—25	35	16.5
	26—30	55	25.8
	31—40	52	24.4
	41—50	55	25.8
	51—60	16	7.5
户口类型	城市户口	96	45.1
	非城市户口	117	54.9
文化程度	高中及以下	19	8.9
	中专/职高/大专/高职	13	6.1
	大学本科	103	48.4
	研究生及以上	78	36.6
婚姻状况	未婚	62	29.1
	已婚	151	70.9
职业类型	全日制学生	67	31.5
	公司/企业职工	86	40.3
	机关/事业单位职员	18	8.5
	个体经营者/私营业主	16	7.5
	自由职业者	23	10.8
	其他	3	1.4
月均收入	2000 元以下	21	9.9
	2000—4999 元	92	43.2
	5000—9999 元	85	39.9
	10000—19999 元	14	6.6

续表

统计指标		频数	百分比（%）
月均收入	20000 元及以上	1	0.4
地区分布	东北地区	12	5.63
	东部地区	101	47.42
	中部地区	43	20.19
	西部地区	57	26.76

（二）产品使用情况描述

除了对受访者人口统计信息进行收集，本次问卷调研还对问卷填写者的互联网消费信贷产品使用情况做了基本调查。问卷调研向受访者提供了多种互联网消费信贷产品供受访者自主选择使用过的产品，如图 4-1 所示，67%的受访者选择了互联网受托支付式产品。其中，以蚂蚁花呗与京东白条的占比最高，分别为 14%与 11%。问卷设置的每个受托支付式产品选项下均有对应样本，仅有 3 份样本选择了其他产品。可以看出，较互联网直接借贷式产品而言，互联网受托支付式产品受众面更广。

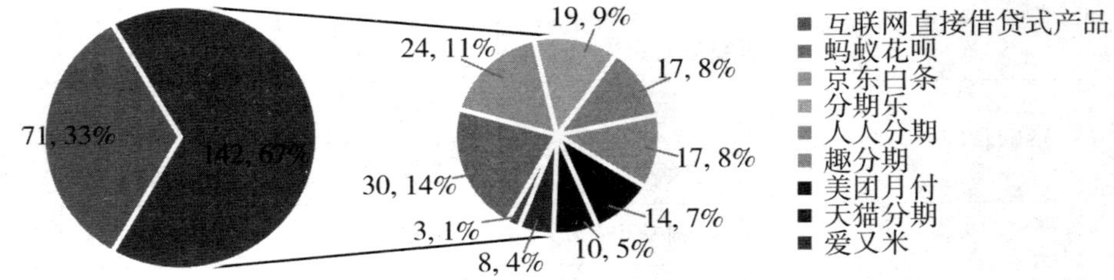

图 4-1　互联网消费信贷产品调研选择情况

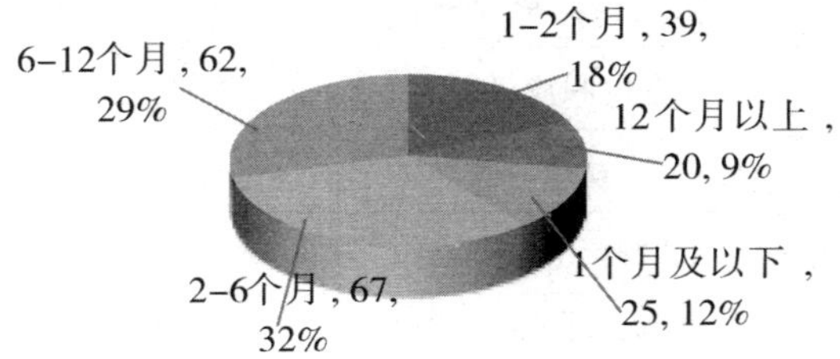

图 4-2　互联网消费信贷产品使用时间分布

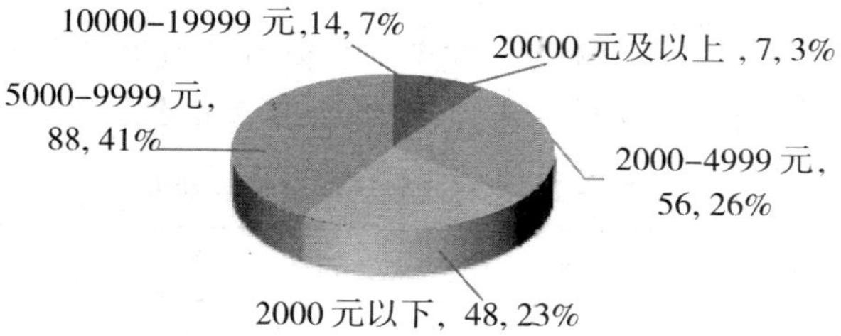

图 4-3 互联网消费信贷产品月均信贷金额情况

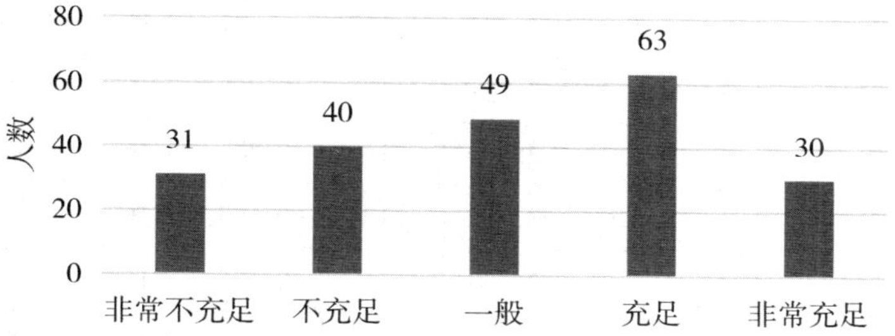

图 4-4 互联网消费信贷产品选择可用时间

图 4-2 至图 4-4 分别展示了受访者使用互联网消费信贷产品的时长、金额以及在选择产品时的可用时间分布情况。32%的受访者表示使用产品时间在 2—5 个月，29%的受访者使用产品时间已超过半年，然而仅有 9%的受访者使用产品时间超过一年以上。在月均消费信贷金额方面，大部分消费者选择了 5000—9999 元这一选项，占比高达 41%，然后依次为 2000—4999 元（26%）、2000 元以下（23%）。这是因为直接借贷式产品的使用期限一般超过一个月，因此均摊金额会接近受托支付式产品的信贷金额。在选择产品的可用时间方面，63 个人认为拥有充足的选择时间，占比最高。而认为可用时间非常充足或者非常不充足的人数相差无几，说明在互联网消费信贷市场中，确实存在冲动性消费情况，但占比略低。总体上，更多的人认为在选择互联网消费信贷产品时，拥有较为充足的时间。

（三）测量题项统计描述

本书对 213 份有效样本的题项进行了描述性统计，各变量题项的最大值、最小值、均值、标准差、偏度与峰度如表 4-2 所示，可以看出，49 个题项的偏度绝对值最大值为 0.828，峰度绝对值最大值为 1.139。判断样本数据是否符合正态分布，Kline 对样本偏度、峰度分别要求绝对值小于 3、10①，而 Ghiselli 等人则要求每一个测量题项的偏度、峰度绝对值需分别小于 2、5②。以上两种判断标准，均证明了本书收集的 213 份有效样本符合正态分布。

表 4-2　小样本题项描述性统计表

题项编号	N	最小值	最大值	均值	标准差	偏度		峰度	
	统计值	统计值	统计值	统计值	统计值	统计值	标准误	统计值	标准误
QPE1	213	1.0	5.0	3.624	1.189	-0.749	0.167	-0.197	0.332
QPE2	213	1.0	5.0	3.540	1.092	-0.454	0.167	-0.333	0.332
QPE3	213	1.0	5.0	3.484	1.152	-0.371	0.167	-0.596	0.332
QPE4	213	1.0	5.0	3.751	1.153	-0.768	0.167	-0.167	0.332
QPE5	213	1.0	5.0	3.629	1.149	-0.763	0.167	0.006	0.332
QPE6	213	1.0	5.0	3.779	1.134	-0.693	0.167	-0.181	0.332
QBE1	213	1.0	5.0	3.638	1.219	-0.555	0.167	-0.586	0.332
QBE2	213	1.0	5.0	3.793	1.179	-0.567	0.167	-0.649	0.332
QBE3	213	1.0	5.0	3.817	1.128	-0.628	0.167	-0.349	0.332
QBE4	213	1.0	5.0	3.784	1.166	-0.833	0.167	0.052	0.332
QTE1	213	1.0	5.0	3.399	1.192	-0.340	0.167	-0.745	0.332
QTE2	213	1.0	5.0	3.418	1.165	-0.124	0.167	-0.889	0.332
QTE3	213	1.0	5.0	3.268	1.205	-0.153	0.167	-0.837	0.332
QTE4	213	1.0	5.0	3.549	1.167	-0.228	0.167	-1.060	0.332
CPR1	213	1.0	5.0	3.394	1.234	-0.241	0.167	-0.918	0.332
CPR2	213	1.0	5.0	3.310	1.220	-0.046	0.167	-1.137	0.332
CPR3	213	1.0	5.0	3.390	1.293	-0.335	0.167	-0.990	0.332
CPR4	213	1.0	5.0	3.634	1.220	-0.386	0.167	-1.037	0.332

① KLINE R B. Principles and Practice of Structural Equation Modeling [M]. New York: The Guilford Press, 2015.

② GHISELLI E E, CAMPBELL J P, ZEDECK S. Measurement Theory for the Behavioral Sciences [M]. San Francisco, California: W. H. Freeman and Co., 1981: 11.

续表

题项编号	N	最小值	最大值	均值	标准差	偏度		峰度	
	统计值	统计值	统计值	统计值	统计值	统计值	标准误	统计值	标准误
CPR5	213	1.0	5.0	3.563	1.286	-0.458	0.167	-0.979	0.332
CCE1	213	1.0	5.0	3.653	1.150	-0.473	0.167	-0.716	0.332
CCE2	213	1.0	5.0	3.484	1.257	-0.329	0.167	-1.015	0.332
CCE3	213	1.0	5.0	3.653	1.108	-0.475	0.167	-0.527	0.332
CCE4	213	1.0	5.0	3.516	1.188	-0.355	0.167	-0.909	0.332
CCE5	213	1.0	5.0	3.577	1.073	-0.481	0.167	-0.423	0.332
CCE6	213	1.0	5.0	3.324	1.230	-0.102	0.167	-0.985	0.332
CCE7	213	1.0	5.0	3.512	1.184	-0.304	0.167	-0.900	0.332
CCE8	213	1.0	5.0	3.446	1.226	-0.409	0.167	-0.795	0.332
CMI1	213	1.0	5.0	3.554	1.249	-0.293	0.167	-1.111	0.332
CMI2	213	1.0	5.0	3.516	1.131	-0.327	0.167	-0.729	0.332
CMI3	213	1.0	5.0	3.498	1.131	-0.320	0.167	-0.751	0.332
CMI4	213	1.0	5.0	3.620	1.217	-0.535	0.167	-0.711	0.332
CMI5	213	1.0	5.0	3.385	1.186	-0.099	0.167	-1.061	0.332
CS1	213	1.0	5.0	3.202	1.343	-0.115	0.167	-1.097	0.332
CS2	213	1.0	5.0	3.347	1.241	-0.222	0.167	-1.059	0.332
CS3	213	1.0	5.0	3.601	1.375	-0.603	0.167	-0.943	0.332
CS4	213	1.0	5.0	3.568	1.304	-0.486	0.167	-0.914	0.332
CS5	213	1.0	5.0	3.662	1.181	-0.462	0.167	-0.842	0.332
EEA1	213	1.0	5.0	3.423	1.193	-0.529	0.167	-0.592	0.332
EEA2	213	1.0	5.0	3.493	1.204	-0.417	0.167	-0.779	0.332
EEA3	213	1.0	5.0	3.554	1.171	-0.443	0.167	-0.659	0.332
EEA4	213	1.0	5.0	3.498	1.196	-0.404	0.167	-0.622	0.332
EEA5	213	1.0	5.0	3.554	1.222	-0.471	0.167	-0.722	0.332
EEA6	213	1.0	5.0	3.765	1.146	-0.840	0.167	-0.045	0.332

续表

题项编号	N	最小值	最大值	均值	标准差	偏度		峰度	
	统计值	统计值	统计值	统计值	统计值	统计值	标准误	统计值	标准误
CI1	213	1.0	5.0	3.399	1.200	-0.281	0.167	-0.764	0.332
CI2	213	1.0	5.0	3.413	1.209	-0.256	0.167	-0.943	0.332
CI3	213	1.0	5.0	3.376	1.310	-0.240	0.167	-1.087	0.332
CI4	213	1.0	5.0	3.291	1.251	-0.202	0.167	-0.952	0.332
CI5	213	1.0	5.0	3.507	1.254	-0.306	0.167	-1.070	0.332
CI6	213	1.0	5.0	3.502	1.200	-0.303	0.167	-0.917	0.332

二、信度检验

在进入研究模型分析之前，需要对问卷收集的量表数据进行信效度分析，检验量表的可靠性和稳定性，从而对量表进行修正工作。最为常用的信度分析检测指标是修正后的项目相关（CITC，Corrected Item-Total Correlation）与Cronbach's α 系数，以检测量表中每一个变量包含的项目是否测量相同或相似的特性，能够反映项目内部信息的一致性和内部结构的良好性。本书采用的是Likert 5 级量表，对各个变量的量表进行可靠性分析，并遵循评判标准，采用修正后的项目相关（CITC）与 Cronbach's α 系数对小样本量表信度进行检测。

可靠性统计分析结果（表 4-3、表 4-4）显示，量表整体的 Cronbach's α 系数为 0.918，各个分量表题项的 Cronbach's α 系数最小值为 0.767，也高于 0.7 的评判标准①，且小于所属分量表的 Cronbach's α 系数。除此之外，量表的每个题项 CITC 值也均大于 0.5 这一阈值，说明量表中的所有题项都应予以保留②，检验结果符合信度分析要求。

表 4-3　小样本可靠性统计分析（N=213）

Cronbach's α	题项数目
0.918	49

① NUNNALLY J C, BERNSTEIN I H. Psychometric Theory [M]. New York: McGraw-Hill, 1994.

② JR CHURCHILL G A. A Paradigm for Developing Better Measures of Marketing Constructs [J]. Journal of Marketing Research, 1979, 16 (1): 64-73.

表 4-4 小样本信度检验结果（N=213）

变量	题项编号	平均值	标准差	修正后的项目相关（CITC）	删除该题项后 Cronbach's α	Cronbach's α
产品接触质量	QPE1	3. 624	1. 189	0. 781	0. 831	0. 872
	QPE2	3. 540	1. 092	0. 685	0. 849	
	QPE3	3. 484	1. 152	0. 565	0. 869	
	QPE4	3. 751	1. 153	0. 636	0. 857	
	QPE5	3. 629	1. 149	0. 727	0. 841	
	QPE6	3. 779	1. 134	0. 650	0. 854	
品牌接触质量	QBE1	3. 638	1. 219	0. 557	0. 849	0. 840
	QBE2	3. 793	1. 179	0. 681	0. 794	
	QBE3	3. 817	1. 128	0. 725	0. 776	
	QBE4	3. 784	1. 166	0. 740	0. 767	
技术接触质量	QTE1	3. 399	1. 192	0. 725	0. 817	0. 862
	QTE2	3. 418	1. 165	0. 679	0. 835	
	QTE3	3. 268	1. 205	0. 688	0. 832	
	QTE4	3. 549	1. 167	0. 743	0. 810	
信贷感知风险	CPR1	3. 394	1. 234	0. 718	0. 852	0. 879
	CPR2	3. 310	1. 220	0. 651	0. 867	
	CPR3	3. 390	1. 293	0. 727	0. 849	
	CPR4	3. 634	1. 220	0. 724	0. 850	
	CPR5	3. 563	1. 286	0. 736	0. 847	
信贷期望确认	CCE1	3. 653	1. 150	0. 841	0. 934	0. 944
	CCE2	3. 484	1. 257	0. 779	0. 938	
	CCE3	3. 653	1. 108	0. 733	0. 941	
	CCE4	3. 516	1. 188	0. 817	0. 935	
	CCE5	3. 577	1. 073	0. 794	0. 937	

续表

变量	题项编号	平均值	标准差	修正后的项目相关（CITC）	删除该题项后 Cronbach's α	Cronbach's α
信贷期望确认	CCE6	3. 324	1. 230	0. 781	0. 938	0. 944
	CCE7	3. 512	1. 184	0. 824	0. 935	
	CCE8	3. 446	1. 226	0. 816	0. 935	
信贷动机强度	CMI1	3. 554	1. 249	0. 732	0. 863	0. 888
	CMI2	3. 516	1. 131	0. 754	0. 858	
	CMI3	3. 498	1. 131	0. 688	0. 873	
	CMI4	3. 620	1. 217	0. 723	0. 865	
	CMI5	3. 385	1. 186	0. 747	0. 859	
消费者满意度	CS1	3. 202	1. 343	0. 624	0. 859	0. 869
	CS2	3. 347	1. 241	0. 616	0. 860	
	CS3	3. 601	1. 375	0. 735	0. 831	
	CS4	3. 568	1. 304	0. 751	0. 827	
	CS5	3. 662	1. 181	0. 752	0. 829	
外部环境氛围	EEA1	3. 423	1. 193	0. 810	0. 899	0. 919
	EEA2	3. 493	1. 204	0. 733	0. 910	
	EEA3	3. 554	1. 171	0. 764	0. 906	
	EEA4	3. 498	1. 196	0. 703	0. 914	
	EEA5	3. 554	1. 222	0. 803	0. 900	
	EEA6	3. 765	1. 146	0. 812	0. 899	
持续使用意愿	CI1	3. 399	1. 200	0. 720	0. 882	0. 899
	CI2	3. 413	1. 209	0. 728	0. 881	
	CI3	3. 376	1. 310	0. 739	0. 879	
	CI4	3. 291	1. 251	0. 748	0. 882	
	CI5	3. 507	1. 254	0. 701	0. 885	
	CI6	3. 502	1. 200	0. 699	0. 903	

三、构念效度

在信度检验通过的基础上，对量表的效度检测能够进一步证明所用问卷适合此次实证研究。效度检验旨在衡量量表内容或题目的代表性量表设计结构的合理性，包括内容效度与构念效度。对于内容效度，本书在量表设计过程中借鉴参考了国内外代表实证文献，通过实地访谈等措施保证问卷内容符合本书应用场景并能充分反映测量内容。构念效度则是体现维度构建的含义与构建的结构合理性，可以通过探索性因子分析进行检验。

而量表题项是否满足进行探索性因子分析的条件，即题项之间具有较强的相关性，本书采用 KMO（Kaiser-Meyer-Olkin）值和 Bartlett's 球形检验（Bartlett Test of Sphericity）来判断。其中，KMO 值大于 0.9 表明非常适合，0.7—0.9 表明适合，0.6—0.7 表明较为适合，0.6—0.5 之间表明不太适合，0.5 以下不适合。[①] Bartlett's 球形检验值体现了量表题项间的相关系数显著性，如果显著（即 $p<0.05$）则适合做因子分析。

表 4-5　总体 KMO 样本检测与 Bartlett's 球形检验（N=213）

KMO 取样适切性系数	0.915	
Bartlett's 球形检验显著性	近似卡方	7116.942
	自由度	1176
	显著性	0.000

根据表 4-5 中的 KMO 和 Bartlett's 球形检验结果，KMO 值为 0.915，卡方值为 7116.942，所对应 P 值（为 0.000）<0.05，证明 Bartlett's 球形检验具有显著意义。题项之间相关关系显著，相关性较强，适合进行探索性因子分析。

本书选择主成分分析法进行探索性因子分析，合格的测量指标因子载荷绝对值需达到 0.4 以上，且在所归属因子下的载荷超过在其他因子上载荷的 2 倍。对于整体的公因子解释百分比，则需要达到 60%以上。[②] 由于潜变量较多，因此首先对每个变量单独进行探索性因子分析，最终过对整个量表进行探索性因

① DZIUBAN C D, SHIRKEY E C. When Is a Correlation Matrix Appropriate for Factor Analysis? Some Decision Rules [J]. Psychological Bulletin, 1974, 81 (6): 358-361.

② FORD J K, MACCALLUM R C, TAIT M. The Application of Exploratory Factor Analysis in Applied Psychology: A Critical Review and Analysis [J]. Personnel Psychology, 1986, 39 (2): 291-314.

子分析①。

1. 服务接触质量探索性因子分析

如表 4-6 所示，服务接触质量的 KMO 值为 0.917，Bartlett's 球形检验卡方值为 1518.175，显著性概率为 0.000，结果表示非常适合进行因子分析。

表 4-6 服务接触质量 KMO 样本检测与 Bartlett's 球形检验（N=213）

KMO 取样适切性系数	0.917	
Bartlett's 球形检验显著性	近似卡方	1518.175
	自由度	91
	显著性	0.000

由表 4-7 与 4-8 所知，在经过 6 次迭代后，服务接触质量提取出 3 个公共因子，四个因子解释的方差比例分别为 25.955%、20.283%、20.161%，累计解释方差为 66.399%，大于 60%，符合要求。通过最大方差法进行因子旋转，产品接触质量 6 个题项在因子 1 上的载荷分别为 0.831、0.720、0.630、0.657、0.816、0.734；品牌接触质量 4 个题项在因子 3 上的载荷分别为 0.680、0.777、0.795、0.792；技术接触质量 4 个题项在因子 2 上的载荷分别为 0.792、0.714、0.758、0.826，均超过 0.50，且在其他因子上均未发现有超过 0.4 的交叉载荷同时存在，表明各题项的因子归属明确清晰。由此可判定，服务接触质量量表包含 3 个因子，与本书概念模型的构建原理相符合。

表 4-7 服务接触质量解释总变异量表（N=213）

因子	起始特征值			平方和负荷量萃取			转轴平方和负荷量		
	总和	方差的%	累积%	总和	方差的%	累积%	总和	方差的%	累积%
1	6.470	46.213	46.213	6.470	46.213	46.213	3.634	25.955	25.955
2	1.621	11.582	57.795	1.621	11.582	57.795	2.840	20.283	46.238
3	1.205	8.604	66.399	1.205	8.604	66.399	2.823	20.161	66.399
4	0.720	5.143	71.542						
5	0.602	4.303	75.844						

① BENTLER P M, CHOU C P. Practical Issues in Structural Modeling [J]. Sociological Methods & Research, 1987, 16 (1): 78-117.

续表

因子	起始特征值			平方和负荷量萃取			转轴平方和负荷量		
	总和	方差的%	累积%	总和	方差的%	累积%	总和	方差的%	累积%
6	0.517	3.693	79.538						
7	0.478	3.413	82.950						
8	0.437	3.121	86.072						
9	0.403	2.876	88.947						
10	0.373	2.662	91.609						
11	0.351	2.506	94.116						
12	0.297	2.123	96.239						
13	0.270	1.926	98.165						
14	0.257	1.835	100.000						
提取方法：主成分分析									

表 4-8 服务接触质量旋转成分矩阵表（N=213）

维度	题项编号	题项	因子		
			1	2	3
产品接触质量	QPE1	进入门槛低	**0.831**	0.218	0.148
	QPE2	逾期/分期/贷款利息低，有折扣优惠，性价比高	**0.720**	0.215	0.239
	QPE3	能够快速完成购物交易，节省时间	**0.630**	0.080	0.285
	QPE4	能够缓解当前消费压力	**0.657**	0.327	0.150
	QPE5	能够快速获得资金使用权	**0.816**	0.180	0.109
	QPE6	应用领域与服务场景多，兼容性强	**0.734**	0.151	0.189
品牌接触质量	QBE1	广告、网络平台宣传信息真实	0.150	**0.680**	0.232
	QBE2	品牌值得信赖	0.230	**0.777**	0.188
	QBE3	网络口碑良好	0.238	**0.795**	0.227
	QBE4	公众形象良好	0.232	**0.792**	0.241

续表

维度	题项编号	题项	因子		
			1	2	3
技术接触质量	QTE1	系统性能稳定，响应速度快	0. 236	0. 216	**0. 792**
	QTE2	操作过程快捷、简便	0. 212	0. 335	**0. 714**
	QTE3	页面有详细的使用说明和清晰的演示示范	0. 294	0. 158	**0. 758**
	QTE4	产品图片和文字描述都很清晰、美观	0. 138	0. 261	**0. 826**
提取方法：主成分分析					

2. 信贷感知风险探索性因子分析

信贷感知风险变量的 KMO 值与 Bartlett's 球形检验结果如表 4-9 所示。KMO 值为 0. 884，大于 0. 80，表明分量表题项变量间的关系佳。而 Bartlett's 球形检验卡方值为 504. 163，显著性为 0. 000，说明信贷感知风险的量表数据适合因子分析。

表 4-9　信贷感知风险 KMO 样本检测与 Bartlett's 球形检验（N=213）

KMO 取样适切性系数	0. 884	
Bartlett's 球形检验显著性	近似卡方	504. 163
	自由度	10
	显著性	0. 000

由表 4-10 与 4-11 所知，信贷感知风险变量只存在一个公共因子，并对数据具有 67. 432%的解释力度，大于 60%，符合要求。在提取出的这一因子上，无须对因子进行旋转，5 个题项的载荷分别为 0. 827、0. 773、0. 834、0. 831 与 0. 840，均高于 0. 5，具有较好的区分效度。

表 4-10　信贷感知风险解释总变异量表（N=213）

因子	起始特征值			平方和负荷量萃取		
	总和	方差的%	累积%	总和	方差的%	累积%
1	3. 372	67. 432	67. 432	3. 372	67. 432	67. 432
2	0. 490	9. 794	77. 226			
3	0. 393	7. 868	85. 094			

续表

因子	起始特征值			平方和负荷量萃取		
	总和	方差的%	累积%	总和	方差的%	累积%
4	0.383	7.660	92.754			
5	0.362	7.246	100.000			
提取方法：主成分分析						

表 4-11 信贷感知风险成分矩阵表（N=213）

题项编号	题项	因子 1
CRP1	担心个人隐私信息与交易信息会遭到泄露	0.827
CRP2	担心系统乱扣费、多收费造成财产损失	0.773
CRP3	担心使用记录越多会影响个人征信水平	0.834
CRP4	担心忘记还钱影响个人征信水平	0.831
CRP5	担心自己消费过度，超出可接受范围	0.840
提取方法：主成分分析		

3. 信贷期望确认探索性因子分析

表 4-12 展示了信贷期望确认变量的 KMO 样本与 Bartlett's 球形检验结果，结果表明，KMO 值为 0.939，Bartlett's 球形检验卡方值为 1366.149，显著性为 0.000，说明信贷期望确认变量数据也符合做因子分析的条件。

表 4-12 信贷期望确认 KMO 样本检测与 Bartlett's 球形检验（N=213）

KMO 取样适切性系数	0.939	
Bartlett's 球形检验显著性	近似卡方	1366.149
	自由度	28
	显著性	0.000

与概念模型预想一致，信贷期望确认量表存在一个公共因子，累计解释方差为 72.042%（表 4-13），表 4-14 的成分矩阵中 8 个题项的载荷分别为 0.883、0.833、0.794、0.864、0.846、0.834、0.869、0.863，均高于 0.75，具有较好的区分效度。所以互联网消费信贷产品的信贷期望确认变量可以由这 8 个题项进行数据收集与测量。

表 4-13 信贷期望确认解释总变异量表（N=213）

因子	起始特征值			平方和负荷量萃取		
	总和	方差的%	累积%	总和	方差的%	累积%
1	5.763	72.042	72.042	5.763	72.042	72.042
2	0.483	6.033	78.075			
3	0.396	4.949	83.024			
4	0.356	4.449	87.473			
5	0.313	3.915	91.389			
6	0.264	3.299	94.688			
7	0.246	3.075	97.763			
8	0.179	2.237	100.000			
提取方法：主成分分析						

表 4-14 信贷期望确认成分矩阵表（N=213）

题项编号	题项	因子 1
CCE1	获得资金使用权的时间比我预期的要快	0.883
CCE2	所得金额能够满足我预期的信贷资金需求	0.833
CCE3	产品供应商所提供的服务比我预期的要好	0.794
CCE4	产品各方面的安全性比我预期的要高	0.864
CCE5	付出的时间和金钱成本是可以接受的	0.846
CCE6	我会提前或者按时还款	0.834
CCE7	到了还款截止日期时，已花费的信贷金额在我最初的预期范围内	0.869
CCE8	总体上，我对该产品的期望基本上得到了满足	0.863
提取方法：主成分分析		

4. 信贷动机强度探索性因子分析

对于信贷动机强度变量，KMO 样本检测结果（表 4-15）显示 KMO 值为 0.876，高于 0.8 的判断标准，表明题项间的关系佳。Bartlett's 球形检验的卡方值为 551.007，显著性为 0.000。两项检验结果均表明信贷动机强度变量数据适合进行下一步的因子分析。

表 4-15 信贷动机强度 KMO 样本检测与 Bartlett's 球形检验（N=213）

KMO 取样适切性系数	0.876	
Bartlett's 球形检验显著性	近似卡方	551.007
	自由度	10
	显著性	0.000

通过主成分分析法对信贷动机强度变量进行因子提取，表 4-16 中展现了信贷动机强度变量仅存在一个特征值大于 1 的主成分因子，累计解释方差为 69.163%，符合要求。而隶属于信贷动机强度分量表的 6 个题项在这一主成分因子下的载荷分别为 0.835、0.849、0.800、0.828、0.844（表 4-17），均高于 0.8，说明区分效度非常好，将这 5 个题项作为信贷动机强度的同一个构面是合理的。

表 4-16 信贷动机强度解释总变异量表（N=213）

因子	起始特征值			平方和负荷量萃取		
	总和	方差的%	累积%	总和	方差的%	累积%
1	3.458	69.163	69.163	3.458	69.163	69.163
2	0.465	9.291	78.454			
3	0.421	8.410	86.864			
4	0.362	7.248	94.112			
5	0.294	5.888	100.000			
提取方法：主成分分析						

表 4-17 信贷动机强度成分矩阵表（N=213）

题项编号	题项	因子 1
CMI1	买东西自有资金不够	0.835
CMI2	想留有流动资金，先透支消费再用存款还钱	0.849
CMI3	电子支付不安全，不想绑定自己的银行卡用于消费	0.800
CMI4	支付方便，快捷	0.828
CMI5	可以记账，方便计算近期的花费情况	0.844
提取方法：主成分分析		

5. 消费者满意度探索性因子分析

表 4-18 显示，消费者满意度的 KMO 值为 0.857，处于适合水平。Bartlett's 球形检验结果显示，近似卡方值为 502.081，统计值显著性概率也为 0.000。故消费者满意度变量数据非常适合因子分析。

表 4-18 消费者满意度 KMO 样本检测与 Bartlett's 球形检验（N=213）

KMO 取样适切性系数	0.857	
Bartlett's 球形检验显著性	近似卡方	502.081
	自由度	10
	显著性	0.000

通过主成分分析法提取因子，表 4-19 中可以看出消费者满意度可由 1 个主成分因子解释 66.041%的方差，并且无须进行题项旋转，包含各题项的成分矩阵如表 4-20 所示。表 4-29 的结果表明，消费者满意度变量下的 5 个题项 CS1-CS5 的因子载荷分别为 0.755、0.748、0.842、0.856 与 0.855，全部高于 0.7，表明量表具有良好的区分效度，可以代表消费者满意度变量。

表 4-19 消费者满意度解释总变异量表（N=213）

因子	起始特征值			平方和负荷量萃取		
	总和	方差的%	累积%	总和	方差的%	累积%
1	3.302	66.041	66.041	3.302	66.041	66.041
2	0.597	11.940	77.980			
3	0.464	9.284	87.264			
4	0.362	7.239	94.503			
5	0.275	5.497	100.000			
提取方法：主成分分析						

表 4-20 消费者满意度成分矩阵表（N=213）

题项编号	题项	因子 1
CS1	在使用该产品的过程中，我很满足	0.755
CS2	在使用该产品的过程中，我感到愉快	0.748

续表

题项编号	题项	因子1
CS3	与其他信贷产品相比，我对该产品更满意	0.842
CS4	使用该产品是个明智的选择	0.856
CS5	总体上我对该产品的体验感到满意	0.855
提取方法：主成分分析		

6. 外部环境氛围探索性因子分析

对于外部环境氛围变量，表4-21中的KMO值为0.898，处于适合做因子分析的水平。Bartlett's球形检验近似卡方值为869.438，统计值显著性为0.000。综合两者结果来看，外部环境氛围变量数据可以进行因子分析。

表4-21 外部环境氛围KMO样本检测与Bartlett's球形检验（N=213）

KMO取样适切性系数	0.898	
Bartlett's球形检验显著性	近似卡方	869.438
	自由度	15
	显著性	0.000

主成分分析法从外部环境氛围变量数据中提取出一个主成分因子，累计解释方差为71.448%（表4-22），超过60%的评判标准，因子具有代表性。在隶属于外部环境氛围的6个题项中，表4-23的成分矩阵结果显示，题项因子载荷分别为0.875、0.814、0.841、0.791、0.870与0.877，全部高于0.7。结果表明，外部环境氛围量表的区分效度较好，且设计的6个题项符合概念模型构想。

表4-22 外部环境氛围解释总变异量表（N=213）

因子	起始特征值			平方和负荷量萃取		
	总和	方差的%	累积%	总和	方差的%	累积%
1	4.287	71.448	71.448	4.287	71.448	71.448
2	0.490	8.159	79.607			
3	0.436	7.259	86.866			
4	0.332	5.533	92.398			

续表

因子	起始特征值			平方和负荷量萃取		
	总和	方差的%	累积%	总和	方差的%	累积%
5	0.248	4.132	96.530			
6	0.208	3.470	100.000			
提取方法：主成分分析						

表 4-23　外部环境氛围成分矩阵表（N=213）

题项编号	题项	因子 1
EEA1	国内互联网消费信贷的经济环境稳定	0.875
EEA2	使用互联网消费信贷产品已成为居民的一种日常习惯	0.814
EEA3	政府支持消费者理性使用该产品	0.841
EEA4	主流媒体对该产品持肯定态度	0.791
EEA5	我的家人/朋友/同事等支持我使用该产品	0.870
EEA6	市场中存在很多性价比高的同类信贷产品	0.877
提取方法：主成分分析		

7. 持续使用意愿探索性因子分析

持续使用意愿变量的 KMO 值超过了 0.9，表明分量表题项间具有较好的关系，非常适合进行因子分析。除此之外，Bartlett's 球形检验的近似卡方值为 1280.506，统计值显著性为 0.000（表 4-24）。

表 4-24　持续使用意愿 KMO 样本检测与 Bartlett's 球形检验（N=213）

KMO 取样适切性系数	0.906	
Bartlett's 球形检验显著性	近似卡方	1280.506
Bartlett's 球形检验显著性	自由度	15
	显著性	0.000

表 4-25 中展示了持续使用意愿的 6 个题项数据可以提取出一个主成分因子，累计解释方差为 63.653%，符合 60%的要求。在成分矩阵中（表 4-26），6 个题项的因子载荷分别为 0.816、0.806、0.805、0.803、0.798 与 0.758，全部

大于0.7，持续使用意愿量表的区分效度较好，且符合概念模型中持续使用意愿仅存在一个构面的设想。

表 4-25 持续使用意愿解释总变异量表（N=213）

因子	起始特征值			平方和负荷量萃取		
	总和	方差的%	累积%	总和	方差的%	累积%
1	3.819	63.653	63.653	3.819	63.653	63.653
2	0.519	8.652	72.305			
3	0.463	7.711	80.016			
4	0.445	7.417	87.433			
5	0.400	6.672	94.106			
6	0.354	5.894	100.000			
提取方法：主成分分析						

表 4-26 持续使用意愿成分矩阵表（N=213）

题项编号	题项	因子1
CI1	未来会继续使用这一产品	0.816
CI2	未来会增加这一产品的信贷消费金额或使用频率	0.806
CI3	我会尝试该产品扩增的新服务	0.805
CI4	我会尝试使用该品牌下的其他产品	0.803
CI5	当有同类消费信贷需求时，我会首先选择这一产品	0.798
CI6	我会向寻求意见的人推荐这一产品	0.758
提取方法：主成分分析		

8. 总量表探索性因子分析

在对每个变量分别进行探索性因子分析后，本书对总量表的所有题项进行了探索性因子分析，旨在进一步验证量表结构设计的合理性。表4-27与表4-28展现了总量表累计方差解释情况与旋转成分矩阵。概念模型中包括9个研究变量，而表4-27的结果显示共提取出9个主成分因子，累计解释方差为69.811%，符合要求。在采用最大方差法进行成分旋转后的旋转成分矩阵中可以发现，每个分量表题项的因子载荷都高于0.5，且与其他量表具有良好的区分效度，交叉载荷未超过0.4。故213份小样本调研数据以及量表题项通过了效度检验，可以开展后续调研工作。

表 4-27 总量表方差解释（N=213）

因子	起始特征值			平方和负荷量萃取			转轴平方和负荷量		
	总和	方差的%	累积%	总和	方差的%	累积%	总和	方差的%	累积%
1	15.274	31.172	31.172	15.274	31.172	31.172	6.02	12.285	12.285
2	4.634	9.457	40.63	4.634	9.457	40.63	4.438	9.057	21.342
3	3.398	6.935	47.564	3.398	6.935	47.564	4.061	8.288	29.63
4	2.564	5.232	52.796	2.564	5.232	52.796	4.043	8.251	37.882
5	2.496	5.094	57.891	2.496	5.094	57.891	3.611	7.37	45.252
6	1.725	3.521	61.412	1.725	3.521	61.412	3.46	7.061	52.312
7	1.561	3.185	64.597	1.561	3.185	64.597	3.135	6.399	58.711
8	1.373	2.802	67.399	1.373	2.802	67.399	2.765	5.643	64.354
9	1.182	2.412	69.811	1.182	2.412	69.811	2.674	5.458	69.811
10	0.825	1.684	71.496						
…	…	…	…						
提取方法：主成分分析									

表 4-28 总量表旋转成分矩阵表（N=213）

题项	因子								
	1	2	3	4	5	6	7	8	9
QPE1	0.165	-0.021	0.124	**0.778**	0.080	0.140	0.149	0.168	0.102
QPE2	0.167	0.010	0.048	**0.723**	0.075	0.037	0.161	0.176	0.181
QPE3	0.170	0.073	0.177	**0.604**	0.055	0.062	0.162	-0.010	0.219
QPE4	0.134	0.037	0.155	**0.648**	0.088	0.043	0.042	0.293	0.095
QPE5	0.136	-0.024	0.180	**0.778**	0.077	0.138	0.047	0.127	0.065
QPE6	0.108	-0.094	0.073	**0.726**	0.046	0.102	0.062	0.143	0.152

续表

题项	因子								
	1	2	3	4	5	6	7	8	9
QBE1	0. 152	0. 006	0. 127	0. 168	0. 114	−0. 043	0. 021	**0. 662**	0. 204
QBE2	0. 074	0. 123	0. 097	0. 229	0. 168	0. 137	0. 134	**0. 729**	0. 160
QBE3	0. 193	0. 128	0. 152	0. 247	0. 017	0. 094	0. 120	**0. 740**	0. 165
QBE4	0. 068	0. 075	0. 178	0. 229	0. 061	0. 074	0. 172	**0. 747**	0. 220
QTE1	0. 160	0. 056	0. 108	0. 240	0. 072	0. 125	0. 070	0. 194	**0. 760**
QTE2	0. 119	0. 061	0. 136	0. 246	0. 121	0. 006	0. 034	0. 301	**0. 699**
QTE3	0. 287	0. 034	0. 045	0. 275	0. 107	0. 139	0. 062	0. 130	**0. 696**
QTE4	0. 257	0. 059	0. 175	0. 121	−0. 035	0. 055	0. 202	0. 232	**0. 750**
CPR1	−0. 180	−0. 081	−0. 237	−0. 177	−0. 085	**−0. 748**	−0. 086	0. 081	−0. 021
CPR2	−0. 308	−0. 014	−0. 146	−0. 076	−0. 045	**−0. 652**	−0. 174	−0. 035	−0. 139
CPR3	−0. 326	−0. 088	−0. 175	−0. 032	−0. 111	**−0. 740**	0. 007	−0. 099	−0. 018
CPR4	−0. 152	−0. 103	−0. 127	−0. 137	−0. 052	**−0. 780**	−0. 110	−0. 074	−0. 073
CPR5	−0. 164	−0. 103	−0. 134	−0. 087	−0. 061	**−0. 794**	−0. 146	−0. 109	−0. 057
CCE1	**0. 825**	0. 041	0. 091	0. 080	0. 129	0. 100	0. 218	0. 139	0. 101
CCE2	**0. 751**	−0. 046	0. 108	0. 145	0. 105	0. 225	0. 085	0. 080	0. 170
CCE3	**0. 676**	−0. 029	0. 067	0. 117	0. 219	0. 258	0. 128	0. 202	0. 101
CCE4	**0. 799**	−0. 082	0. 162	0. 215	0. 095	0. 161	0. 081	0. 073	0. 059
CCE5	**0. 774**	0. 078	0. 127	0. 172	0. 103	0. 167	0. 091	0. 132	0. 126
CCE6	**0. 776**	−0. 034	0. 113	0. 066	0. 257	0. 098	0. 193	−0. 019	0. 054
CCE7	**0. 811**	−0. 022	0. 102	0. 123	0. 152	0. 174	0. 116	0. 053	0. 108
CCE8	**0. 769**	0. 053	0. 129	0. 170	0. 162	0. 134	0. 185	0. 026	0. 198
CMI1	0. 215	0. 123	0. 079	0. 094	**0. 765**	0. 063	0. 180	0. 028	0. 062
CMI2	0. 211	0. 047	0. 241	0. 148	**0. 774**	0. 024	0. 079	0. 019	0. 055
CMI3	0. 263	0. 058	0. 194	0. 060	**0. 701**	0. 080	0. 122	0. 080	0. 058
CMI4	0. 180	0. 163	0. 122	0. 058	**0. 737**	0. 080	0. 219	0. 119	0. 046

续表

题项	因子								
	1	2	3	4	5	6	7	8	9
CMI5	0.107	0.114	0.090	0.044	**0.831**	0.093	0.072	0.116	0.028
CS1	0.183	0.105	0.101	0.029	0.163	0.164	**0.715**	0.124	0.095
CS2	0.151	0.061	0.246	0.093	0.178	0.243	**0.603**	0.064	0.135
CS3	0.194	0.028	0.273	0.215	0.179	0.143	**0.682**	0.133	0.053
CS4	0.289	-0.003	0.253	0.198	0.191	0.057	**0.706**	0.059	0.063
CS5	0.222	0.048	0.292	0.206	0.097	0.009	**0.738**	0.111	0.046
EEA1	-0.030	**0.845**	0.130	0.053	0.135	0.073	0.001	0.062	0.064
EEA2	0.006	**0.820**	0.087	-0.041	-0.005	0.055	0.037	0.025	-0.137
EEA3	-0.056	**0.845**	0.052	-0.014	-0.010	0.014	0.072	0.003	0.068
EEA4	0.057	**0.785**	0.030	-0.007	0.014	0.108	0.046	0.056	0.042
EEA5	0.018	**0.847**	0.067	-0.061	0.191	0.052	0.013	0.052	0.093
EEA6	-0.032	**0.845**	0.150	0.059	0.161	0.039	0.029	0.084	0.053
CI1	0.118	0.172	**0.735**	0.127	0.071	0.183	0.111	0.127	0.098
CI2	0.134	0.115	**0.687**	0.309	0.059	0.229	0.188	0.103	0.018
CI3	0.170	0.173	**0.722**	0.058	0.222	0.091	0.180	0.123	0.128
CI4	0.090	0.077	**0.759**	0.088	0.215	0.178	0.141	0.069	0.094
CI5	0.152	0.098	**0.711**	0.106	0.166	0.122	0.209	0.111	0.118
CI6	0.154	0.037	**0.687**	0.205	0.093	0.137	0.235	0.120	0.038

四、检验结论

在正式调研前，通过预调研进行小样本收集与数据检验。结果表明，模型构建中的 9 个研究变量，即产品接触质量、品牌接触质量、技术接触质量、信贷感知风险、信贷期望确认、信贷动机强度、消费者满意度、持续使用意愿与外部环境氛围量表具有良好的信度与效度。调查问卷中所包含的 49 个题项可以很好地隶属于概念模型中所预设的变量因子，无须对问卷题项结构进行删减调整。因此在后续研究中，可以通过适量扩充样本容量，对概念模型开展实证研究。

五、本章小结

本章在开展正式调研之前，对问卷进行了前测分析，以通过数据检验来佐证量表设计内容与结构的合理性。调研对象限定于 18—60 岁具有互联网消费信贷产品使用经验的消费者群体，预调研共收集了 213 份有效问卷。对量表数据依次进行了描述性统计分析、信效度检验，结果显示调查问卷具有良好的信效度，无需进行题项删除、结构调整，用于正式调研的问卷得以形成。

第五章

数据分析

本章主要对正式调研涉及的数据收集过程、描述分析以及质量评估进行阐述。首先，对问卷数据收集以及样本分布情况进行描述，包括产品使用情况；其次，对样本数据进行正态性检验，以确保符合结构方程模型需求；再次，借助 AMOS 软件和 SPSS 软件对数据进行共同方法偏差检验、验证性因子分析、信效度检验以及多重共线性分析，确保问卷质量。

一、描述统计

问卷仍然主要采取网络方法填写的方式，调研对象覆盖 18 岁—60 岁且具有互联网消费信贷产品使用经历的消费者人群。本书借助作者和作者所在单位成员的社会关系，通过实地调研和访谈，委托老师、同学、朋友等渠道发放问卷链接与二维码，旨在覆盖多个行业、各个年龄段的消费者人群。本次问卷发放与数据收集在剔除题项答案重复率大于 80%以及填写时间少于 180 秒的不合格问卷后，得到有效问卷 688 份，样本量符合数据分析的条件。

（一）人口特征统计描述

对样本的人口特征进行描述性统计分析可以判断样本的代表性。表 5-1 的数据结果显示，男性样本仅比女性样本多 4 个，二者占比差异不大。在使用过互联网消费信贷产品的受访者中，处于“18—25”“26—30”“31—40”岁年龄段的人数均超过了 100 个，其中“26—30”岁年龄段的受访者最多，占比 32. 12%。大部分受访者是非城市户口，占比 55. 38%。688 份样本中有 71. 08%的消费者文化程度在大学本科及以上，69. 33%的消费者为已婚人士。在职业分布方面，公司/企业职工样本占比最高，为 38. 52%，其次为全日制学生（32. 56%）。81. 25%的受访者表示，个人月均收入处于 2000—9999 元水平。在地区分布方面，源于东部地区与西部地区的受访者最多，分别占比 38. 08%与 34. 45%。依据地区省份数量计算出的样本数量均值依次为 28（东北地区）、

29.11（东部地区）、22.17（中部地区）与23.70（西部地区）①，样本间的地区差异较小。

从人口统计特征分布情况来看，问卷所设置的每个选项下均有样本存在，较预调研样本数量相比有明显增长，说明正式调研的样本具有一定代表性。

表 5-1 大样本人口统计特征信息（N=688）

统计指标		频数	百分比（%）
性别	男	346	50.29
	女	342	49.71
年龄	18—25	215	31.25
	26—30	221	32.12
	31—40	149	21.66
	41—50	88	12.79
	51—60	15	2.18
户口类型	城市户口	307	44.62
	非城市户口	381	55.38
文化程度	高中及以下	98	14.24
	中专/职高/大专/高职	101	14.68
	大学本科	329	47.82
	研究生及以上	160	23.26
婚姻状况	未婚	211	30.67
	已婚	477	69.33
职业类型	全日制学生	224	32.56
	公司/企业职工	265	38.52
	机关/事业单位职员	79	11.48
	个体经营者/私营业主	46	6.68
	自由职业者	67	9.74

① 为保持一致，正式调研样本中也不包括来自吉林省、海南省、新疆维吾尔自治区与西藏自治区的数据。

续表

统计指标		频数	百分比（%）
职业类型	其他	7	1.02
月均收入	2000 元以下	65	9.45
	2000—4999 元	297	43.17
	5000—9999 元	262	38.08
	10000—19999 元	52	7.56
	20000 元及以上	12	1.74
地区分布	东北地区	56	8.14
	东部地区	262	38.08
	中部地区	133	19.33
	西部地区	237	34.45

（二）产品使用情况描述

在人口统计特征分析的基础上，进一步对产品使用情况进行描述性分析，以保证每种类型的互联网消费信贷产品下都有样本。如图 5-1 所示，在收集的 688 份有效样本中，选择互联网受托支付式产品的样本有 364 份。与预调研分布情况大致相同，选择蚂蚁花呗、京东白条的样本更多，分别为 23%与 12%。在提供的选项中，仅有 6 份样本选择了其他产品。

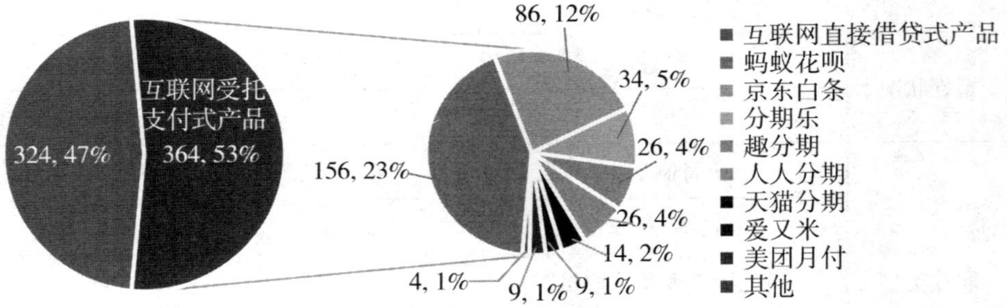

图 5-1　互联网消费信贷产品使用情况

图 5-2 的结果与预调研情况有所差异，在本次收集的 688 份样本中，产品使用时间占比最高的是“6—12 月”，其次为“2—6 个月”，使用时间超过 12 个月或者 1 个月及以下的样本占比为 22%。大部分互联网消费信贷产品的消费群

体对产品的使用都处于 2—12 个月，一定程度上代表了样本普遍拥有较高的用户涉入度，但用户黏性还有待探讨。图 5-3 展现了互联网消费信贷产品月均消费金额分布情况，44%的受访者月均消费金额在“5000—9999 元”这一水平，其次占比更低的是“2000—4999 元”与“2000 元以下”选项。这说明在互联网消费信贷市场中，大部分消费者的月均信贷金额都低于 10000 元，符合受访者职业分布情况与收入水平分布情况。在选择互联网消费信贷产品的可用时间方面，如图 5-4 所示，认为时间充足或者非常充足的样本数量明显多于其他选项的样本，占比 46.51%，接近二分之一。

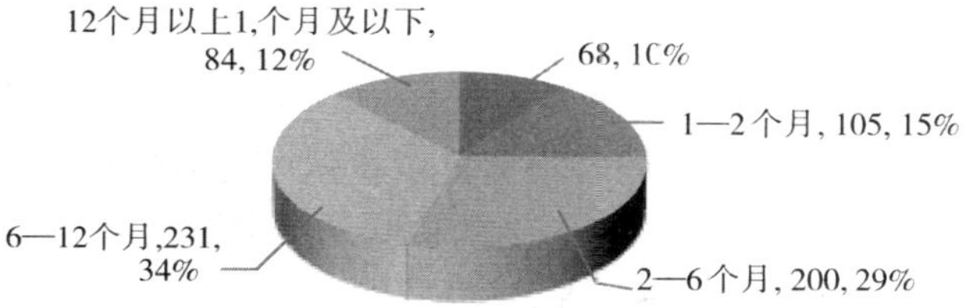

图 5-2　互联网消费信贷产品使用时间分布

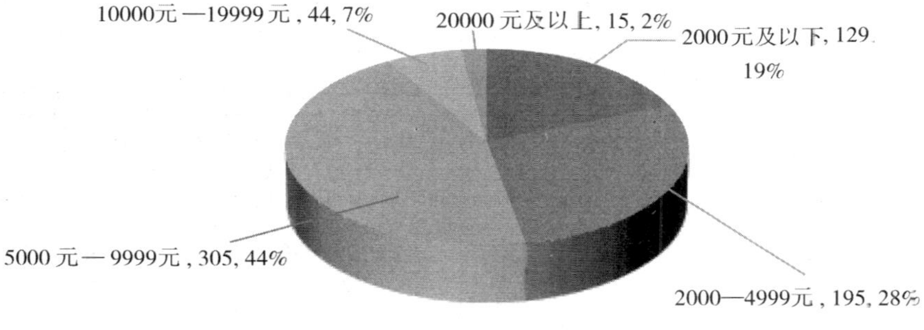

图 5-3　互联网消费信贷产品月均消费金额情况

从产品使用情况的样本分布情况来看，题项设置的每个选项下也均有样本存在，与预调研情况存在差异但差异较小，说明正式样本在人口统计特征分布与产品使用情况均具有代表性，可以进行后续实证研究。

（三）测量题项统计描述

由于本书采用极大似然估计法（Maximum Likelihood Estimation）对样本数据进行参数估计，为保证参数估计结果可信且正确，样本需满足最低容量需求

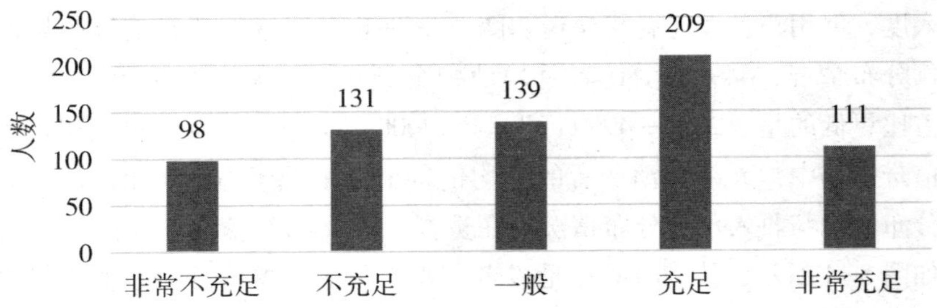

图 5-4　互联网消费信贷产品选择可用时间

且样本数据符合正态分布条件。本书采用 Ghiselli 等人提出的评判标准①对样本数据的偏度与峰度进行分析，即每一测量题项偏度绝对值小于 2，峰度小于 5 时，样本数据符合正态分布。由表 5-2 的检验结果可知，49 个题项偏度的最大绝对值为 0.917，峰度的最大绝对值为 1.038，均小于判断标准，说明正式调研的 688 份问卷样本数据基本符合正态分布，可进行结构方程模型分析。

表 5-2　大样本正态性检验结果

题项编号	N	最小值	最大值	平均数	标准差	偏度		峰度	
	统计值	统计值	统计值	统计值	统计值	统计值	标准误	统计值	标准误
QPE1	688	1	5	3.576	1.161	-0.791	0.093	-0.082	0.186
QPE2	688	1	5	3.576	1.034	-0.413	0.093	-0.277	0.186
QPE3	688	1	5	3.549	1.181	-0.613	0.093	-0.387	0.186
QPE4	688	1	5	3.669	1.172	-0.741	0.093	-0.262	0.186
QPE5	688	1	5	3.568	1.109	-0.635	0.093	-0.077	0.186
QPE6	688	1	5	3.804	1.135	-0.880	0.093	0.167	0.186
QBE1	688	1	5	3.683	1.157	-0.567	0.093	-0.421	0.186
QBE2	688	1	5	3.746	1.164	-0.528	0.093	-0.625	0.186
QBE3	688	1	5	3.798	1.093	-0.505	0.093	-0.552	0.186
QBE4	688	1	5	3.792	1.105	-0.685	0.093	-0.153	0.186

① GHISELLI E E, CAMPBELL J P, ZEDECK S. Measurement Theory for the Behavioral Sciences [M]. San Francisco, California: W. H. Freeman and Co., 1981: 11.

续表

题项编号	N	最小值	最大值	平均数	标准差	偏度		峰度	
	统计值	统计值	统计值	统计值	统计值	统计值	标准误	统计值	标准误
QTE1	688	1	5	3.349	1.199	−0.280	0.093	−0.792	0.186
QTE2	688	1	5	3.392	1.177	−0.203	0.093	−0.792	0.186
QTE3	688	1	5	3.331	1.137	−0.157	0.093	−0.786	0.186
QTE4	688	1	5	3.568	1.164	−0.402	0.093	−0.728	0.186
CPR1	688	1	5	3.464	1.239	−0.368	0.093	−0.867	0.186
CPR2	688	1	5	3.314	1.122	−0.039	0.093	−0.904	0.186
CPR3	688	1	5	3.391	1.265	−0.286	0.093	−0.981	0.186
CPR4	688	1	5	3.605	1.176	−0.368	0.093	−0.892	0.186
CPR5	688	1	5	3.533	1.237	−0.345	0.093	−0.986	0.186
CCE1	688	1	5	3.674	1.113	−0.412	0.093	−0.705	0.186
CCE2	688	1	5	3.656	1.177	−0.435	0.093	−0.817	0.186
CCE3	688	1	5	3.631	1.045	−0.361	0.093	−0.466	0.186
CCE4	688	1	5	3.519	1.083	−0.245	0.093	−0.722	0.186
CCE5	688	1	5	3.606	1.073	−0.479	0.093	−0.351	0.186
CCE6	688	1	5	3.458	1.154	−0.068	0.093	−1.038	0.186
CCE7	688	1	5	3.586	1.092	−0.348	0.093	−0.617	0.186
CCE8	688	1	5	3.512	1.143	−0.260	0.093	−0.932	0.186
CMI1	688	1	5	3.730	1.141	−0.466	0.093	−0.785	0.186
CMI2	688	1	5	3.619	1.081	−0.379	0.093	−0.581	0.186
CMI3	688	1	5	3.570	1.069	−0.333	0.093	−0.629	0.186
CMI4	688	1	5	3.653	1.107	−0.541	0.093	−0.406	0.186
CMI5	688	1	5	3.516	1.141	−0.160	0.093	−0.965	0.186
CS1	688	1	5	3.323	1.275	−0.237	0.093	−0.922	0.186
CS2	688	1	5	3.494	1.151	−0.339	0.093	−0.737	0.186
CS3	688	1	5	3.689	1.257	−0.597	0.093	−0.749	0.186

续表

题项编号	N	最小值	最大值	平均数	标准差	偏度		峰度	
	统计值	统计值	统计值	统计值	统计值	统计值	标准误	统计值	标准误
CS4	688	1	5	3.612	1.231	-0.468	0.093	-0.787	0.186
CS5	688	1	5	3.834	1.159	-0.697	0.093	-0.449	0.186
EEA1	688	1	5	3.493	1.129	-0.663	0.093	-0.297	0.186
EEA2	688	1	5	3.580	1.137	-0.473	0.093	-0.528	0.186
EEA3	688	1	5	3.602	1.045	-0.390	0.093	-0.563	0.186
EEA4	688	1	5	3.596	1.095	-0.489	0.093	-0.329	0.186
EEA5	688	1	5	3.679	1.156	-0.570	0.093	-0.499	0.186
EEA6	688	1	5	3.843	1.069	-0.917	0.093	0.346	0.186
CI1	688	1	5	3.500	1.206	-0.314	0.093	-0.917	0.186
CI2	688	1	5	3.387	1.129	-0.131	0.093	-0.848	0.186
CI3	688	1	5	3.512	1.254	-0.391	0.093	-0.911	0.186
CI4	688	1	5	3.427	1.188	-0.252	0.093	-0.866	0.186
CI5	688	1	5	3.642	1.180	-0.394	0.093	-0.928	0.186
CI6	688	1	5	3.664	1.178	-0.451	0.093	-0.827	0.186

二、信度检验

在确定样本具有代表性，适合进行结构方程分析后，还需要对样本数据进行质量评估。依据前测分析，对问卷数据质量分别进行信效度分析，测量方法与评价标准保持一致。

正式调研过程沿用 Likert 5 级量表，在信度检验中采用修正后的项目相关（CITC）与 Cronbach's α 系数作为测量量表的信度指标，一个信度良好的量表需要满足修正后的项目相关（CITC）大于 0.5，且 Cronbach's α 系数大于 0.7。

表 5-3 展示了整体量表的可靠性分析结果，对于 49 个题项构成的量表，Cronbach's α 系数为 0.905，接近于 1，代表正式量表的 49 个题项拥有非常理想的内部一致性。

表 5-3 大样本量表可靠性统计分析（N=688）

Cronbach's α	题项数目
0. 905	49

运用 SPSS 软件的可靠性分析对分量表的信度进行检验，结果如表 5-4 所示。对比每一题项的“删除该题项后 Cronbach's α”与分量表 Cronbach's α 系数值可以发现，49 个题项的系数值均高于 0.7，每一题项的“删除该题项后 Cronbach's α”值均小于所属分量表的 Cronbach's α 系数值，说明整体上量表具有良好的信度。

表 5-4 大样本信度检验结果（N=688）

变量	题项编号	平均值	标准差	修正后的项目相关（CITC）	删除该题项后 Cronbach's α	Cronbach's α
产品接触质量	QPE1	3. 576	1. 161	0. 738	0. 803	0. 849
	QPE2	3. 576	1. 034	0. 615	0. 828	
	QPE3	3. 549	1. 181	0. 576	0. 835	
	QPE4	3. 669	1. 172	0. 583	0. 834	
	QPE5	3. 568	1. 109	0. 654	0. 820	
	QPE6	3. 804	1. 135	0. 635	0. 824	
品牌接触质量	QBE1	3. 683	1. 157	0. 616	0. 820	0. 839
	QBE2	3. 746	1. 164	0. 652	0. 804	
	QBE3	3. 798	1. 093	0. 686	0. 789	
	QBE4	3. 792	1. 105	0. 733	0. 768	
技术接触质量	QTE1	3. 349	1. 199	0. 688	0. 759	0. 824
	QTE2	3. 392	1. 177	0. 604	0. 798	
	QTE3	3. 331	1. 137	0. 617	0. 792	
	QTE4	3. 568	1. 164	0. 685	0. 761	
信贷感知风险	CPR1	3. 464	1. 239	0. 708	0. 832	0. 865
	CPR2	3. 314	1. 122	0. 618	0. 853	
	CPR3	3. 391	1. 265	0. 716	0. 830	

续表

变量	题项编号	平均值	标准差	修正后的项目相关（CITC）	删除该题项后 Cronbach's α	Cronbach's α
信贷感知风险	CPR4	3.605	1.176	0.682	0.838	0.865
	CPR5	3.533	1.237	0.710	0.831	
信贷期望确认	CCE1	3.674	1.113	0.831	0.914	0.929
	CCE2	3.656	1.177	0.774	0.919	
	CCE3	3.631	1.045	0.700	0.924	
	CCE4	3.519	1.083	0.756	0.920	
	CCE5	3.606	1.073	0.744	0.921	
	CCE6	3.458	1.154	0.753	0.920	
	CCE7	3.586	1.092	0.755	0.920	
	CCE8	3.512	1.143	0.740	0.921	
信贷动机强度	CMI1	3.730	1.141	0.710	0.824	0.861
	CMI2	3.619	1.081	0.671	0.834	
	CMI3	3.570	1.069	0.659	0.837	
	CMI4	3.653	1.107	0.640	0.841	
	CMI5	3.516	1.141	0.712	0.823	
消费者满意度	CS1	3.323	1.275	0.618	0.804	0.833
	CS2	3.494	1.151	0.540	0.824	
	CS3	3.689	1.257	0.601	0.809	
	CS4	3.612	1.231	0.702	0.779	
	CS5	3.834	1.159	0.709	0.779	
外部环境氛围	EEA1	3.580	1.137	0.673	0.872	0.887
	EEA2	3.602	1.045	0.682	0.871	
	EEA3	3.596	1.095	0.625	0.879	
	EEA4	3.679	1.156	0.718	0.865	
	EEA5	3.843	1.069	0.755	0.859	
	EEA6	3.576	1.161	0.738	0.803	

续表

变量	题项编号	平均值	标准差	修正后的项目相关（CITC）	删除该题项后 Cronbach's α	Cronbach's α
持续使用意愿	CI1	3. 500	1. 206	0. 691	0. 859	0. 880
	CI2	3. 387	1. 129	0. 622	0. 870	
	CI3	3. 512	1. 254	0. 710	0. 856	
	CI4	3. 427	1. 188	0. 694	0. 858	
	CI5	3. 642	1. 180	0. 706	0. 856	
	CI6	3. 664	1. 178	0. 701	0. 857	

三、效度检验

本书在量表设计过程中借鉴参考了国内外代表性实证文献，并通过实地访谈等措施保证问卷内容符合本书应用场景，并能充分反映测量内容。在前测分析中，已通过 KMO 样本检测与 Bartlett's 球形检验、探索性因子分析对问卷效度进行了检验，结果进一步保证了问卷量表测量内容与结构的合理性、稳定性。因此，在正式量表的效度分析过程中，主要进行结构效度检验，而结构效度检验又分为聚合效度和区分效度，通过验证性因子分析得以实现。

（一）结构效度

由于问卷调查研究中每一份调查问卷数据都由同一受访者填写，为避免人为共变导致的共同方法偏差（Common Method Variance，CMV），本书对问卷数据采取了程序控制与统计控制措施①，通过匿名调研以及减少测量题项的模糊性，如平衡问卷题项的顺序效应、避免模棱两可的题项对数据来源进行控制。通过对比一阶多因子结构模型与一阶单因子结构模型的验证性因子分析结果②，结合探索性因子分析结果进行共同方法偏差检验，最终确定概念模型结构。

---

① PODSAKOFF P M, MACKENZIE S B, PODSAKOFF N. Sources of Method Bias in Social Science Research and Recommendations on How to Control It [J]. Social Science Electronic Publishing, 2012, 63 (1): 539-569; 周浩，龙立荣. 共同方法偏差的统计检验与控制方法 [J]. 心理科学进展，2004 (6): 942-950.

② PODSAKOFF P M, MACKENZIE S B, LEE J Y. Common Method Biases in Behavioral Research: A Critical Review of the Literature and Recommended Remedies [J]. Journal of Applied Psychology, 2003, 88 (5): 879-903.

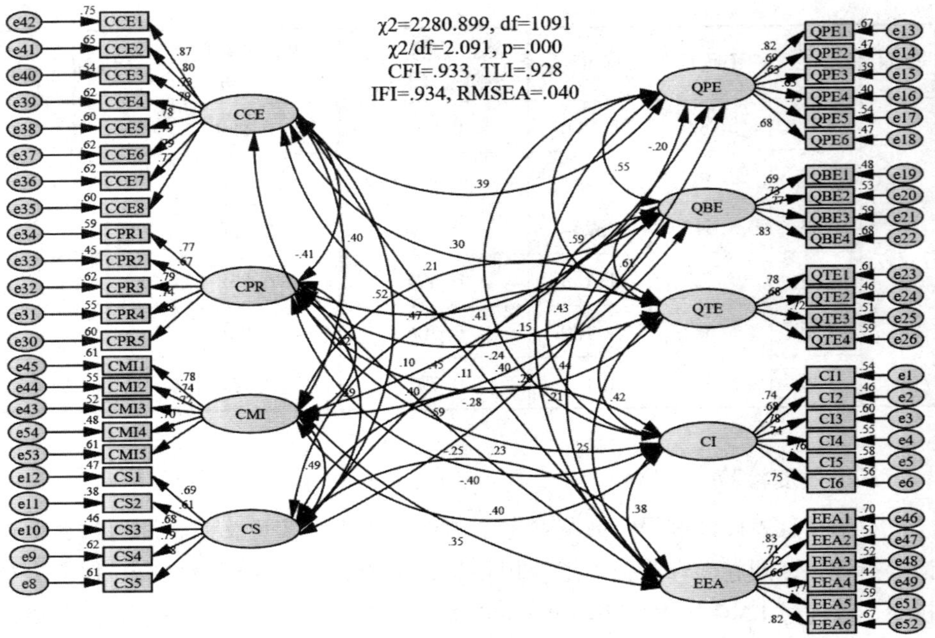

图 5-5　一阶多因子验证性因子分析路径图

为了保证整体模型中的适用性，本书对包含 49 个题项的总量表也分别进行了一阶多因子验证性因子分析与一阶单因子验证性因子分析，如图 5-5、图 5-6 所示。对一阶多因子验证性因子分析而言，其适配指标数据分别为 x^2 = 2280. 899，df = 1091，x^2/df = 2. 091，CFI = 0. 933，TLI = 0. 928，IFI = 0. 934，RMSEA = 0. 040，通过验证。

表 5-5　共同方法偏差检验结果-验证性因子分析比较

模型	x^2/df	CFI	TLI	IFI	RMSEA	Δ x^2	Δ df	P
多因子	2. 091	0. 933	0. 928	0. 934	0. 040	9190. 943	36	0. 000
单因子	10. 179	0. 420	0. 394	0. 421	0. 116			

图 5-6 为单因子验证性因子分析路径图，可以发现，大部分题项的因子载荷在 0. 4—0. 7 区间范围内，而外部环境氛围题项的因子载荷则全部低于 0. 35，说明存在数据适配问题。通过进一步对比图 5-5、图 5-6 所指代的结构模型适配指标数据，得到表 5-5。可以发现，多因子验证性因子分析下的数据与模型拟合度较好，而单因子模型则不能很好地拟合样本数据。而多因子验证性因子

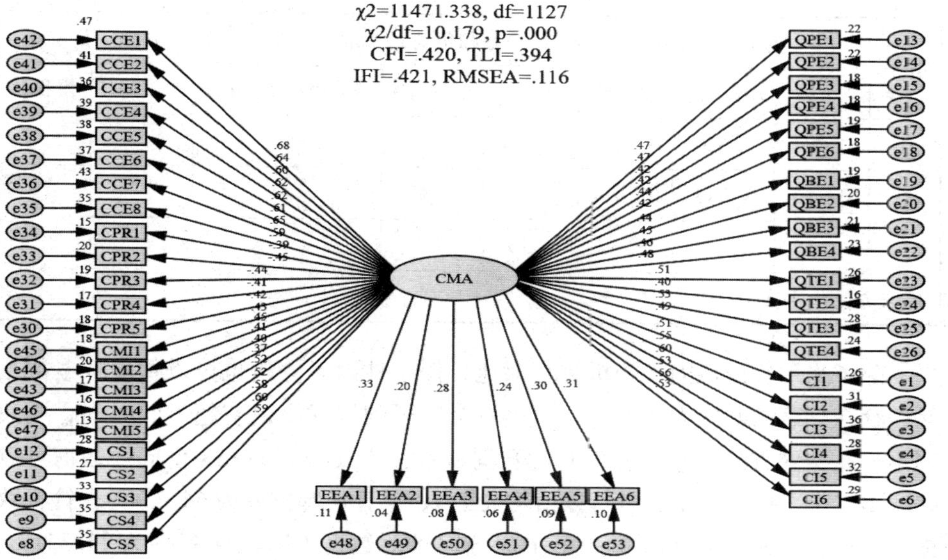

图 5-6 一阶单因子验证性因子分析路径图

模型和单因子验证性因子模型之间的卡方差 $\Delta x^2 = 9190.943$，自由度差 $\Delta df = 36$，显著水平 $P<0.001$，说明样本数据没有显著的共同方法偏差存在。

表 5-6 大样本总解释方差（N=688）

因子	起始特征值			平方和负荷量萃取			转轴平方和负荷量		
	总和	方差的%	累积%	总和	方差的%	累积%	总和	方差的%	累积%
1	12.484	25.477	25.477	12.484	25.477	25.477	5.562	11.351	11.351
2	4.154	8.477	33.954	4.154	8.477	33.954	3.952	8.066	19.417
3	3.801	7.758	41.712	3.801	7.758	41.712	3.770	7.695	27.112
4	2.665	5.438	47.150	2.665	5.438	47.150	3.627	7.403	34.515
5	2.345	4.787	51.936	2.345	4.787	51.936	3.358	6.853	41.367
6	1.952	3.983	55.920	1.952	3.983	55.920	3.314	6.762	48.130
7	1.590	3.245	59.165	1.590	3.245	59.165	2.866	5.849	53.978
8	1.412	2.882	62.047	1.412	2.882	62.047	2.730	5.572	59.550
9	1.327	2.707	64.754	1.327	2.707	64.754	2.550	5.204	64.754

续表

因子	起始特征值			平方和负荷量萃取			转轴平方和负荷量		
	总和	方差的%	累积%	总和	方差的%	累积%	总和	方差的%	累积%
10	0.794	1.620	66.374						
11	0.756	1.543	67.917						
…	…	…	…						
提取方法：主成分分析									

除了采用验证性因子分析进行对比，探索性因子分析也可以检验样本数据是否存在显著的共同方法偏差。当第一个因子的解释率没有超过50%时，则表明不存在共同方法偏差。表5-6的数据显示，正式调研的688份问卷数据可以提取出9个主成分因子，且特征值均大于1，累计解释方差为64.754%，符合数据运算质量要求。其中，第一个主成分因子对数据方差的解释率为11.351%，前三个主成分因子的累计解释方差也仅为27.112%，说明样本数据确实不存在显著的共同方法偏差。通过层层对比分析与检验，样本数据具有较好的结构信度。

（二）聚合效度

聚合效度旨在反映影响同一潜变量的各个观察变量间的相关程度，相关程度越高，说明这些变量可测量同一个潜变量。本书采用验证性因子分析对各潜变量进行聚合效度检验，根据每一观测题项的标准化载荷、量表的组合信度（Composite Reliability，CR）和平均萃取变异量（Average Variance Extracted，AVE）来判别量表效度，结果如表5-7所示。量表各题项的标准化载荷最小值为0.612，大于0.5这一阈值；量表组合信度最小值0.825，说明各组合信度均大于0.7的判断标准。除了产品接触质量，各维度的AVE值均大于0.5，而产品接触质量维度的AVE值为0.492，也接近判别阈值0.5，同时其所属的6个题项因子载荷均超过0.5，因此依然保留产品接触质量维度。① 整体的聚合效度检验结果显示，量表中的各观察变量能显著影响所对应的潜变量，量表具有良好的效度。

① 邱皓政．结构方程模型的原理与应用［M］．北京：中国轻工业出版社，2009.

表 5-7 量表组合信度与平均方差萃取值（N=688）

变量	题项	非标准化系数	标准化系数	组合信度 CR 值	平均方差萃取 AVE 值
产品接触质量	QPE1	1.000	0.821	0.852	0.492
	QPE2	0.747	0.688		
	QPE3	0.777	0.627		
	QPE4	0.778	0.633		
	QPE5	0.854	0.734		
	QPE6	0.816	0.685		
品牌接触质量	QBE1	1.000	0.691	0.841	0.571
	QBE2	1.062	0.729		
	QBE3	1.050	0.768		
	QBE4	1.143	0.827		
技术接触质量	QTE1	1.000	0.778	0.825	0.543
	QTE2	0.856	0.679		
	QTE3	0.873	0.717		
	QTE4	0.958	0.768		
信贷感知风险	CPR1	0.991	0.769	0.866	0.564
	CPR2	0.785	0.673		
	CPR3	1.039	0.789		
	CPR4	0.906	0.741		
	CPR5	1.000	0.777		
信贷期望确认	CCE1	1.090	0.865	0.938	0.627
	CCE2	1.071	0.804		
	CCE3	0.868	0.733		
	CCE4	0.965	0.787		
	CCE5	0.941	0.776		
	CCE6	1.025	0.785		

续表

变量	题项	非标准化系数	标准化系数	组合信度 CR 值	平均方差萃取 AVE 值
信贷期望确认	CCE7	0.972	0.787	0.938	0.627
	CCE8	1.000	0.773		
信贷动机强度	CMI1	1.000	0.779	0.861	0.554
	CMI2	0.906	0.745		
	CMI3	0.867	0.720		
	CMI4	0.868	0.696		
	CMI5	1.001	0.779		
消费者满意度	CS1	0.962	0.686	0.837	0.509
	CS2	0.776	0.612		
	CS3	0.943	0.682		
	CS4	1.069	0.789		
	CS5	1.000	0.784		
外部环境氛围	EEA1	1.000	0.834	0.888	0.570
	EEA2	0.859	0.712		
	EEA3	0.802	0.723		
	EEA4	0.771	0.663		
	EEA5	0.940	0.766		
	EEA6	0.929	0.818		
持续使用意愿	CI1	1.000	0.737	0.880	0.551
	CI2	0.864	0.681		
	CI3	1.096	0.778		
	CI4	0.994	0.744		
	CI5	1.012	0.763		
	CI6	0.988	0.746		

（三）区分效度

问卷中的每个观察变量应具有明显的差异程度，旨在测量不同内容。区分效度便是检验不同潜变量的各个观察变量间的相关程度，相关程度越低，表明观察变量存在明显差异，区别效度越高。区分效度的检验标准是各个潜变量平均萃取方差率（AVE 值）的平方根需要大于该潜变量和其他潜变量之间的标准化相关系数，则意味着区分效度良好。表 5-8 的区分效度检验结果显示，9 个变量的平均萃取方差率（AVE 值）的平方根均处于 0.7—0.8 区间范围，且均大于与其他 8 个变量的标准化相关系数值，这说明本书的所有潜变量均具有良好的区分效度。

表 5-8 区分效度检验结果（N=688）

变量	QPE	QBE	QTE	CPR	CCE	CMI	CS	EEA	CI
QPE	**0.701**								
QBE	0.551	**0.755**							
QTE	0.586	0.611	**0.737**						
CPR	−0.203	−0.240	−0.279	**0.751**					
CCE	0.392	0.304	0.410	−0.407	**0.792**				
CMI	0.104	0.204	0.210	−0.220	0.397	**0.745**			
CS	0.443	0.452	0.471	−0.392	0.516	0.493	**0.714**		
EEA	0.146	0.214	0.247	−0.253	0.105	0.351	0.231	**0.755**	
CI	0.401	0.434	0.420	−0.403	0.404	0.396	0.590	0.379	**0.742**

四、相关性分析

由于后文需要对变量进行结构方程模型与分层回归分析，在进行假设检验前还需要对各研究变量之间的相关性与多重共线性进行检验。在进行检验前，需要对问卷收集的题项数据进行标准化、中心化处理得到新的 9 组研究变量数据，加上 10 组控制变量信息数据，重新构成数据矩阵，用于相关性分析、多重共线性检验以及分层回归分析。

本书采用 Pearson 系数法对模型中各变量的相关程度进行检验，探讨产品接触质量、品牌接触质量、技术接触质量、信贷感知风险、信贷期望确认、信贷动机强度、消费者满意度、持续使用意愿以及外部环境氛围之间是否存在较强的相关程度。检验结果依据两两变量之间的积差相关系数显著性 P 值进行判别，如果 $P<0.05$，则两个变量显著相关；如果 $P>0.05$，则两个变量不显著相关。

表 5-9 陈列了各研究变量由问卷数据得出的题项均值与标准差。产品接触质量、品牌接触质量、技术接触质量、信贷感知风险、信贷期望确认、信贷动机强度、消费者满意度、持续使用意愿以及外部环境氛围的均值分别为 3.624、3.755、3.410、3.461、3.580、3.517、3.590、3.522 与 3.632，标准差分别为 0.856、0.928、0.946、0.975、0.908、0.888、0.941、0.940 与 0.884。从相关性检验结果来看，信贷期望确认与产品接触质量、信贷感知风险的相关系数为 0.355、-0.374。系数均通过了显著性水平为 5%的检验，说明信贷期望确认与产品接触质量、信贷感知风险具有显著的相关性。对于消费者满意度而言，与产品接触质量、品牌接触质量、技术接触质量、信贷感知风险、信贷期望确认、信贷动机强度的 Pearson 相关系数分别为 0.377、0.390、0.398、-0.346、0.462 和 0.432，也均通过 5%显著水平的显著性检验，6 个变量与消费者满意度存在显著的相关性，其中仅有信贷感知风险与消费者满意度是显著的负相关。产品接触质量、品牌接触质量、技术接触质量、信贷感知风险、信贷动机强度、消费者满意度与持续使用意愿之间的 Pearson 相关系数分别为 0.363、0.375、0.355、-0.352、0.366、0.345 和 0.515，系数均已通过了显著水平为 5%的显著性检验，存在显著的相关性。

表 5-9 Pearson 相关性分析

	均值	标准差	产品接触质量	品牌接触质量	技术接触质量	信贷感知风险	信贷期望确认	信贷动机强度	消费者满意度	持续使用意愿	外部环境氛围
产品接触质量	3. 624	0. 856	1. 000								
品牌接触质量	3. 755	0. 928	. 471**	1. 000							
技术接触质量	3. 410	0. 946	. 492**	. 514**	1. 000						
信贷感知风险	3. 461	0. 975	–. 174**	–. 209**	–. 236**	1. 000					
信贷期望确认	3. 580	0. 908	. 355**	. 272**	. 353**	–. 374**	1. 000				
信贷动机强度	3. 617	0. 888	. 099**	. 187**	. 187**	–. 207**	. 358**	1. 000			
消费者满意度	3. 590	0. 941	. 377**	. 390**	. 398**	–. 346**	. 462**	. 432**	1. 000		
持续使用意愿	3. 522	0. 940	. 363**	. 375**	. 355**	–. 352**	. 366**	. 345**	. 515**	1. 000	
外部环境氛围	3. 632	0. 884	. 129**	. 176**	. 208**	–. 215**	. 093*	. 301**	. 210**	. 326**	1. 000

注：**. 在 0.01 水平（双侧）上显著相关；*. 在 0.05 水平（双侧）上显著相关。

五、多重共线性检验

在进行回归分析中，若构建模型变量间存在显著的共线性水平，则得出的影响系数可能存在偏差①，本书采用方差膨胀因子法（Variance Inflation Factor）对自变量进行多重共线性检验。当 VIF 大于 5 时，表明变量间存在多重共线性。在本书构建的概念模型中，以消费者满意度为因变量时，所包含的自变量有产品接触质量、品牌接触质量、技术接触质量、信贷感知风险、信贷期望确认、信贷动机强度；以持续使用意愿为因变量时，自变量包括产品接触质量、品牌接触质量、技术接触质量、信贷感知风险、信贷动机强度与消费者满意度，由此开展了两次多重共线性评估过程。为了考察外部环境氛围对模型的影响，在多重共线性检验中，也将外部环境氛围变量分别加入两次多重共线性评估回归中。

表 5-10　多重共线性检验-VIF 值

自变量	因变量	
	消费者满意度	持续使用意愿
产品接触质量	1. 518	1. 500
品牌接触质量	1. 514	1. 544
技术接触质量	1. 611	1. 607
信贷感知风险	1. 224	1. 177
信贷期望确认	1. 477	—
信贷动机强度	1. 268	1. 318
外部环境氛围	1. 171	1. 153
消费者满意度	—	1. 613

根据表 5-10 数据，最大的 VIF 值为 1. 613，远低于 5 这一判别阈值，因此本书所选择的自变量之间不存在多重共线性，具备进行分层回归的基本条件。

① HAIR J F, HULT G T M, RINGLE C M, et al. Mirror, Mirror on the Wall: A Comparative Evaluation of Composite-Based Structural Equation Modeling Methods [J]. Journal of the Academy of Marketing Science, 2017, 45 (5): 616-632.

六、本章小结

在前期概念模型构建与前测分析的基础上，本章节首先通过描述统计证明所收集的688份样本数据具有一定的代表性。然后运用SPSS软件与AMOS软件分别对样本数据进行信效度分析，通过对一阶多因子结构与一阶单因子结构的拟合结果，确定了本书所构建的概念模型的合理性。信效度检验结果显示，样本数据具有良好的信度、结构效度、聚合效度与区分效度，同时也通过了相关性检验与多重共线性检验，可以通过结构方程模型与分层回归分析进行研究假设的验证。

第六章

设计检验

本章节对收集到的且具备良好信效度的688份问卷数据进行实证分析，对第三章互联网消费信贷产品持续使用意愿概念模型的18个研究假设进行检验。由于概念模型中包括多个中介变量，因此本书在对概念模型进行结构方程模型分析时将分步骤进行。首先，通过结构方程模型对概念模型中的单一路径进行分析。其次，通过结构方程模型对概念模型提及的研究变量关系模型进行全模型检验，决定研究假设是否成立。然后逐步分析因变量与自变量之间的作用路径，即直接作用与间接作用的比较，以验证中介效应的显著性与所占比重。随后，基于本书设定的分组变量对模型的稳健性进行检验，并探讨了不同产品类型下的影响因素重要性。最后，运用分层回归法对外部环境氛围在概念模型中充当的调节变量角色进行探讨分析。

一、结构方程模型分析

通过对样本数据进行质量检验，结果表明样本数据适用于结构方程模型。结构方程模型可以直接体现概念模型路径系数的大小与显著性，操作更为简便。同时，由于本书构建的概念模型数据源于问卷题项数据，为避免均值化处理带来的结果偏差，因此在对概念模型的研究假设进行验证时，本书采用结构方程模型进行路径分析。组合的概念模型可以被拆分为多个结构，研究变量之间的单一路径分析能够提前筛选出不显著的影响路径，为全模型检验提供必要支撑。因此，在进行全模型检验之前，本书先对每一影响因素对因变量的影响结果进行数据分析。

（一）单路径检验

本书构建的概念模型为多重平行中介结构，依据因变量的不同可以将模型划分为四个部分：信贷期望确认对产品接触质量的影响、信贷期望确认对信贷感知风险的影响、各变量对消费者满意度的直接影响、各变量对持续使用意愿的直接影响。本书运用结构方程模型依次对单路径进行显著性检验。

1. 信贷期望确认对产品接触质量与信贷感知风险的影响作用

由于产品接触质量与技术接受模型中的感知有用性存在相似关系，基于文献梳理结果，本书假设信贷期望确认会对产品接触质量产生正向的影响（H1），即消费者的信贷期望确认程度能够反映在消费者对产品质量的接触感知质量上。同时，由于进行信贷期望确认的消费者具有产品使用经验，信贷期望确认程度越高，说明消费者的期望得到了更高的满足，加强了对产品信息的熟悉度，从而降低感知不确定性，降低信贷感知风险，因此本书假设信贷期望确认会同时对信贷感知风险存在负向影响（H2）。本书率先对这两条路径进行检验分析。经过相关性分析可以得知信贷期望确认与产品接触质量、信贷感知风险之间呈现显著的相关关系，因此将信贷期望确认作为自变量，产品接触质量、信贷感知风险为因变量，分别进行结构方程模型分析。图 6-1、图 6-2 展现了信贷期望确认与产品接触质量、信贷感知风险的影响关系结果。

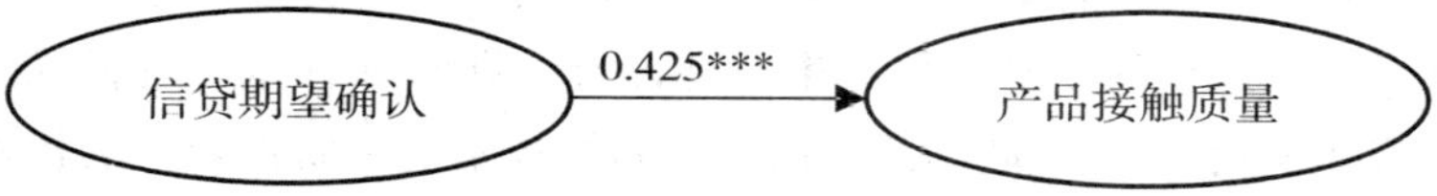

注：***. $p<0.001$；**. $p<0.01$；*. $p<0.05$。

图 6-1 信贷期望确认对产品接触质量的影响检验结果

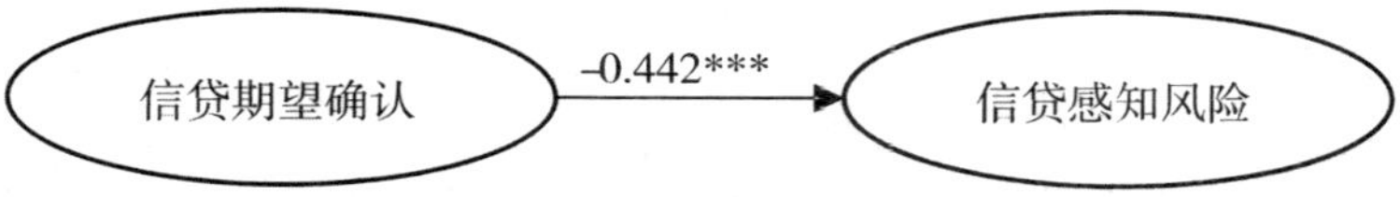

注：***. $p<0.001$；**. $p<0.01$；*. $p<0.05$。

图 6-2 信贷期望确认对信贷感知风险的影响检验结果

从图 6-1、图 6-2 的影响系数及显著性可以发现，信贷期望确认对产品接触质量、信贷感知风险的影响系数均通过 0.1%水平的显著性检验。信贷期望确认对产品接触质量的影响系数大小为 0.425，这表明信贷期望确认对产品接触质量有显著的正向影响，在不存在其他影响因素的情况下，信贷期望确认每提高一个单位，产品接触质量提高 0.425 个单位。信贷期望确认对信贷感知风险的影响系数大小为-0.442，这说明信贷期望确认对信贷感知风险存在显著的负向影响，在不考虑其他影响因素的情况下，信贷期望确认每提高一个单位，信贷风险感知便会降低 0.442 个单位。

2. 消费者满意度的影响因素检验

消费者满意度作为期望确认模型中的关键中介变量，除了受到信贷期望确认的直接影响外，在本书的概念模型中还与服务接触质量、信贷感知风险、信贷动机强度存在显著的相关性。因此，消费者满意度的影响因素检验将围绕服务接触质量、信贷感知风险、信贷期望确认、信贷动机强度展开。

（1）服务接触质量

依据文献梳理与互联网消费信贷产品特征，本书将服务接触质量划分为产品接触质量、品牌接触质量与技术接触质量的三个维度。在期望确认模型中，感知有用性与消费者满意度之间存在显著影响关系，其中产品接触质量主要对应感知有用性变量，因此假设产品接触质量能够促进消费者满意度的形成，产品接触质量对消费者满意度存在正向影响（H3）。而品牌接触质量体现了消费者对品牌的信任程度，一定程度上也会对消费者满意度产生正向影响（H4）。互联网消费信贷产品具有显著的技术特征，在众多产品使用过程中，关于界面操作的便捷性、产品信息呈现的页面设计等也会影响消费者在选择产品时的情绪，对产品所接触到的技术特征产生心理评价，进而对总体产品满意度产生影响。因此提出假设 H5，互联网消费信贷产品的技术接触质量会对消费者满意度产生正向影响。将这三个维度的变量作为自变量，消费者满意度作为因变量，同时对三条路径进行结构方程模型分析，体现服务接触质量与消费者满意度的关系。

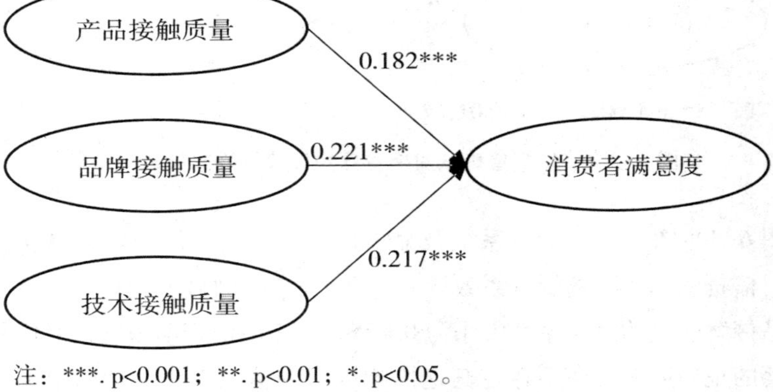

注：***. p<0.001；**. p<0.01；*. p<0.05。

图 6-3　服务接触质量对消费者满意度的影响检验结果

图 6-3 展现了服务接触质量的三个维度与消费者满意度的影响系数显著性结果。结果显示，产品接触质量、品牌接触质量、技术接触质量与消费者满意

度均存在显著的正向影响关系，影响系数大小分别为0.182、0.221、0.217。这表明不考虑其他影响因素时，产品接触质量、品牌接触质量、技术接触质量每提高一个单位，消费者满意度会分别提高0.182个单位、0.221个单位、0.217个单位。相较而言，品牌接触质量对消费者满意度的提升作用最大。

（2）信贷感知风险

当消费者感知到产品使用的风险很大时，会影响其对产品评价的满意度，因此本书假设二者存在负向相关关系（H6）。相关性分析结果显示，信贷感知风险与消费者满意度存在显著的相关关系，结构方程模型分析结果如图6-4所示。

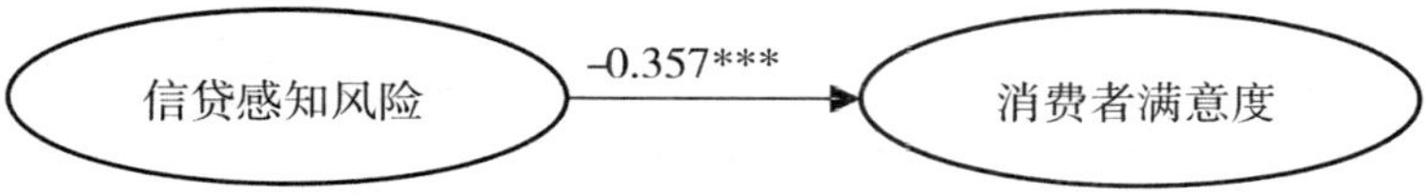

注：***. p<0.001；**. p<0.01；*. p<0.05。

图6-4　信贷感知风险对消费者满意度的影响检验结果

从信贷风险感知与消费者满意度的单路径检验结果来看，信贷感知风险对消费者满意度的影响通过了0.1%的显著性水平检验，影响系数值为-0.357，表明信贷感知风险对消费者满意度存在显著的负向影响。在不考虑其他影响因素的情况下，信贷风险感知每增加一个单位，消费者满意度会降低0.357个单位。

（3）信贷期望确认

信贷期望确认与消费者满意度的正向关系是期望确认模型的核心部分，因此本书也认为信贷期望确认度越高，消费者会形成较高的满意度，并提出了研究假设H7。对信贷期望确认与消费者满意度进行结构方程模型分析，得到的结果如图6-5所示。

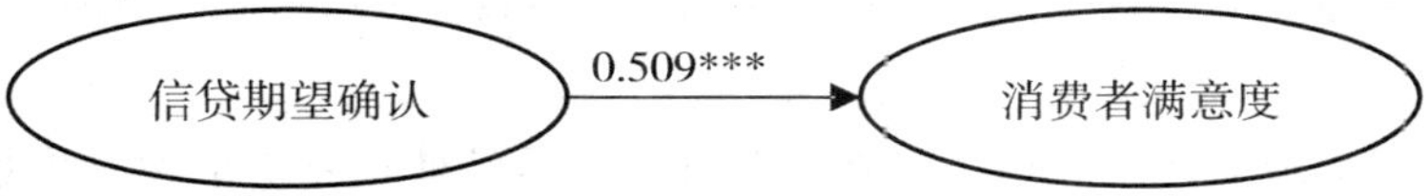

注：***. p<0.001；**. p<0.01；*. p<0.05。

图6-5　信贷期望确认对消费者满意度的影响检验结果

与相关性分析结果显著性一致，信贷期望确认对消费者满意度的影响系数通过了显著性检验，二者存在显著的正向影响关系。信贷期望确认越高，消费者满意度则越高。影响系数值为0.509，表明信贷期望确认每提高一个单位，消费者满意度提高 0. 509 个单位。

（4）信贷动机强度

不少学者也研究了动机与消费者满意度之间的正向关系，认为动机越强，消费者产品体验的满意度会越高。因此本书结合互联网消费信贷场景，梳理出了消费者使用产品的动机，认为信贷动机强度与消费者满意度之间也存在正向的影响关系（H8）。相关性分析结果显示信贷动机强度与消费者满意度存在显著的相关关系，将信贷动机强度作为自变量、消费者满意度作为因变量，进行结构方程模型分析，结果如图 6-6 所示。

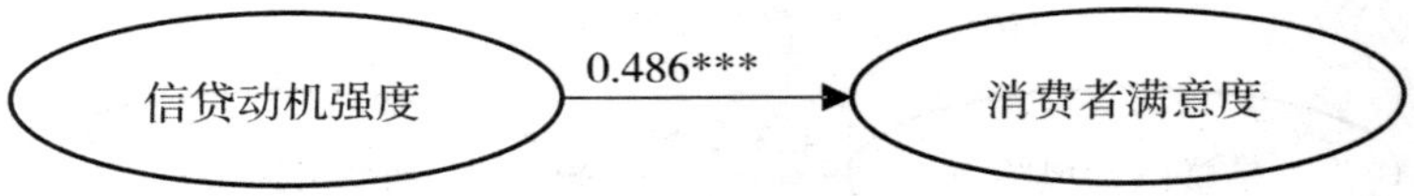

注：***. p<0.001；**. p<0.01；*. p<0.05。

图 6-6　信贷动机强度对消费者满意度的影响检验结果

从图 6-6 的影响系数及显著性可以发现，信贷动机强度对消费者满意度的影响系数通过 0. 1%水平的显著性检验。信贷动机强度对消费者满意度的影响系数大小为 0. 486，这表明信贷动机强度对消费者满意度有显著的正向影响，在不存在其他影响因素的情况下，信贷动机强度每提高一个单位，消费者满意度提高 0. 486 个单位。

3. 持续使用意愿的影响因素检验

在本书构建的概念模型中，消费者满意度为关键的中介变量，因此需要验证服务接触质量、信贷感知风险、信贷动机强度与持续使用意愿的直接影响关系。除此之外，基于期望确认模型，期望确认强度与持续使用意愿之间不存在直接影响关系，消费者满意度与持续使用意愿之间存在直接影响关系。因此对持续使用意愿的影响因素的检验也包括四部分内容，并依次展开具体分析。

（1）服务接触质量

在期望确认模型中，满意度在期望确认与持续使用意愿的关系中扮演完全中介变量，在感知有用性与持续使用意愿的关系中起部分中介作用。因此本书假设服务接触质量维度的三个变量，即产品接触质量、品牌接触质量和技术接触质量与持续使用意愿之间也存在正向的直接影响作用（H9—H11）。作为服务接触质量的子维度，本书一同考察了三个变量同时存在时对持续使用意愿的影响情况，综合反映服务接触质量与持续使用意愿的关系。

图 6-7 呈现了产品接触质量、品牌接触质量、技术接触质量与持续使用意

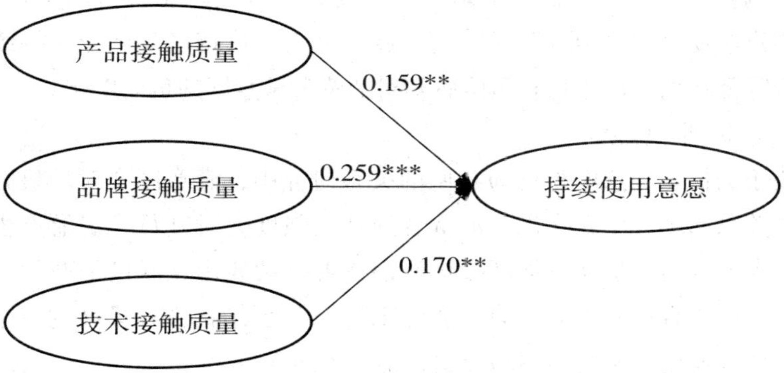

注：***. p<0.001；**. p<0.01；*. p<0.05。

图 6-7 服务接触质量对持续使用意愿的影响检验结果

愿的影响系数值及显著性情况。结果显示，三者对持续使用意愿均存在显著的正向影响关系，系数值分别为 0. 159、0. 259、0. 170。在不考虑其他影响因素及结构时，产品接触质量、品牌接触质量、技术接触质量每增加一个单位，持续使用意愿会分别提升 0. 159 个单位、0. 259 个单位、0. 170 个单位。相比较而言，品牌接触质量仍然是三者中对因变量影响最大的。与图 6-3 相比，除了品牌接触质量对持续使用意愿的影响系数更大外，产品接触质量、技术接触质量对持续使用意愿的影响系数值都比对消费者满意度的影响系数值更小。

（2）信贷风险感知

消费者的感知风险程度会直接对后续行为意愿产生影响，对风险的不确定性会降低消费者对应的行为意愿，因此本书假设信贷感知风险会降低消费者对互联网信贷产品的持续使用意愿（H12）。在进行单一路径分析中，对信贷风险感知与持续使用意愿进行结构方程模型分析，结果如图 6-8 所示。

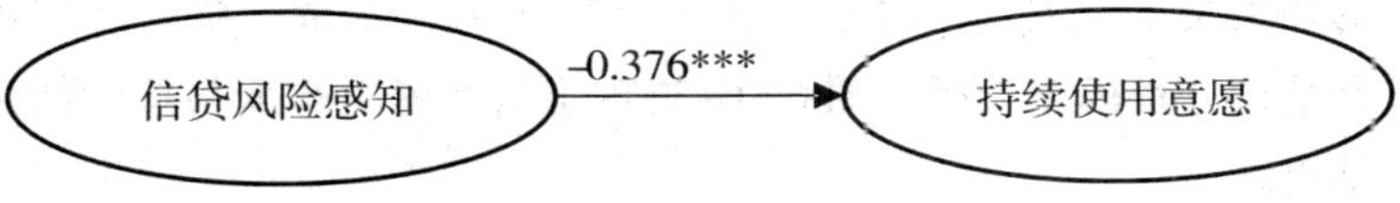

注：***. p<0.001；**. p<0.01；*. p<0.05。

图 6-8 信贷风险感知对持续使用意愿的影响检验结果

相关性分析结果表明，信贷风险感知与持续使用意愿存在显著的负向相关。结构方程模型结果也显示，信贷风险感知对持续使用意愿的影响系数为-0. 376，系数通过了 0. 1%的显著性检验，说明信贷风险感知确实会对持续使用意愿起着负向的影响作用。当不考虑其他影响因素时，信贷风险感知每增加一个单位，持续使用意愿便会降低 0.376 个单位。相较而言，信贷风险感知对持续使用意愿的直接降低作用略高于信贷风险感知对消费者满意度的负向影响。

（3）信贷动机强度

在关于动机、满意度与行为意愿的关系研究中，满意度会对动机强度与行为意愿的关系起部分中介作用，消费者的动机强度会对其行为意愿产生直接影响，因此本书认为信贷动机强度会提升消费者持续使用互联网消费信贷产品的意愿，二者存在直接的正向影响关系（H13）。运用结构方程模型构建了信贷动机强度与持续使用意愿之间的路径图，得到了图 6-9。

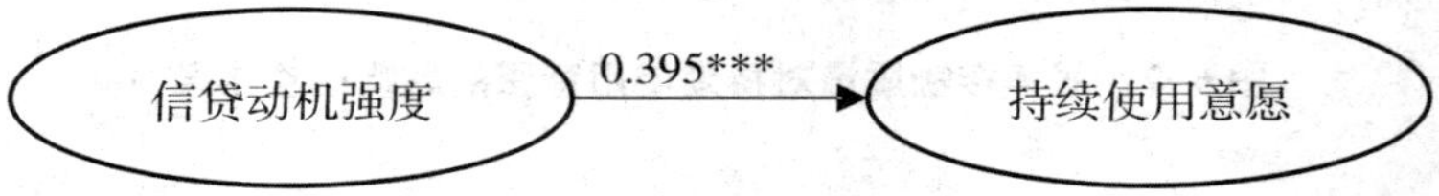

注：***. p<0.001；**. p<0.01；*. p<0.05。

图 6-9　信贷动机强度对持续使用意愿的影响检验结果

结构方程模型分析结果表明，信贷动机强度对持续使用意愿的影响系数通过了显著性检验，影响系数值为 0.395。这说明信贷动机强度对持续使用意愿存在显著的正向作用，当不考虑其他影响因素时，信贷动机强度每增加一个单位，便会引起持续使用意愿正向增加 0.395 个单位。相较对消费者满意度的影响作用而言，信贷动机强度对持续使用意愿的正向提升作用明显更低。

（4）消费者满意度

当消费者满意度越高，消费者持续使用同一产品的意愿也会越高，因此本书遵循期望确认模型的假设制定，认为消费者满意度会对持续使用意愿产生正向影响（H14）。经过相关性分析可以得知，消费者满意度与持续使用意愿之间呈现显著的相关关系。因此，将消费者满意度作为自变量，持续使用意愿为因变量，进行结构方程模型分析。图 6-10 展现了消费者满意度与持续使用意愿的影响关系结果。

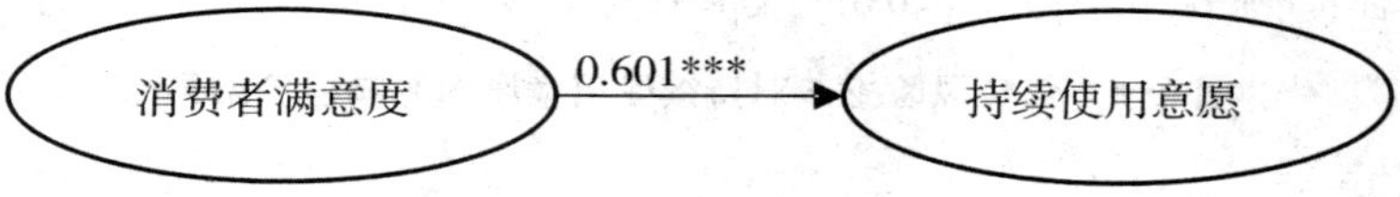

注：***. p<0.001；**. p<0.01；*. p<0.05。

图 6-10　消费者满意度对持续使用意愿的影响检验结果

图 6-10 的影响系数及显著性表明，消费者满意度对持续使用意愿存在着显著的正向影响，影响系数通过 0.1%水平的显著性检验，值为 0.601。在不存在其他影响因素的情况下，消费者满意度每提高一个单位，持续使用意愿提高 0.601 个单位。在对持续使用意愿影响因素进行单路径分析的过程中可以发现，消费者满意度对持续使用意愿的影响重要性是最大的。

从目前的单路径分析结果来看，信贷期望确认对产品接触质量与信贷感知风险的影响系数、各自变量对消费者满意度的影响系数、各自变量对持续使用意愿的影响系数均通过显著性检验，佐证了本书研究假设提出的合理性，验证了产品接触质量、信贷感知风险、消费者满意度的中介效应，为概念模型的可行性提供了支撑，各条路径的系数值也为全模型检验结果提供了参考。由于单路径分析的结果存在遗漏变量的误差，因此不能作为研究假设得证的依据，需依靠全模型检验对研究假设进行判断。

（二）全模型检验

本书构建的结构方程模型共包括 8 个测量模型，其中品牌接触质量、技术接触质量、信贷期望确认与信贷动机强度属于外生潜变量；产品接触质量、信贷感知风险、消费者满意度、持续使用意愿属于内生潜变量，均包含 2 个以上的观察变量。上述 8 个变量的结构关系将通过结构模型体现。

1. 概念模型

利用 AMOS 软件对 688 份正式调研样本数据进行运算分析，得到图 6-11、表 6-1 的模型路径结果与路径系数显著性结果。内生潜变量产品接触质量与信贷感知风险作为因变量的方程拟合度分别为 0.165、0.171，主要是因为本书只选取了信贷期望确认作为解释产品接触质量与信贷感知风险的唯一自变量，虽具有一定的解释力度，但方程拟合度不高。而以消费者满意度和持续使用意愿为因变量的方程拟合度分别为 0.479、0.415，每个潜变量对应题项的载荷系数均高于 0.6，说明基于本书构建的结构关系，题项很好地解释了对应潜变量的信息。①

① 张伟豪，徐茂洲，苏荣海．与结构方程模型共舞（曙光初现）［M］．厦门：厦门大学出版社，2020.

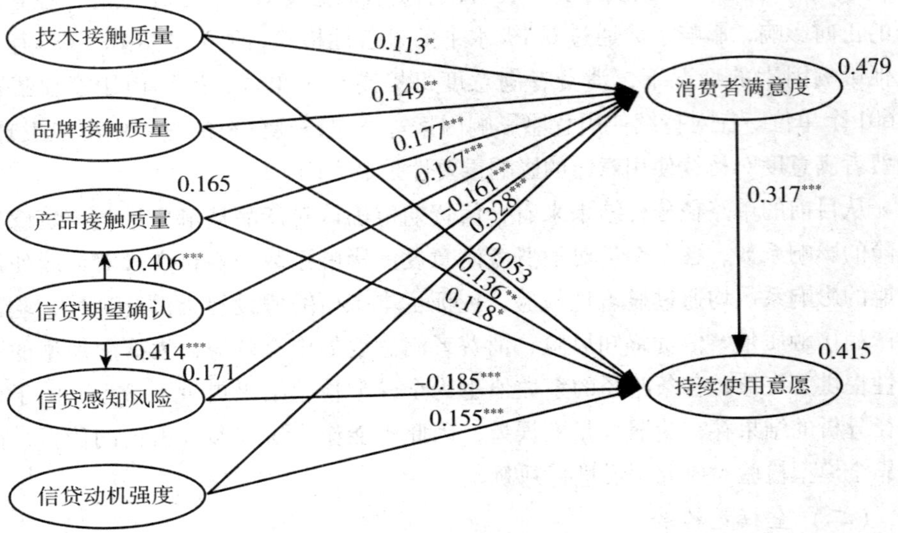

注：***. p<0.001；**.p<0.01；*.p<0.05。

图 6-11 概念模型标准化路径图

表 6-1 概念模型结果及假设验证情况

假设	路径	路径系数	T 值	P 值	假设判别
H1	产品接触质量<——信贷期望确认	0.406	9.5	***	成立
H2	信贷感知风险<——信贷期望确认	-0.414	-9.58	***	成立
H3	消费者满意度<——产品接触质量	0.177	3.861	***	成立
H4	消费者满意度<——品牌接触质量	0.149	2.897	0.004	成立
H5	消费者满意度<——技术接触质量	0.113	2.078	0.038	成立
H6	消费者满意度<——信贷感知风险	-0.161	-3.954	***	成立
H7	消费者满意度<——信贷期望确认	0.167	3.578	***	成立
H8	消费者满意度<——信贷动机强度	0.328	7.579	***	成立
H9	持续使用意愿<——产品接触质量	0.118	2.549	0.011	成立
H10	持续使用意愿<——品牌接触质量	0.136	2.596	0.009	成立
H11	持续使用意愿<——技术接触质量	0.053	0.983	0.326	不成立

续表

假设	路径	路径系数	T 值	P 值	假设判别
H12	持续使用意愿<——信贷感知风险	-0. 185	-4. 54	***	成立
H13	持续使用意愿<——信贷动机强度	0. 155	3. 508	***	成立
H14	持续使用意愿<——消费者满意度	0. 314	5. 488	***	成立

模型适配度指标	统计值	临界值
x^2/df	2. 316	[1, 3]
RMSEA	0. 044	<0. 080
CFI	0. 928	>0. 900
TLI	0. 923	>0. 900
AGFI	0. 872	>0. 500
IFI	0. 928	>0. 900

注：***. p<0. 001；**. p<0. 01；*. p<0. 05。

表 6-1 陈列了各路径系数的显著性情况以及模型的拟合度情况。从模型拟合度来看，多因子模型的 x^2 值为 1945. 332，自由度 df 为 840，得到 x^2/df 等于 2. 316。近似误差均方根 RMSEA 为 0. 044，小于 0. 080；标准化残差均方根 SRMR 为 0. 045，小于 0. 05；四个拟合指数 CFI、TLI、AGFI、IFI 值分别为 0. 928、0. 923、0. 872、0. 928，均在可接受范围。

对结构模型估计结果进行具体分析，信贷期望确认对产品接触质量的影响路径系数值为 0. 406，显著性为 0. 000，研究假设 H1 得证；同时，信贷期望确认对信贷感知风险具有负向显著影响作用，系数值为-0. 414，系数绝对值略高，研究假设 H2 得证。在以消费者满意度为因变量的路径中，6 条路径系数显著性均通过 95%的置信水平，研究假设 H3—H8 得证。除了信贷感知风险会降低消费者满意度以外，其余五个变量，产品接触质量、品牌接触质量、技术接触质量、信贷期望确认、信贷动机强度均对消费者满意度具有正向影响。在本书构建的模型中，对持续使用意愿具有影响作用的变量包括产品接触质量、品牌接触质量、技术接触质量、信贷感知风险、信贷动机强度与消费者满意度。在这 6 条路径中，信贷感知风险对消费者的持续使用意愿影响作用为负向且显著，系数值为-0. 185。而产品接触质量、品牌接触质量、信贷动机强度与消费者满意度四个变量会显著提高消费者的持续使用意愿，存在正向影响作用，研究假设

H9—H10 以及 H12—H14 成立。不同于单路径分析结果，技术接触质量对持续使用意愿无显著性影响，研究假设 H11 不成立。

从系数绝对值来看，对消费者满意度影响作用从高到低依次排序为信贷动机强度、产品接触质量、信贷期望确认、信贷感知风险、品牌接触质量与技术接触质量；对持续使用意愿的影响作用从高到低依次排序为消费者满意度、信贷感知风险、信贷动机强度、品牌接触质量、产品接触质量。

2. 修正模型

由于概念模型存在不显著路径，因此将不显著路径“持续使用意愿<——技术接触质量”删除，并重新进行分析，数据结果如图 6-12 与表 6-2 所示。

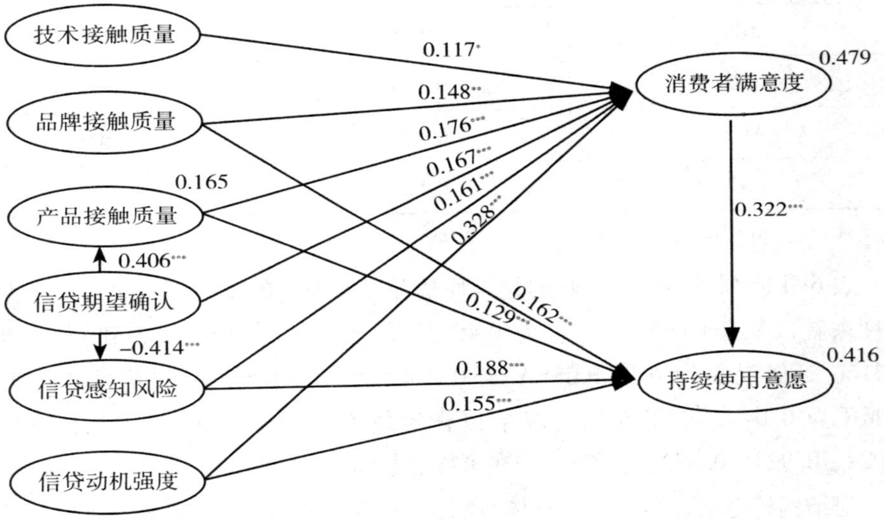

注：***. p<0.001；**. p<0.01；*. p<0.05。

图 6-12　修正模型标准化路径图

表 6-2　修正模型结果

路径	路径系数	T 值	P 值
产品接触质量<——信贷期望确认	0. 406	9. 503	***
信贷感知风险<——信贷期望确认	-0. 414	-9. 584	***
消费者满意度<——产品接触质量	0. 176	3. 843	***
消费者满意度<——品牌接触质量	0. 148	2. 863	0. 004

续表

路径	路径系数	T 值	P 值
消费者满意度<——技术接触质量	0. 117	2. 134	0. 033
消费者满意度<——信贷感知风险	-0. 161	-3. 947	***
消费者满意度<——信贷期望确认	0. 167	3. 580	***
消费者满意度<——信贷动机强度	0. 328	7. 576	***
持续使用意愿<——产品接触质量	0. 129	2. 870	0. 004
持续使用意愿<——品牌接触质量	0. 162	3. 564	***
持续使用意愿<——信贷感知风险	-0. 188	-4. 618	***
持续使用意愿<——信贷动机强度	0. 155	3. 497	***
持续使用意愿<——消费者满意度	0. 322	5. 668	***

模型适配度指标	统计值	临界值
x^2/df	2. 314	[1, 3]
RMSEA	0. 044	<0. 080
CFI	0. 928	>0. 900
TLI	0. 923	>0. 900
AGFI	0. 872	>0. 500
IFI	0. 928	>0. 900

注：***. p<0. 001；**. p<0. 01；*. p<0. 05。

在删除“持续使用意愿<——技术接触质量”这一路径后，模型的拟合指标未发生明显变化，仅有 x^2/df 指标值下降了 0. 002。在影响路径系数方面，信贷期望确认对产品接触质量存在显著的正向影响，系数值为 0. 406（p<0. 001）；信贷期望确认对信贷感知风险存在负向的显著影响，标准化路径系数值为-0. 414（p<0. 001）。产品接触质量、品牌接触质量、技术接触质量、信贷期望确认、信贷动机强度与消费者满意度存在正向影响关系，标准化路径系数值分别为 0. 176（p<0. 001）、0. 148（p<0. 01）、0. 117（p<0. 05）、0. 167（p<0. 001）、0. 328（p<0. 001）。而信贷感知风险与消费者满意度存在负向影响关系，其标准化路径系数值为-0. 161（p<0. 01）。可以看出，删除“持续使用意愿<——技术接触质

量”这一路径对消费者满意度与各自变量之间的关系并无显著影响，仅对持续使用意愿所属自变量的影响系数及显著性产生了明显变化。其中，产品接触质量与品牌接触质量的标准化路径系数值分别由0.118（p<0.05）变为0.129（p<0.01），由0.136（p<0.01）上升至0.162（p<0.001），各自系数的显著性也有明显提升。这说明在删掉技术接触质量这一变量后，加强了产品接触质量、品牌接触质量与持续使用意愿的影响关系。信贷感知风险与持续使用意愿之间依然是负向显著影响关系，系数值为-0.188（p<0.001），而信贷动机强度、消费者满意度对持续使用意愿具有显著的正向影响，系数值分别为0.155（p<0.001）、0.322（p<0.001）。对持续使用意愿产生直接影响的重要性顺序发生了变化，从高到低依次排序为消费者满意度、信贷感知风险、品牌接触质量、信贷动机强度、产品接触质量。

（三）效应对比

围绕信贷期望确认，本书构建了一个以持续使用意愿为因变量的多重中介结构模型。图6-12展现了一对一路径的影响作用大小，由于本书构建的概念模型为多重平行中介模型，部分自变量对因变量的影响作用不仅限于直接作用路径。为了分析中介变量在模型中的重要性以及各变量对因变量的总效应，本书以消费者满意度、持续使用意愿分别作为因变量，计算每一个自变量到二者的直接效应值、间接效应值以及总效应值情况。

1. 消费者满意度

在各变量对消费者满意度的影响路径中，只有信贷期望确认对消费者满意度存在间接影响，并通过产品接触质量、信贷感知风险两个中介变量得以实现，因此信贷期望确认在影响消费者满意度时，存在如表6-3所示的三条路径。一条是直接作用于消费者满意度，直接效应值为0.167，占比54.76%；一条是通过产品接触质量对消费者满意度产生间接作用，效应值为0.071，占比23.28%；一条是通过信贷感知风险对消费者满意度产生间接作用，效应值为0.067，占比21.96%。由此可以看出，信贷期望确认对消费者满意度的直接效应最大；其次是通过产品接触质量的间接作用；最后是通过信贷感知风险的间接影响。

表6-3 信贷期望确认对消费者满意度的作用路径

序号	作用路径	效应值	占比
1	消费者满意度<——信贷期望确认	0.167	54.76%
2	消费者满意度<——产品接触质量<——信贷期望确认	0.071	23.28%
3	消费者满意度<——信贷感知风险<——信贷期望确认	0.067	21.96%

结合信贷期望确认对消费者满意度的直接作用与间接影响，对各变量与消费者满意度之间的影响效应值进行了整理归类，如表 6-4 所示。

表 6-4 各变量对消费者满意度的影响

自变量	效应类型	效应值	总效应绝对值排名
产品接触质量	直接效应	0. 176	3
	间接效应	—	
	总效应	0. 176	
品牌接触质量	直接效应	0. 148	5
	间接效应	—	
	总效应	0. 148	
技术接触质量	直接效应	0. 117	6
	间接效应	—	
	总效应	0. 117	
信贷感知风险	直接效应	-0. 161	4
	间接效应	—	
	总效应	-0. 161	
信贷期望确认	直接效应	0. 167	2
	间接效应	0. 138	
	总效应	0. 305	
信贷动机强度	直接效应	0. 328	1
	间接效应	—	
	总效应	0. 328	

表中多数变量对消费者的总效应值均与直接效应值相同，两者之间仅存在直接作用路径，因此直接效应占比为 100%，仅有信贷期望确认对消费者的直接效应占比为 54. 76%。对各变量的影响效应值进行排名可以发现，与结构方程模型得出的直接路径影响排名不同，信贷期望确认对消费者满意度的影响仅次于信贷动机强度，其余变量按照影响重要性排序依次为产品接触质量、信贷感知风险、品牌接触质量、技术接触质量。

2. 持续使用意愿

对信贷期望确认变量而言，其对持续使用意愿的作用路径体现为多重平行中介结构，因此包含5条间接作用路径，如表6-5所示。在包含两个中介变量的链式路径，即路径2与路径4中，信贷期望确认对持续使用意愿的间接效应值相当且最小，分别为0.023与0.022。在另外3条路径中，对比效应值可以发现信贷感知风险的中介作用最强，效应值占比为34.06%，其次为消费者满意度、产品接触质量。这说明信贷期望确认主要通过降低信贷感知风险对持续使用意愿起到间接的促进作用，再一次加强了信贷感知风险对消费者持续使用意愿影响的重要性。尽管信贷期望确认对持续使用意愿仅存在间接影响作用，但总效应绝对值依然达到0.229，超过服务接触质量三个维度分别对持续使用意愿的影响，说明在考虑持续使用意愿的影响因素时，仍然需要重视消费者对期望的确认程度，区分期望确认、产品质量的测量内容。

表6-5 信贷期望确认对持续使用意愿的作用路径

序号	作用路径	效应值	占比
1	持续使用意愿<——产品接触质量<——信贷期望确认	0.052	22.71%
2	持续使用意愿<——消费者满意度<——产品接触质量<——信贷期望确认	0.023	10.04%
3	持续使用意愿<——信贷感知风险<——信贷期望确认	0.078	34.06%
4	持续使用意愿<——消费者满意度<——信贷感知风险<——信贷期望确认	0.022	9.61%
5	持续使用意愿<——消费者满意度<——信贷期望确认	0.054	23.58%

而在对持续使用意愿的影响中，所有变量都通过消费者满意度对持续使用意愿存在间接作用。如表6-6所示，消费者满意度与持续使用意愿之间不存在中介变量，因此对持续使用意愿的影响表现为直接作用，效应值为0.322，占比100%。

产品接触质量、品牌接触质量对持续使用意愿的间接效应值分别为0.057、0.048，各自的直接效应占比分别为69.35%与77.14%，对持续使用意愿的总效应值分别为0.186与0.210。而技术接触质量与持续使用意愿不存在直接作用路径，因此其总效应值等同于通过消费者满意度这一中介变量而产生的间接效应值，为0.038。

信贷感知风险对持续使用意愿的总效应值为-0.240，其中直接效应值为-

0.188，间接效应值为-0.052，直接效应占比为78.33%。服务接触质量与信贷感知风险都是关于产品相关信息的直接心理测量，对比来看，信贷感知风险对持续使用意愿的影响作用更大，且消费者满意度贡献的中介效应占比低于消费者满意度在服务接触质量与持续使用意愿关系中贡献的中介效应占比。说明在消费者考虑持续使用互联网消费信贷产品时，所感知到的信贷风险会对其持续使用意愿产生更大的影响，这意味着当消费者感知到的服务接触质量、信贷感知风险情况相当时，消费者会更容易放弃继续使用互联网消费信贷产品，得以规避风险。

信贷动机强度通过消费者满意度这一中介变量对持续使用意愿产生的间接效应值为0.106，总效应值为0.261，因此直接效应占比为59.39%。不同于其他变量的影响效应结构分布，信贷动机强度对持续使用意愿的总效应值为0.261，其中间接效应值为0.106，占比高达40.61%。

表6-6 各变量对持续使用意愿的影响

自变量	效应类型	效应值	直接效应占比	排名
产品接触质量	直接效应	0.129	69.35%	6
	间接效应	0.057		
	总效应	0.186		
品牌接触质量	直接效应	0.162	77.14%	5
	间接效应	0.048		
	总效应	0.210		
技术接触质量	直接效应	—	0.00%	7
	间接效应	0.038		
	总效应	0.038		
信贷感知风险	直接效应	-0.188	78.33%	3
	间接效应	-0.052		
	总效应	-0.240		
信贷期望确认	直接效应	—	0.00%	4
	间接效应	0.229		
	总效应	0.229		

续表

自变量	效应类型	效应值	直接效应占比	排名
信贷动机强度	直接效应	0.155	59.39%	2
	间接效应	0.106		
	总效应	0.261		
消费者满意度	直接效应	0.322	100.00%	1
	间接效应	—		
	总效应	0.322		

对比直接效应的绝对值大小，从高到低依次为消费者满意度、信贷感知风险、品牌接触质量、信贷动机强度、产品接触质量；对比间接效应的绝对值大小，从高到低依次为信贷期望确认、信贷动机强度、产品接触质量、信贷感知风险、品牌接触质量、技术接触质量；对比总效应的绝对值，从高到低依次为消费者满意度、信贷动机强度、信贷感知风险、信贷期望确认、品牌接触质量、产品接触质量与技术接触质量。

二、调节效应分析

对调节效应的检验依赖于中心化处理后的问卷数据，并转换生成新的交互项变量数据。在检验过程中，采用分层回归法依次对自变量、自变量+调节变量、自变量+调节变量+交互项在内的回归模型显著性进行检验。本书在概念模型构建中，将外部环境氛围视为调节变量，认为其在产品接触质量、信贷感知风险、信贷动机强度以及消费者满意度对持续使用意愿的影响中存在调节作用。因此，本书依次对每一条影响关系进行调节作用检验。

值得注意的是，在进行概念模型构建、量表设计以及数据收集过程中，除了关注服务接触质量、信贷感知风险、信贷期望确认、信贷动机强度与消费者满意度、持续使用意愿的影响关系，消费者的个人特征、产品涉入度等统计变量特征可能会对持续使用意愿产生影响，为了排除这些变量对主作用关系的干扰，将受访者性别、年龄、户口类型、文化程度、婚姻状况、职业、个人税后月收入水平等10个控制变量放入调节作用检验的回归方程中。

（一）外部环境氛围对产品接触质量与持续使用意愿的调节

在验证外部环境氛围对产品接触质量与持续使用意愿的调节作用时，需要依次建立三个回归模型，模型均以持续使用意愿为因变量，在自变量组成方面略有差异。首先，仅将产品接触质量纳入回归模型作为自变量；其次，将产品接触质量与外部环境氛围同时视为自变量，纳入回归模型；最后，将产品接触质量、外部环境氛围、产品接触质量与外部环境氛围的交互项放入模型中，检验交互项的系数显著性。

表 6-7 外部环境氛围对产品接触质量与持续使用意愿的调节结果

变量	模型 1		模型 2		模型 3	
	β 系数	T 值	β 系数	T 值	β 系数	T 值
性别	0.090	1.373	0.077	1.243	0.087	1.382
年龄	0.050	1.390	0.042	1.215	0.041	1.208
户口类型	-0.071	-0.964	-0.050	-0.712	-0.062	-0.883
文化程度	-0.050	-1.390	-0.037	-1.077	-0.036	-1.060
婚姻状况	-0.047	-0.913	-0.062	-1.281	-0.059	-1.213
职业类型	-0.089*	-2.503	-0.080*	-2.343	-0.082*	-2.406
月均收入	0.080*	2.235	0.076*	2.227	0.076*	2.238
选择可用时间	0.009	0.261	0.011	0.325	0.007	0.201
产品使用时间	0.008	0.233	0.004	0.124	0.004	0.108
月均信贷金额	0.028	0.779	0.042	1.227	0.042	1.210
产品接触质量	0.345***	9.480	0.310***	8.843	0.313***	8.917
外部环境氛围			0.281***	8.222	0.281***	8.236
交互项					0.041	1.190
F	11.311		17.024		15.833	
P	0.000		0.000		0.000	
R^2	0.155		0.232		0.234	

注：***. p<0.001；**. p<0.01；*. p<0.05。

三个回归模型的结果如表 6-7 所示。在没考虑其他影响因素时，产品接触质量对持续使用意愿的影响系数为 0.345（p<0.001）。在加入调节变量外部环境氛围的模型 2 中，产品接触质量对持续使用意愿的影响有所降低，为 0.310（p<0.001）。同时，外部环境氛围表现出对持续使用意愿的正向显著影响，系数值为 0.281（p<0.001）。然而在加入两个变量的交互项后，产品接触质量与外

部环境氛围对持续使用意愿的正向影响仍然显著，系数值未发生明显变化。而交互项对持续使用意愿没有显著影响（$p>0.05$），R^2的变化也只有 0.002，说明外部环境氛围变量对产品接触质量与持续使用意愿并不存在显著的调节作用，研究假设 H15 不成立。

（二）外部环境氛围对信贷感知风险与持续使用意愿的调节

以外部环境氛围为调节变量，信贷感知风险为自变量，持续使用意愿为因变量，利用 SPSS 软件进行分层回归分析，依次构建如表 6-8 所示的三个模型。首先，只将信贷感知风险纳入回归模型作为自变量；其次，将信贷感知风险与外部环境氛围同时视为自变量，纳入回归模型；最后，将信贷感知风险、外部环境氛围、信贷感知风险与外部环境氛围的交互项放入模型中，检验作用是否存在，即调节作用的显著性。

表 6-8　外部环境氛围对信贷感知风险与持续使用意愿的调节结果

变量	模型 1		模型 2		模型 3	
	β 系数	T 值	β 系数	T 值	β 系数	T 值
性别	0.124	1.901	0.117	1.868	0.089	1.435
年龄	0.032	0.889	0.026	0.764	0.030	0.891
户口类型	−0.123	−1.684	−0.103	−1.469	−0.069	−0.988
文化程度	−0.046	−1.283	−0.035	−1.014	−0.048	−1.407
婚姻状况	−0.012	−0.240	−0.034	−0.682	−0.038	−0.781
职业类型	−0.088 *	−2.460	−0.080 *	−2.317	−0.078 *	−2.301
月均收入	0.062	1.717	0.062	1.792	0.059	1.710
选择可用时间	0.016	0.448	0.017	0.490	0.024	0.714
产品使用时间	0.014	0.387	0.009	0.274	0.009	0.270
月均信贷金额	0.055	1.520	0.065	1.879	0.067	1.959
信贷感知风险	−0.329***	−9.048	−0.273***	−7.612	−0.276***	−7.794
外部环境氛围			0.261***	7.434	0.263***	7.577
交互项					0.148***	4.333
F	10.550		15.052		15.752	
P	0.000		0.000		0.000	

续表

变量	模型 1		模型 2		模型 3	
	β 系数	T 值	β 系数	T 值	β 系数	T 值
R^2	0. 147		0. 211		0. 232	

注：***. p<0. 001；**. p<0. 01；*. p<0. 05。

表 6-8 中三个模型的 R^2 呈现出逐步提高的情况，尽管只考虑控制变量与信贷感知风险对持续使用意愿的影响时，R^2 值也仍为 0. 179，符合大部分社会心理学研究的要求。在影响系数方面，信贷感知风险对持续使用意愿存在显著的负向作用（β_1 = -0. 329，p<0. 001）。在模型 2 中，信贷感知风险对持续使用意愿的影响系数值为-0. 273，显著性为 0. 000；外部环境氛围对持续使用意愿的影响略小于信贷感知风险，值为 0. 261（p<0. 001）。在加入信贷感知风险与外部环境氛围的交互项后，二者的系数值未发生明显变化，仍然对持续使用意愿存在显著影响作用。交互项的系数值为 0. 148（p<0. 001），对持续使用意愿存在显著的正向作用。至此，信贷感知风险对持续使用意愿的影响作用可表达为 0. 148 × 交互项值-0. 217，交互项系数方向与信贷感知风险影响系数方向相反，说明外部环境氛围对信贷感知风险与持续使用意愿存在负向调节作用，研究假设 H16 成立。

（三）外部环境氛围对信贷动机强度与持续使用意愿的调节

在验证外部环境氛围对信贷动机强度与持续使用意愿的调节作用时，本书依次建立三个回归模型，模型均以持续使用意愿为因变量，在自变量组成方面略有差异。首先，仅将信贷动机强度纳入回归模型作为自变量；其次，将信贷动机强度与外部环境氛围同时视为自变量，纳入回归模型；最后，将信贷动机强度、外部环境氛围、信贷动机强度与外部环境氛围的交互项放入模型中，检验交互项的系数显著性，结果如表 6-9 所示。

表 6-9 外部环境氛围对信贷动机强度与持续使用意愿的调节结果

变量	模型 1		模型 2		模型 3	
	β 系数	T 值	β 系数	T 值	β 系数	T 值
性别	0. 159*	2. 463	0. 151*	2. 426	0. 164**	2. 626
年龄	0. 010	0. 273	0. 010	0. 289	0. 008	0. 227
户口类型	-0. 157*	-2. 155	-0. 135	-1. 912	-0. 159*	-2. 230

续表

变量	模型 1		模型 2		模型 3	
	β 系数	T 值	β 系数	T 值	β 系数	T 值
文化程度	-0.046	-1.280	-0.036	-1.043	-0.030	-0.853
婚姻状况	-0.009	-0.169	-0.033	-0.652	-0.025	-0.496
职业类型	-0.076*	-2.125	-0.072*	-2.062	-0.072*	-2.062
月均收入	0.065	1.787	0.066	1.890	0.069*	1.970
选择可用时间	0.003	0.085	0.007	0.190	0.001	0.038
产品使用时间	0.028	0.782	0.021	0.592	0.018	0.532
月均信贷金额	0.076*	2.087	0.080*	2.293	0.085*	2.420
信贷动机强度	0.328***	9.010	0.254***	6.858	0.266***	7.106
外部环境氛围			0.244***	6.711	0.254***	6.949
交互项					0.073*	2.007
F	10.486		13.990		13.282	
P	0.000		0.000		0.000	
R^2	0.146		0.199		0.204	

注：***. $p<0.001$；**. $p<0.01$；*. $p<0.05$。

对比三个模型的拟合指标，也发生了明显的变化。在模型 1 中，信贷动机强度对持续使用意愿存在显著的正向影响，系数值为 0.328（$p<0.001$）。在模型 2 中，信贷动机强度对持续使用意愿的影响有所减弱，然而模型 3 对比模型 2，信贷动机强度对持续使用意愿的影响又有所提高。外部环境氛围对持续使用意愿存在正向显著的影响（$\beta_2=0.254$，$p<0.001$；$\beta_3=0.266$，$p<0.001$）。可以发现，信贷动机强度与外部环境氛围的交互项对持续使用意愿的影响系数值为 0.073，在 0.05 的显著性水平上通过检验，且 R^2变化值仅为 0.005。因此信贷动机强度对持续使用意愿的影响作用表达式为 0.073 × 交互项值+0.266，说明外部环境氛围对信贷动机强度与持续使用意愿存在较弱的正向调节作用，假设 H17 成立。

（四）外部环境氛围对消费者满意度与持续使用意愿的调节

本书假设，外部环境氛围会提高消费者满意度对持续使用意愿的正向影响作用。在对外部环境氛围的调节作用进行检验时，主要分为三个步骤进行分层回归分析。首先，将消费者满意度单独纳入回归模型作为自变量；其次，将消费者满意度与外部环境氛围同时视为自变量，纳入回归模型；最后，将消费者满意度、外部环境氛围、消费者满意度与外部环境氛围的交互项放入模型中，检验交互项的系数显著性。

表 6-10 外部环境氛围对消费者满意度与持续使用意愿的调节结果

变量	模型 1		模型 2		模型 3	
	β 系数	T 值	β 系数	T 值	β 系数	T 值
性别	0.104	1.750	0.095	1.646	0.080	1.390
年龄	0.005	0.162	0.003	0.088	0.004	0.124
户口类型	-0.030	-0.451	-0.019	-0.291	-0.005	-0.074
文化程度	-0.035	-1.059	-0.026	-0.814	-0.027	-0.838
婚姻状况	-0.038	-0.814	-0.052	-1.143	-0.051	-1.120
职业类型	-0.054	-1.634	-0.050	-1.559	-0.053	-1.653
月均收入	0.041	1.224	0.041	1.290	0.040	1.259
选择可用时间	-0.010	-0.316	-0.007	-0.221	-0.004	-0.114
产品使用时间	0.018	0.540	0.014	0.427	0.015	0.434
月均信贷金额	0.032	0.965	0.043	1.351	0.042	1.295
消费者满意度	0.500***	14.823	0.452***	13.564	0.449***	13.475
外部环境氛围			0.227***	7.008	0.216***	6.557
交互项					-0.057	-1.738
F	23.650	27.314	25.521			
P	0.000	0.000	0.000			
R^2	0.278	0.327	0.330			

注：***. $p<0.001$；**. $p<0.01$；*. $p<0.05$。

表 6-10 为三次回归模型的数据分析结果。模型的 F 值均显著，R^2也处于适宜水平。首先，消费者满意度对持续使用意愿呈现显著的正向作用（β_1 = 0.500，$p<0.001$）；在加入外部环境氛围变量后的模型 2 中，消费者满意度对持续使用意愿的影响略微下降，但外部环境氛围表现出对持续使用意愿的正向显著影响，系数值为 0.227。在对外部环境氛围调节作用的检验时，模型 3 中消费

者满意度与外部环境氛围的交互项对持续使用意愿并无显著性影响，而消费者满意度与外部环境氛围对持续使用意愿仍保持正向的显著性作用。因此，外部环境氛围对消费者满意度与持续使用意愿并无调节作用，拒绝研究假设 H18。

三、假设验证汇总

通过结构方程模型分析、分层回归分析对研究模型进行了多方面的数据分析。结果显示，在本书基于构建的研究模型所提出的 18 个研究假设中，有 15 个研究假设得到支持，与已有研究结论保持一致，差异主要体现于影响因素的重要性；有 3 个研究假设被拒绝，说明本书提出的研究模型具有一定可行性与合理性，但技术接触质量的直接影响容易被替代，同时外部环境氛围更能调动消费者的风险感知与内需强度，这是本书结论与已有研究存在显著区别的地方。现将研究假设的检验结果汇总，如表 6-11 所示。在得出实证分析结果后，本书对第三章图 3-8 的概念模型进行了调整，得到图 6-13。

表 6-11　研究假设检验结果汇总

序号	研究假设内容	结论
H1	信贷期望确认对产品接触质量有正向影响作用。	成立
H2	信贷期望确认对信贷感知风险有负向影响作用。	成立
H3	产品接触质量对消费者满意度有正向影响作用。	成立
H4	品牌接触质量对消费者满意度有正向影响作用。	成立
H5	技术接触质量对消费者满意度有正向影响作用。	成立
H6	信贷感知风险对消费者满意度有负向影响作用。	成立
H7	信贷期望确认对消费者满意度有正向影响作用。	成立
H8	信贷动机强度对消费者满意度有正向影响作用。	成立
H9	产品接触质量对持续使用意愿有正向影响作用。	成立
H10	品牌接触质量对持续使用意愿有正向影响作用。	成立
H11	技术接触质量对持续使用意愿有正向影响作用。	不成立
H12	信贷感知风险对持续使用意愿有负向影响作用。	成立
H13	信贷动机强度对持续使用意愿有正向影响作用。	成立
H14	消费者满意度对持续使用意愿有正向影响作用。	成立

续表

序号	研究假设内容	结论
H15	外部环境氛围在产品接触质量与持续使用意愿关系中起正向调节作用。	不成立
H16	外部环境氛围在信贷感知风险与持续使用意愿关系中起负向调节作用。	成立
H17	外部环境氛围在信贷动机强度与持续使用意愿关系中起正向调节作用。	成立
H18	外部环境氛围在消费者满意度与持续使用意愿关系中起正向调节作用。	不成立

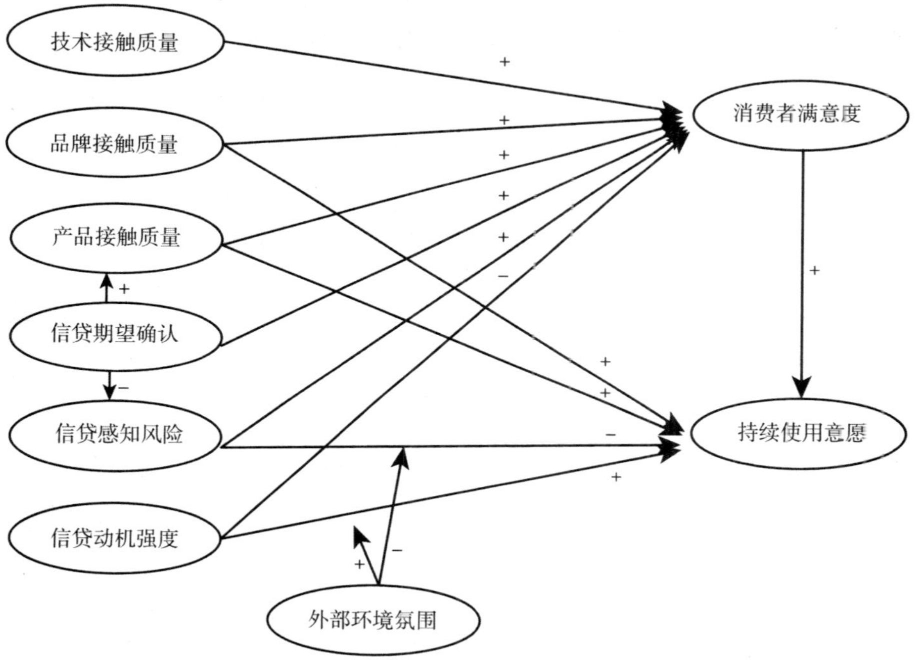

图 6-13　研究概念模型的验证情况及作用路径

由实证分析结果得出的图 6-13 可知，在互联网消费信贷场景中，对持续使用意愿存在直接影响作用的因素包括产品接触质量、品牌接触质量、信贷感知风险、信贷动机强度与消费者满意度，而信贷感知风险对持续使用意愿的作用体现为负向。对持续使用意愿存在间接影响作用的因素包括产品接触质量、品牌接触质量、技术接触质量、信贷感知风险、信贷期望确认与信贷动机强度，可知消费者满意度是关键的中介变量。其中，技术接触质量是通过提升消费者满意度对持续使用意愿产生影响，而信贷期望确认可通过影响消费者的产品接触质量、信贷感知风险与消费者满意度三条路径对持续使用意愿产生影响。

四、本章小结

本章在第三章提出的概念模型研究假设基础上，对正式收集的688份问卷样本首先进行结构方程分析，验证单一路径和全模型的影响关系，佐证了模型的合理性，验证了研究假设H1—H10、H12—H14；其次对比了各变量对消费者满意度、持续使用意愿的直接效应、间接效应与总效应；然后运用分层逐步回归法对模型中外部环境氛围的调节作用显著性与大小进行探讨，验证了外部环境氛围对信贷感知风险（H16）、信贷动机强度（H17）与持续使用意愿关系中的调节作用；最后对研究假设的成立情况进行了汇总。

第七章

对策建议

本书将研究视野投放于互联网消费信贷产品的持续使用意愿，主要受到企业主体的关注。在对互联网消费信贷产品持续使用意愿产生影响的因素中，部分因素是由消费者、政府等其他主体所决定的，因此需要社会各主体配合企业，共同保障并促进互联网消费信贷行业健康发展。结合前文所划分的外部环境氛围，文化环境与社会环境指向消费者维度，政治环境侧重于政府主体，市场环境则指代互联网消费信贷企业；由于经济环境更为宏观，涉及各行各业共同营造的环境稳定性，因此不偏向于任何一个主体，不在本章的考虑范围内。因此，基于本书所构建的互联网消费信贷产品持续使用意愿影响因素及其作用机理的实证研究结果，本书主要从企业维度、消费者维度与政府维度对互联网消费信贷行业的良性发展提出对策建议。

一、企业维度

消费者是否会持续使用互联网消费信贷产品是企业关注的重要问题。本书通过研究证实了消费者满意度在持续使用意愿中起的关键作用，明确了消费者对产品各方面拥有较高的满意度后，持续使用互联网消费信贷产品的可能性较大。而在概念模型的构建中，服务接触质量、信贷感知风险、信贷期望确认、信贷动机强度都对消费者具有直接影响。因此，结合以上四方面的结论从企业维度出发，提出以下几点建议。

（一）提升服务接触质量

本书通过服务接触质量反映消费者与产品、商家接触的感知利得，实证分析主要体现了产品接触质量与品牌接触质量对消费者持续使用意愿的显著影响，因此本书主要从产品接触质量与品牌接触质量两方面提出建议。

1. 提升互联网直接借贷式产品接触质量

分组样本结果显示，产品接触质量对互联网受托支付式产品的持续使用意愿无显著的直接影响，而产品接触质量对互联网直接借贷式产品持续使用意愿的正向影响作用明显大于品牌接触质量与技术接触质量，因此在提升产品接触质量方面，主要针对互联网直接借贷式产品。对比互联网受托支付式产品，互联网直接借贷式产品的信贷额度更大、部分产品审批时间稍长、贷款利率在产品间存在明显差异以及应用场景不受局限等差异。影响消费者产品使用体验的主要因素源于信贷额度与贷款利率，建议企业利用大数据分析技术精准测算用户的消费能力、还款能力和信用级别，以此进行用户分级，为不同消费层次的用户提供符合其经济能力和消费能力的消费信贷服务。对于具有循环消费贷款习惯的客户，可以通过适当提高信贷额度、给予单次贷款利率优惠维护客户关系。

2. 注重平台品牌形象管理的附加效益

消费者对互联网消费信贷产品的技术风险感知一定程度上间接扩大了品牌接触质量在众多影响因素中对持续使用意愿的影响，即在选择互联网消费信贷产品时，消费者会依赖于品牌效应对产品做出选择，尽管面临着溢价支付的成本费用。总样本与互联网受托支付式产品分样本的实证研究也表明，品牌接触质量对互联网消费信贷产品持续使用意愿提升的促进作用也高于产品接触质量与技术接触质量，而在互联网直接借贷式产品样本中也略低于产品接触质量。因此，企业经过长期时间树立的品牌形象有助于互联网消费信贷平台稳定信贷产品的消费群体。对尚未树立品牌形象且试图持续发展的小份额平台而言，提升用户体验、打造口碑效应、塑造产品品牌是扩大市场份额的当务之急，通过广告宣传、口口相传扩大营销影响力。对成功树立品牌形象的平台而言，则需要重视品牌形象的维护问题，提升公关危机处理能力，具体表现为发现产品问题的速度、补救措施的应急能力以及员工素质的培训提升等。

（二）降低产品感知风险

相比使用产品带来的利得，风险因素对持续使用意愿的降低作用更为明显。消费者对互联网消费信贷产品的感知风险主要源于技术优势带来的信息安全、经济成本、社会影响等风险。同时，在引导更多消费者树立缓冲存货储蓄信贷理念时，加大了互联网消费金融机构的资金风险。因此，为了互联网消费信贷的健康发展，本书认为企业可以采取以下两个措施来降低产品使用的风险。

1. 扩大资金渠道来源以防范流动性风险

互联网消费信贷业务的开展是在消费者提出贷款申请前便对授信额度进行了规划，这给机构运营带来了较大的资金压力。目前中国互联网消费金融行业的资金来源渠道主要分为股东存款、境内金融机构借款、发行金融债券、境内同业拆借等，但资金渠道各具优劣，机构资金来源仍然受限。因此借鉴国际经验，需要加大制度创新，构建多层次的资金来源渠道。这需要政府放松对相关业务的资金来源渠道审核资格，同时机构自身也可以将所持有的小额、分散的消费金融基础资产进行打包，增强资金的流动性与收益性。

2. 加强产品的技术支撑以降低消费者感知风险

面对互联网消费信贷产品，消费者的感知风险主要源于三点：一是个人信息、财产、交易记录是否具有可靠的保密性；二是使用互联网消费信贷产品的相关记录是否会对社会生活的其他方面产生不利影响；三是使用互联网消费信贷产品对自己冲动型消费的刺激程度，是否超出了可承受范围。尽管在消费者选择使用互联网消费信贷产品时会通过勾选同意产品使用的相关承诺、协议书以获得使用权，但大部分消费者没有耐心与时间将产品使用的所有条款一一阅读完，且大部分消费者并不能清晰地理解条款所述含义。为缓解消费者在以上三方面的风险感知，平台在提供产品时需要设计相关信息、知识查询窗口或者通知弹出功能，对与消费者关注的风险焦点问题予以简单明了的解释，同时提供相关法律法规的客服答疑工作人员以便消费者直面沟通，提升沟通效率。其次，对消费者消费信贷额度的设置理性结合消费者的日常消费记录、消费习惯进行额度配置，除了消费者可自主调降单期消费信贷金额外，平台可设置定期通知消费者信贷金额数据的变化情况，提醒消费者查询支出明细，合理安排后续的收支分配。

（三）刺激信贷使用动机

对互联网消费信贷的潜在用户而言，源于周围人群的口碑推荐、商家的广告宣传都会促使消费者产生需求，从而产生动机。对已经在使用互联网消费信贷产品的用户而言，如何增强用户黏性，促使消费者产生持续使用的行为动机是需要被考虑的问题。因此结合这两者需求，本书从以下两方面提出对策建议。

1. 健康宣传信贷产品以扩大产品吸引力

由于互联网消费信贷业务的开展不存在线下金融机构，因此不存在实体店的沉浸式体验，纸媒宣传占比也很低，大多通过社交媒体进行广告宣传。但互联网消费金融机构需要明确，信贷产品为居民生活带来了便利，达到跨期消费的目的；但同时也增加了居民潜在的还款压力，不少大学生、中低收入水平的居民出现冲动性消费、到期无法还款的现象。考虑到社交媒体的广泛影响力，产品的广告设计、宣传的内容面对贷款金额的用途应该有正确的价值观引导，不能一味地强调信贷产品可以实现跨期消费的优势。

2. 培养消费者对企业产品的使用习惯

当前互联网消费信贷产品的特征同质化明显，在存量时代即将到来之际，如何增加用户黏性是维持客户持续使用意愿的关键问题。除了维持并且提升产品服务质量、利用平台品牌效应获取客户信任以外，还可以从两方面培养消费者持续使用企业信贷产品的习惯。一是增加产品转换成本，凸显产品成本优势。针对用户等级推出特定的优惠活动，或者适当降低使用费用可以使消费者清晰地感知到平台对不同等级的用户提供精准化的信贷金融服务以提升用户的产品体验质量，同时也能凸显出选择其他平台或品牌的信贷产品可能支付的额外成本，由此降低消费者的转换意愿。二是实行平台产品捆绑，扩大信贷产品应用场景。企业通过建立平台为消费者提供信贷服务，平台乃至系统所包含的业务内容往往不仅限于互联网消费信贷业务，因此企业可以通过将信贷产品与平台、同企业下的其他产品进行业务链接，消费者在使用或者享受平台提供的其他服务时可以选择使用该平台的信贷产品以节省经济成本、时间成本，或者消费者在使用或者享受平台提供的部分其他服务时必须使用该平台的信贷产品，以此扩大互联网消费信贷产品对消费者的吸引力，通过增加用户的转换壁垒达到增加消费者用户黏性的效果，逐步形成使用习惯。

二、消费者维度

对中国居民而言，紧随着互联网消费信贷产品的便捷带来的是令人规避的技术风险。由于消费信贷等金融知识的缺乏，中国居民面对这一类产品均持保守态度，即一旦风险发生便彻底放弃互联网消费信贷产品。因此，消费者的消费习惯与消费意识对于互联网消费信贷的行业发展也是一个有待解决的问题。在日常生活中需要对消费者进行理财投资、消费信贷等金融知识的普及，对消费者在信贷意识方面进行超前消费的观念引导。为了维护消费者权益、保证互联网消费信贷企业健康有序发展，除了要求企业、消费者主体的市场行为规范以外，还应对缺乏金融危机意识的大众群体进行理性信贷消费的观念灌输。

（一）树立理性信贷观念

信贷行为意愿的产生受多方面因素的影响，从认知理论的角度而言，消费者的内在驱动力最能促使行为的产生。面对互联网消费信贷产品的使用，冲动性消费、诈骗事件的防不胜防在一定程度上也体现了中国消费者的信贷消费意识。本书认为，预防上述风险发生主要取决于对产品的选择以及资金的用途，故提出以下两点建议。

1. 理智选择互联网消费信贷产品

在对互联网消费信贷产品的选择方面，大部分消费者会依赖于品牌效应，认为具有良好品牌形象的产品可靠性更强，而大概率上具有良好品牌形象的产品也确实满足了消费者对可靠性的要求。但在现实生活中，仍然有部分消费者在选择并使用互联网消费信贷产品之前未对产品进行充分的了解，由此带来了惨痛的经济损失与精神损失。研究发现，大多数中国消费者在选择互联网消费信贷产品时并不会过多地对产品进行信息筛选、资质查询，部分消费者仅依托品牌信赖、亲朋好友推荐、信贷产品小广告而直接使用了对应的信贷产品，在签订产品使用协议时也不会对协议进行充分理解，由此造成了潜在的金融风险。因此本书倡议广大消费者在选择产品时，需要注重品牌形象，可以信赖亲朋好友推荐，但仍然需要抽出时间结合平台提供的答疑窗口对所使用产品进行信息搜寻与核实，自主降低使用风险，避免遇到恶意欺诈事件。

2. 理性透支互联网消费信贷金额

在选择可靠的互联网消费信贷产品之后，信贷行为的约束与控制也需要消费者进行自主规范。政府、社会媒体、亲朋好友与企业虽然鼓励消费者使用互联网消费信贷产品，也确实满足了不少长尾客户的信贷需求，但另一方面互联网消费信贷产品的出现也大大增加了消费者冲动消费的占比，严重者对日常生活造成了不小的困扰，例如，不少90后、95后利用各大平台的互联网消费信贷产品同时分期付款购买远超过自身偿债能力的商品，进入以贷还贷的恶性循环中。本书认为消费者从消费理念上应将互联网消费信贷产品视为辅助工具，满足自己消费力不足的即期消费，而不应该将互联网消费信贷产品视为额外收入从而进行疯狂消费。其次，消费者从消费习惯上通过制订消费计划，合理安排流动资金与互联网消费信贷产品的使用占比，降低冲动性消费，降低对产品的感知风险。

（二）加强金融知识储备

信用意识的薄弱与信贷风险防范意识的薄弱体现了消费者在相关消费金融知识储备方面的不足。政府完善相关法律法规、企业补充风险说明的同时，消费者也需要加强学习金融知识的自主性。

1. 关注消费信贷相关政策文件

尽管互联网消费信贷相关的法律法规体系、监管体系还有待完善。但针对互联网消费信贷机构准入、退出、运营仍有相关的政策文件、明文规定指导，消费者在考虑互联网消费信贷产品的使用时，不仅依托于产品供给的平台，也应对平台的运营资质、相关信息进行查询。在日常生活中，关注政策文件的发布，了解当前政策对互联网消费信贷发展的支持力度与支持方向，从而对自身行为决策做出调整。一方面加强了对互联网消费信贷的了解，一方面提升了使用产品的安全系数。

2. 注重产品使用说明与权限获取

在使用产品、达成借贷协议之前，因就签订的协议、产品的使用说明具有清晰的认知，明确自身的权利与义务。对产品的相关信息进行学习有助于同类产品的对比。在使用产品的过程中，由于互联网消费信贷业务的开展集中于线上，涉及场景的兼容，因此会对通过手机端、电脑端使用产品的消费者发出权限获取申请，消费者需要知晓平台的权限获取内容，以防不法分子利用消费者在金融知识方面的不足损害了消费者的合法利益。因此，消费者在闲暇之余，可以通过借助其他搜索引擎、社交媒体渠道帮助自身解惑，降低上当受骗、权益侵害的风险。

三、政府维度

在互联网金融乃至社会信用体系的建设过程中，政府主要负责法律法规的制定以及监管行业健康发展的职能。面对互联网消费信贷业务的推广与普及，中国各地政府持绝对鼓励与严格监管的态度。在经历多例风险事件后相关监管法律法规也得到逐步完善，并仍在不断完善的过程中。法律法规等强制性约束手段主要针对企业主体，用于规范互联网消费信贷市场行为。在政府主导型发展的中国国情下，对于企业，政府是管制者；对于市场消费者，政府更像是引导者，对公众的观念产生影响。由于本书研究的出发点是始于消费者心理因素与行为意愿的关系研究，因此从政府维度出发，需要为消费者创造良好的外部环境氛围，降低消费者的信贷感知风险，引导消费者树立正确的消费理念。因此本书主要从完善信贷业务监管体系、推动金融基础设施建设和厘清金融创新引导三方面提出对策建议。

（一）完善信贷监管体系

在消费信贷业务发展面临的外源性风险中，法律体系的不健全会引发相应的合规性风险。目前中国关于消费金融的利率、资金渠道、资金用途的相关规定不够明确、监管不到位，关于消费者的个人权益保护问题，也并未有相关的法律制度。因此消费信贷业务的监管体系还有待完善，主要在于法律法规体系的健全与监管方式的转变。

1. 完善消费信贷法律规范体系，保障消费者权益

法律体系是规范信用主体行为的强制性手段，能有效防范互联网消费信贷带来的潜在风险。目前国家针对企业主体，已经制定并实施了相关的《企业破产法》针对企业破产程序、清理相应的债权债务、合理保障债权人和债务人的权益。然而互联网消费金融带来的快速发展，引发了风险的不断上升，面对居民杠杆率的逐年升高，国内尚无保护个人合法权益的《个人破产法》，也没有相关的制度。对金融消费者也缺乏官方的定义与范围界定，一定程度上对执法造成了困扰。在机构组织方面，中国可以在中国人民银行下设立专门的消费者金融保护局，加强对消费信贷过程中的业务管理与消费者权益保护；设立消费者保护基金以预防消费金融机构出现资金风险时，可以用于偿付以保障消费者的合法权益。

2. 按照消费信贷产品类型而非机构类型进行监管

当前由于互联网消费金融的快速发展，市场规模扩大，业务类型多元化。对于不同类型的金融企业，中国主要是根据企业的注册类型采取不同的监管方式，这一点从互联网消费技能机构、发展模式的划分可以看出。在监管过程中各地金融办、金融局、银保监局对不同注册类型的企业采取的监管尺度、惩罚力度、执法成本都存在较大差异。然而不同的机构类型也会包含相同的消费信贷业务，例如，电商系消费金融机构向消费者提供受托支付式与直接借贷式产品，垂直分期平台类消费金融机构主要提供受托支付式产品，网络借贷平台类消费金融机构则开展直接借贷式信贷业务。受托支付式与直接借贷式产品存在借贷金额、借贷用途的显著区别，对于企业、消费者来说风险程度显著不同。因此本书建议对于消费信贷业务乃至消费金融业务，按照业务类型的不同实行统一的监管体系，以“保障消费者利益、维持金融市场秩序、鼓励合理合法的金融创新”为指导思想，推动相关监管体系的升级。

（二）推动金融基础建设

在混合制的征信体系发展模式下，政府引领各相关部门进行数据共享、平台搭建，吸引市场征信机构的加入，以金融行为为起点延伸至社会方方面面的行为记录，试图构建社会信用体系。而针对互联网消费信贷业务，主要目的在于通过基础设施建设提高风险防控效率，以及适当的数据共享以降低消费者感知风险。

1. 加强基础设施建设，完善社会征信体系

消费信贷的健康发展依托于消费金融的基础设施建设。互联网技术的加入促使传统消费金融机构业务互联网化，然而整体上互联网消费信贷的发展存在制度保障不足、产品研发能力弱、专业信贷人才少、品牌争议度高等缺陷，因

此应该加强对科技的应用，结合自身的技术优势，推动互联网消费信贷健康发展。目前社会征信体系的建设较为落后，借鉴国外的先进经验，中国的社会征信体系应基于国情明确政府、市场的权责，借助互联网、大数据、区块链、人工智能技术对信用主体的金融行为、非金融行为的信息数据进行搜集、整理、评估，构建征信平台。

2. 加强社会公众联系，信贷记录影响透明化

研究发现，现下使用互联网消费信贷产品的风险感知主要源于消费者对个人信贷记录的公开以及由此对社会生活造成的影响。例如，部分受访者表示，自己使用互联网消费信贷产品的动机始于缓冲存货储蓄型，但担心自己的信贷记录会对其他社会行为的资质产生不利影响，因此会考虑不再继续使用互联网消费信贷产品，尽管他们对当前产品很满意。因此，为安抚消费者心理，鼓励消费者使用互联网消费信贷产品，在社会信用体系构建的平台中应加强信息的透明化，政府、央行等监管部门应该通过官方平台发布相关信息并且扩大平台在消费者群体中的认知普及度，结合消费者疑问构建一个互联网消费信贷或者消费信贷产品知识答疑区，让消费者可以及时查询到具有公信力的相关信息，以便降低消费者的感知风险。

（三）厘清金融创新引导

互联网消费信贷的出现，刺激了居民消费，推动了经济发展。但同时，互联网消费信贷也带来了新的风险问题。政府在支持互联网消费金融机构时也要保证有效的监管并存。因此，在推动互联网消费信贷健康发展方面，本书认为政府应该在以下三方面有清晰的认识。

1. 厘清消费金融创新与风险的关联与界限

技术的更新迭代，可以帮助传统行业扩大影响力，对消费金融而言，互联网消费金融、互联网消费信贷的出现可以算作一种创新，由于二者对消费经济的拉动效果明显，得到政府的鼓励、政策的扶持。然而技术提升等系列社会进步帮助人类有效缓解或规避已知风险带来的威胁。随着科技发展与财富积累，未知风险，甚至是更严重的风险可能性在不断增大，从而爆发矛盾，例如，信息安全风险等，然后人类又投身于下一个降低风险的完善阶段。因此对于互联网消费信贷的发展，一方面要加强政策约束，另一方面是要认清，只有根据基本国情对行业发展的实际情况循序渐进地确定各个阶段的目标任务，稳步推进，才能在控制风险的同时取得良好的成绩。不能仅看重消费金融创新，寄希冀于互联网消费信贷对消费的拉动、经济发展的促进，也要重视互联网消费金融、互联网消费信贷的发展带来的风险。

2. 加强政策支持，政府保持“竞争中性”

加强政府监管的同时也需要采取有效的政府支持，保证互联网消费信贷市场的良性进入、退出与发展。在市场大清洗后，监管部门对消费信贷业务的开展在诸多方面加强了条件限制，本书认为政府在行业发展中主要起着引导市场、消费者的作用，对于市场的竞争应予以政策扶持，保持自身的中立态度。例如，对发展初期的互联网消费金融机构予以税收优惠、补贴、工商办理等绿色通道；不限制业务在地理范围上的扩张，但要注意对业务开展内容的监管。将消费信贷市场交还企业，传统商业银行、持牌的消费金融公司与互联网消费金融公司实行良性竞争。

3. 引导缓冲存货储蓄型消费信贷理念

在消费者与互联网消费信贷产品、企业的博弈关系中，一方面想刺激消费者利用互联网消费信贷产品满足当期消费水平，一方面需要消费者根据自己的偿债能力理性消费，以此平衡消费者与企业的风险。互联网消费信贷产品具有金额小、周期快的特点，本书通过分析，发现消费者使用互联网消费信贷产品的动机分为平滑消费动机、缓冲储蓄动机，享乐型动机介于两者之间。比起缓冲储蓄动机与享乐型动机，平滑消费动机更可能刺激消费者进行冲动消费，从而在持续使用产品的过程中，拥有更高的感知风险，对互联网消费信贷产品产生抵触情绪。政府可以向消费者传达缓冲存货储蓄性消费信贷理念，促使消费者将互联网消费信贷产品视为日常金融支付工具，既满足消费信贷金额的循环流动，又可以控制消费者不会过度的冲动型消费。在消费者率先形成缓冲存货储蓄性消费信贷理念后，再逐渐过渡到用于平滑消费的超前消费理念。

四、本章小结

论文根据互联网消费信贷产品持续使用意愿影响因素及其作用机理的研究背景、研究基础、实证结果分别从企业维度、消费者维度、政府维度提出相应的对策建议。首先，从企业维度强调对产品质量、品牌形象提升的重要性，如何降低企业、消费者在产品使用过程中的感知风险以及通过正确的广告宣传、增强用户黏性来保持消费者的持续使用意愿；其次，从消费者维度强调了理性消费的必要性，需要消费者理性选择产品、选择资金用途，同时加强自身对金融知识的储备；最后，从政府维度强调了监管体系的健全、基础设施的建设以及相关观念的明确。至此，本书试图明确企业、消费者、政府在互联网消费信贷行业发展中扮演的角色，从三个维度共同促进行业的良性发展。

第八章

结束语

基于本书推演的互联网消费信贷产品持续使用意愿影响因素及其作用机理的概念模型，通过结构方程模型和分层回归分析法对第三章中所提出的研究假设进行验证，分析产品接触质量、品牌接触质量、技术接触质量、信贷感知风险、信贷期望确认、信贷动机强度与消费者满意度、持续使用意愿之间的关系。本章的主要内容分为三个部分：首先，对本书的研究结论进行总结；其次，对研究的创新之处进行陈述；最后，针对本书研究的局限之处进行剖析，同时对互联网消费信贷研究的未来趋势进行展望。

一、研究结论

在本书提出的 18 条研究假设中，15 条研究假设得到验证，3 条假设不成立，进一步说明本书构建的模型具有一定的合理性。基于得证成立的研究假设，对数据结果进行对比分析与分类，主要得出以下结论。

1. 信贷期望确认对产品接触质量、信贷感知风险具有显著影响

结果证明，信贷期望确认可以显著提升消费者的产品接触质量感知、显著降低消费者的信贷感知风险。但在对比影响系数绝对值时，使用互联网消费信贷产品后的期望确认对信贷感知风险的降低作用要略高于对产品接触质量的促进作用，说明消费者在自身期望得到满足后，更能降低对互联网信贷产品的感知风险。作为期望确认模型的基础变量，信贷期望确认可以通过产品接触质量、信贷感知风险、消费者满意度对持续使用意愿产生间接影响。风险的降低情况与服务质量的提升情况体现在消费者对信贷期望的确认程度，信贷期望确认对持续使用意愿的影响绝对值介于信贷感知风险、产品接触质量之间。

2. 产品接触质量、品牌接触质量、技术接触质量、信贷感知风险、信贷期望确认以及信贷动机强度均对消费者满意度存在显著影响

仅有信贷感知风险对消费者满意度存在负向影响，产品接触质量、品牌接触质量、技术接触质量、信贷期望确认以及信贷动机强度均可以对消费者满意

度起到正向的提升作用。从系数绝对值来看，信贷动机强度是影响消费者满意度的关键因素，然后依次为产品接触质量、信贷期望确认、信贷感知风险、品牌接触质量与技术接触质量。其中信贷动机强度的系数绝对值是其他变量的影响系数值的 2 倍左右。互联网消费信贷产品的信贷动机主要体现为平滑消费动机、缓冲存货型储蓄动机、享乐型动机，当消费者拥有较强的信贷产品使用动机时，会容易形成较高的消费者满意度。对比服务接触质量维度，产品接触质量最能提高消费者满意度，其次为品牌接触质量、技术接触质量，说明在消费者接触到企业提供的互联网消费信贷服务中，能促使消费者满意度提升的仍然是直接使用的产品体验质量，再次看重的是产品所持的品牌质量，最后才是产品呈现的技术质量。

3. 产品接触质量、品牌接触质量、信贷感知风险、信贷动机强度以及消费者满意度对持续使用意愿存在显著影响，技术接触质量无法直接影响持续使用意愿

对比各影响因素对持续使用意愿的总效应可以发现，消费者满意度是促使消费者持续使用产品的关键因素，系数绝对值是其他变量的 1.5~2 倍。而信贷动机强度对持续使用意愿的直接效应与间接效应的差异最小，总效应仅次于消费者满意度，说明消费者持续使用意愿的形成需要依赖于消费者是否具备使用互联网消费信贷产品需求。当消费者对产品拥有较高的满意度和动机强度时，消费者继续使用产品的概率将大大提高。

实证分析结果表明，信贷风险感知可以通过降低消费者的信贷感知风险，显著提升消费者的持续使用意愿。在直接效应的对比中，与消费者满意度直接影响因素作用排序结果不同的是，信贷感知风险对持续使用意愿的影响系数值仅次于消费者满意度，其次为品牌接触质量、信贷动机强度、产品接触质量。对比总效应值的排名，信贷风险感知对持续使用意愿的影响重要性排名第三，仅次于消费者满意度与信贷动机强度，通过消费者满意度对持续使用意愿产生的间接影响最小。这说明面对互联网技术特征显著的互联网消费信贷产品，消费者更为看重产品特征中的风险因素，但结合信贷期望确认与信贷感知风险的影响系数、信贷感知风险与持续使用意愿的影响系数来看，消费者的信贷感知风险最易受到波动影响。而信贷期望确认对持续使用意愿的间接影响路径中，信贷感知风险所起的中介作用最强，这意味着它在持续使用意愿的影响因素结构中承担着重要的角色。

在对持续使用意愿的直接影响与总效应中，消费者在选择继续使用同一产品时，更为注重产品供应商的品牌形象，这也是大部分消费者会选择持续使用

阿里巴巴、京东、腾讯品牌下互联网消费信贷产品的原因，实证结果符合现实背景。技术接触质量对持续使用意愿不存在显著的直接影响，假设 H11 不成立，说明在消费者持续使用意愿的影响因素中，技术接触质量由于与其他因素同时存在，其对消费者持续使用意愿的显著影响被替代、弱化，变得不显著。在互联网消费信贷场景中，选择产品时的系统稳定性、操作简便性、页面设计等因素不会对消费者持续使用意愿产生影响，对于服务接触质量，消费者更为看重的是产品的品牌可信度与产品实现的功能是否满足自身需求。但总体而言，产品接触质量、品牌接触质量与技术接触质量作为服务接触质量的子维度，对持续使用意愿的影响排名末三位，影响作用相对最小。

4. 外部环境氛围对信贷感知风险、信贷动机强度与持续使用意愿的调节作用显著，而对产品接触质量、消费者满意度与持续使用意愿则不具有显著的调节作用

外部环境氛围对信贷感知风险与持续使用意愿具备负向的调节作用，对信贷动机强度与持续使用意愿具备正向的调节作用。良好的外部环境氛围包含了稳定的经济环境与信贷消费观念，政府鼓励消费者理智地增加互联网消费信贷产品使用频率，但同时又向公众传递互联网消费信贷行业健康发展的信号。周围亲朋好友、社会媒体对互联网消费信贷产品的好评会缓解消费者对信贷产品的感知风险，同时市场产品的多元化为消费者提供了更多的产品选择，沉没成本有所降低。消费者对外部环境氛围的感知差异会对信贷感知风险与持续使用意愿的关系产生干预。外部环境氛围可以缓解消费者信贷感知风险与持续使用意愿的负向关系，存在负向调节作用。而中国消费者普遍具有信贷消费需求，且存在较大比例人群的信贷消费需求未被满足。外部环境氛围向消费者传递出使用互联网消费信贷产品的可行性信号，当消费者感知到外部环境氛围良好时，会刺激其信贷动机的加强，从而在持续使用意愿方面呈现出差异。例如，当周围的人都将互联网消费信贷产品视为一种支付工具时，外部环境氛围良好，消费者的信贷动机强度会有所加强，从而持续使用意愿的可能性得以提升。

外部环境氛围对产品接触质量、消费者满意度与持续使用意愿不具备显著的调节作用。这说明产品接触质量对消费者持续使用意愿产生影响的过程中受到外部环境的干预较少，或不存在明显的干预。由于产品接触质量主要源于消费者自身体验产品的感受，其时间成本、信贷需求条件都根据自身情况而定，受外界评判标准影响较小。本书发现互联网受托支付式产品样本的信贷感知风险与消费者满意度不存在显著影响关系，在产品风险未真实发生或者消费者不知道风险是否发生的情况下，外部环境氛围的好坏不能改变消费者对单个产品

体验的评价，消费者满意度主要依靠服务接触质量而做出评价，因此外部环境氛围在消费者满意度与持续使用意愿的关系中不会存在显著的调节作用。

二、研究创新

本书围绕互联网消费信贷产品持续使用意愿影响因素及其作用机理这一研究主题展开，在模型构建、假设提出、量表设计、实证分析与对策建议过程中均基于对现有文献研究成果和中国互联网消费信贷现实问题的充分理解。本书的创新点主要体现在以下三方面。

1. 丰富了消费者使用互联网消费信贷产品动机的理论内涵

关于信贷动机强度的引入主要依据于认知理论，从内外部驱动因素丰富消费者持续使用意愿影响因素模型。对信贷动机强度的内涵梳理主要借鉴信贷消费意愿相关理论，从而开发了测量量表并进行数据收集、实证分析。已有研究引入了动机强度对消费者行为的实证分析，在互联网产品使用动机与意愿的关系探索方面取得了一定进展，但针对互联网消费信贷产品动机强度的内涵界定和维度划分还缺乏实证结论。本书以生命周期—持久收入假说与缓冲存货储蓄理论为基础，梳理出消费者使用信贷产品的平滑消费动机与缓冲存货型储蓄动机，以此丰富了消费者使用互联网消费信贷产品的动机内涵，明确相关的理论支撑。依据小规模访谈结果，在量表呈现的具体题项中也包含了享乐型动机，尽可能覆盖消费者使用互联网消费信贷产品的动机类型。研究结果表明除了消费者满意度以外，信贷动机强度对持续使用意愿影响作用最大，证明了在本书的概念模型中，加入信贷动机强度变量是合理的且必要的。信贷动机强度的加入旨在测量消费者内在需求、动机对持续使用意愿的影响，与外部驱动因素进行对比。

2. 构建了互联网消费信贷产品持续使用意愿研究的概念模型

本书结合消费者行为经典理论、消费者行为研究模型与实证研究结果对消费者持续使用意愿影响因素进行梳理，发现已有实证研究重点关注消费者心理因素对行为意愿的影响，也有学者单独提出了外部环境因素、源于商家与产品的相关因素对消费者行为意愿的影响。但目前缺乏对消费者持续使用意愿影响因素概念模型的整合，因此本书引入外部环境氛围变量。在对消费者心理因素的选取中，通过对各个模型代表变量的内涵进行对比，筛选出符合互联网消费信贷场景的服务接触质量、信贷感知风险考察消费者对产品的感知状态。不同于服务接触质量从正向角度反映消费者使用产品的绩效感知，本书对信贷感知风险的测量内容进行了有效区分，避免变量测量内容出现重复交叉。通过小规模访谈，结合风险感知理论，本书设计的信贷感知风险量表主要测量互联网消费信贷产品存在的技术风险以及给消费者带来的社会风险、心理风险，一方面完善消费者与产品接触带来的心理刺激，一方面反映了互联网消费信贷产品所独具的风险特征。由此，本书所构模型探讨了互联网消费信贷产品持续使用意愿的关键影响因素作用机理，对丰富消费者持续使用意愿影响因素研究具有一定的理论创新价值。

3. 揭示了外部环境氛围对持续使用意愿的调节作用

在现实环境中，人们看待事情的想法会受到外部环境的干扰，因此在同一件事情上的行为体现出差异。在对个人行为意愿的影响因素研究方面，大多学者探讨了源于商家与产品的相关因素对个人行为意愿的影响；已有研究鲜有考虑外部环境氛围对个人心理感知差异的影响。当前研究中对外部环境氛围对互联网消费信贷产品持续使用意愿的调节作用关注还较少，已有的相关研究主要针对企业主体的外部环境与企业行为关系。本书首先对互联网消费信贷产品、供应企业、消费者、外部环境进行了范围界定，明确使用互联网消费信贷产品的消费者所处的外部环境主要包括经济环境、文化环境、政治环境、社会环境与市场环境。参考关于企业外部环境氛围的测量题项进行内容、对象的转换，借鉴关于社会环境的成熟量表，完成了对外部环境氛围测量量表的设计。经过实证研究发现，外部环境氛围可以有效缓解信贷感知风险与持续使用意愿的负向关系，可以加强信贷动机强度与持续使用意愿的正向关系，因此可以通过营造良好的外部环境氛围降低消费者的信贷感知风险、加强信贷动机强度，从而间接提升持续使用意愿。本书对丰富环境因素、营销因素、个人因素与消费者行为意愿关系的研究具有一定的理论创新意义。

三、研究展望

本书在以往消费者行为理论及实证研究的基础上取得了一定的理论进展，在研究过程中严格按照科学的研究范式开展工作，研究内容与方法运用具有一定的创新性，研究结果也对互联网消费信贷行业相关主体具有一定的参考价值。但由于个人理论基础、研究经验、时间精力等方面的匮乏与不足，本书的研究成果仍然存在局限之处，在未来将按照以下几方面继续深化互联网消费信贷产品相关研究。

1. 研究样本的选取。国内市场中互联网消费信贷产品类型划分依据众多，覆盖地域辽阔，本书的研究样本量相对而言较少，时间跨度比较短，研究结果可能存在代表性不足的问题。首先，由于问卷收集方式以及数据收集时间受限，本书的实证样本的产品类型仅区分为互联网受托支付式产品与互联网直接借贷式产品，依据平台特征可以将互联网消费信贷产品进一步细分。从广义的互联网消费信贷产品概念角度，还应包括传统商业银行、消费金融公司提供的线上互联网信贷产品，不同参与主体提供的互联网消费信贷产品存在特征差异，理论上消费者关注的因素也会有所差异。其次，由于中国东中西部地区（如一线城市与三线城市、城市地区与农村地区）资源不同、经济发展水平不同，消费者群体间的信贷需求与外部环境也不尽相同，因此可以在未来的研究中通过扩大区域的研究样本，对比分析各区域间的互联网消费信贷产品持续使用意愿影响因素差异，有助于具有针对性地提供对策建议。最后，由于持续使用意愿涉及消费者行为跨期，为更有效地反映消费者的动态性行为，未来希望能持续追踪受访者的行为数据，了解消费者的心理、行为变化过程及原因。

2. 研究方法的改进。首先，在问卷的量级设定方面，尽管在经过访谈调研后本书采用了 Likert 五级量表由受访者自主打分的方式收集数据，但在未来的研究中试图将 Likert 五级量表拓展至七级、九级量表，结合扩充的样本量使得所收集数据更符合正态分布，适用于计量分析方法。其次，综合运用了统计分析法、结构方程模型与分层回归法对本书提出的互联网消费信贷产品持续使用意愿影响因素概念模型进行验证分析，未来可以结合多种方法重复对模型进行数据验证，加强结论的说服力。最后，本书对互联网消费信贷产品持续使用意愿影响因素的研究停留在体现各影响因素的重要性，未对影响因素的绩效进行深入探讨。例如，对于目前互联网消费信贷产品的产品质量如何、品牌形象良好程度未进行详细的、专业化的讨论。因此，在未来的研究中还会基于已有研究结果对影响因素进行综合评价，运用 fuzzy-DEMATEL、fuzzy-TOPSIS 等评价方法，发现互联网消费信贷行业的发展短板。

3. 研究模型的扩展。首先，本书所构建的模型仅对单一路径进行了探讨，未对所有影响因素之间的两两关系进行分析，潜在的相互作用关系可能会改变实证研究结果，因此未来研究中会对各影响因素的耦合关系如何影响消费者持续使用意愿进行分析。其次，对外部环境氛围与信贷期望确认的测量旨在体现整体评估状态，在今后的研究中还将考察外部环境氛围中子环境氛围对消费者持续使用意愿的影响差异；也会分析不同信贷动机强度在影响消费者持续使用意愿中的重要性排序。再次，随着市场元素的更新迭代，现实中影响消费者持续使用意愿的因素多于概念模型所提及的变量，因此一方面对调研数据要实现定期追踪，另一方面要紧跟现实背景，有战略性地将其他存在潜在影响的因素纳入对持续使用意愿的影响模型中，稳步推进研究工作，更新相关研究结论。

最后，研究模型主要体现为潜变量模型，而在现实环境中人口统计特征在潜变量方面存在的差异如何能以更合理有效的统计方法呈现出来，让企业、消费者与政府主体清晰了解到解决问题的针对性人群与有效性路径，这也是本书有待深化研究的层面。

参考文献

一、中文文献

（一）专著

［1］井森．网上购物的感知风险研究：基于上海大学生的实证分析［M］．上海：上海财经大学出版社，2006.

［2］邱皓政．结构方程模型的原理与应用［M］．北京：中国轻工业出版社，2009.

［3］张伟豪，徐茂洲，苏荣海．与结构方程模型共舞：曙光初现［M］．厦门：厦门大学出版社，2020.

（二）期刊

［1］曹高辉，虞松涛，张煜轩，等．消费者持续参与在线评论意愿实证研究［J］．管理评论，2017，29（11）．

［2］陈明亮，李怀祖．客户价值细分与保持策略研究［J］．成组技术与生产现代化，2001（4）．

［3］陈明亮．基于全生命周期利润的客户细分方法［J］．经济管理，2002（20）．

［4］陈明亮．客户重复购买意向决定因素的实证研究［J］．科研管理，2003，24（1）．

［5］程雪军，王刚．互联网消费金融的风险分析与监管建构［J］．电子政务，2020（5）．

［6］程雪军，吴敏，马楠．互联网消费金融资产证券化的发展反思与监管建议［J］．消费经济，2020，36（2）．

［7］程雪军．互联网消费金融：科技应用、问题与监管对策［J］．当代经济管理，2020，42（7）．

［8］程雪军．互联网消费金融的发展困境与路径选择：基于产业链的研究

视角 [J]. 兰州学刊, 2020 (9).

[9] 邓恩, 向志强, 赵明. 品牌传播对互联网金融业消费者选择行为影响研究 [J]. 财经理论与实践 (双月刊), 2017, 38 (209).

[10] 董大海, 权小妍, 曲晓飞. 顾客价值及其构成 [J]. 大连理工大学学报 (社会科学版), 1999 (4).

[11] 樊刚. 外界刺激对循环信用使用行为的影响研究: 信用卡态度和物质主义价值观的调节 [J]. 暨南学报 (哲学社会科学版), 2015 (4).

[12] 封思贤, 宋秋韵. 数字金融发展对我国居民生活质量的影响研究 [J]. 经济与管理评论, 2021, 37 (1).

[13] 冯辉. 论互联网金融的私法规制: 以大学生网络信贷消费合同的效力问题为例 [J]. 南京社会科学, 2017 (12).

[14] 冯小亮, 任巍. 社会影响易感性和虚拟产品采用: 用户等级和产品类型的调节作用 [J]. 南开管理评论, 2018, 21 (5).

[15] 符国群, 俞文皎. 从一线员工角度探讨服务接触中顾客满意与不满的原因 [J]. 管理学报, 2004, 1 (2).

[16] 付荣, 姚红利, 王雪梅. 互联网消费信贷行为及满意度调查分析: 以杭州市为例 [J]. 杭州电子科技大学学报 (社会科学版), 2019, 15 (6).

[17] 甘犁, 赵乃宝, 孙永智. 收入不平等、流动性约束与中国家庭储蓄率 [J]. 经济研究, 2018, 53 (12).

[18] 宫华萍, 尤建新, 王岑岚. 互联网学习产品学习者感知质量因素研究 [J]. 中国远程教育, 2020 (3).

[19] 韩伟伟, 王晶. 产品设计与性能冲突对消费者决策过程的神经学影响 [J]. 南开管理评论, 2017, 20 (2).

[20] 郝云飞, 宋明月, 臧旭恒. 人口年龄结构对家庭财富积累的影响: 基于缓冲存货理论的实证分析 [J]. 社会科学研究, 2017 (4).

[21] 胡昌平, 李霜双, 冯亚飞. 感知风险对个人云存储服务持续使用意愿的影响: 转换成本的调节作用分析 [J]. 现代情报, 2019, 39 (5).

[22] 黄静, 王诚, 熊小明. 人际冲突中, 文化信念对消费者行为意向的影响 [J]. 中国软科学, 2014 (7).

[23] 黄林, 董文翰. 互联网消费金融: 现状、问题与政策建议 [J]. 现代管理科学, 2018 (8).

[24] 李武, 胡泊, 季丹. 电子书阅读客户端的用户使用意愿研究: 基于 UTAUT 和 VAM 理论视角 [J]. 图书馆论坛, 2018, 38 (4).

［25］李志飞．异地性对冲动性购买行为影响的实证研究［J］．南开管理评论，2007，6.

［26］廖理，张学勇．首届中国消费金融研讨会综述［J］．经济研究，2010.

［27］刘波，叶勇．心理折旧视角下的顾客价值与顾客满意研究［J］．价格月刊，2009（4）．

［28］刘泓辰，王兴元．创业者网络管理能力与创业机会识别及开发：一个有调节的中介模型［J］．科技进步与对策，2020（4）．

［29］刘彤彤，吴福象．乡村振兴战略下的互联网金融与农村居民消费［J］．福建论坛（人文社会科学版），2020（3）．

［30］刘毅，张庭松．移动新闻 APP 持续使用意向的影响因素研究：基于信息系统持续使用的期望确认模型之拓展［J］．西南民族大学学报（人文社科版），2020，41（3）．

［31］孟祥莉，袁勤俭．期望确认理论在 IS 领域的应用与展望［J］．现代情报，2018，38（9）．

［32］南永清，孙煜．消费信贷影响了居民消费行为吗［J］．现代经济探讨，2020（7）．

［33］彭小辉，王静怡，王坤沂．博弈视角下大学生互联网消费信贷决策行为研究［J］．审计与经济研究，2020，35（1）．

［34］荣鹏飞，苏勇，张岚．CEO 变革型领导、高管团队认知决策行为与企业决策绩效：团队氛围的调节效应［J］．复旦学报（社会科学版），2019，61（3）．

［35］阮文佳，虞虎，宋学俊．基于扩展计划行为理论的国际游客在雾霾威胁下的行为意向研究：以北京国际游客为例［J］．干旱区资源与环境，2019，33（7）．

［36］宋科，武沛璋，李鸿翔，等．互联网消费信贷与传统消费信贷：互补还是替代？［J］．管理科学学报，2023，26（4）．

［37］孙成昊，谢太峰．互联网消费金融影响家庭消费升级的实证检验［J］．统计与决策，2020，36（17）．

［38］王江，廖理，张金宝．消费金融研究综述［J］．经济研究，2010.

［39］王俊男．基于顾客价值理论的顾客购后行为研究［J］．技术与创新管理，2010（4）．

［40］王晓彦，胡德宝．移动支付对消费行为的影响研究：基于不同支付方式的比较［J］．消费经济，2017，33（5）．

[41] 王孝莹，王新月．基于期望与感知的毕业生就业满意度分析：以山东省济南市高校为例［J］．人口与经济，2016（6）．

[42] 肖轶楠．服务接触研究综述［J］．吉首大学学报（社会科学版）2017，38.

[43] 邢丘丹，解建丽，张宁．互联网金融模式下的余额理财用户投资行为分析［J］．财经理论与实践，2015，36（5）．

[44] 许静．双循环格局下互联网消费金融与居民消费结构升级的动态关联效应［J］．商业经济研究，2022（16）．

[45] 杨曦．互联网消费信贷中个人征信信息的法律保护［J］．河北法学，2020，38（3）．

[46] 叶乃沂，周蝶．消费者网络购物感知风险概念及测量模型研究［J］．管理工程学报，2014，28（4）．

[47] 尹一军．互联网消费金融的创新发展研究［J］．技术经济与管理研究，2016（6）．

[48] 于宝琴，李顺东，张初兵．服务失败后情绪反应与购后行为的关系研究［J］．现代财经（天津财经大学学报），2018，38（5）．

[49] 袁晓芳，方颖，金紫薇．共享单车用户持续使用意愿的影响因素研究［J］．工业工程与管理，2019，24（6）．

[50] 袁远．监管视角下互联网金融消费者保护研究［J］．经济纵横，2019，403（6）．

[51] 张庆杰，龚涵适．人脸识别支付用户使用意愿研究［J］．财经理论与实践，2018，39（5）．

[52] 张欣，臧旭恒．家庭资产结构、流动性约束与异质性消费者行为［J］．消费经济，2020，36（1）．

[53] 张秀莲，董雅丽．“品牌接触点”传播降低消费者感知风险机理分析［J］．科技管理研究，2007（5）．

[54] 赵保国，盖念．互联网消费金融对国内居民消费结构的影响：基于VAR模型的实证研究［J］．中央财经大学学报，2020（3）．

[55] 周浩，龙立荣．共同方法偏差的统计检验与控制方法［J］．心理科学进展，2004（6）．

[56] 朱振中，李晓君，刘福，等．外观新颖性对消费者购买意愿的影响：自我建构与产品类型的调节效应［J］．心理学报，2020，52（11）．

[57] 朱振中，刘福，Chen H P．能力还是热情？广告诉求对消费者品牌认

同和购买意向的影响［J］. 心理学报，2020，52（3）.

（三）论文

［1］邓俊超. 网络团购中消费者冲动性购买意向影响因素研究：正向情绪的中介作用［D］. 重庆：重庆工商大学，2013.

［2］丁林. 基于任务—技术匹配的网上银行使用意向影响因素研究［D］. 杭州：浙江大学，2008.

［3］郭慧慧. 互联网金融背景下移动支付用户持续使用行为研究［D］. 郑州：华北水利水电大学，2019.

［4］韩斐. 大学生用户对互联网消费金融平台产品持续使用意愿的影响因素研究［D］. 昆明：云南财经大学，2020.

［5］冷霄汉. 基于新型信用评估的互联网消费信贷研究［D］. 济南：山东大学，2014.

［6］李嘉欣. 服务接触对互联网理财产品持续使用意愿的影响研究［D］. 北京：北京交通大学，2019.

［7］李璐. 网络购物中情境因素对消费者冲动购买的影响研究［D］. 广州：华南理工大学，2017.

［8］李莎莎. 互联网理财平台用户持续使用行为研究：以余额宝为例［D］. 南昌：江西财经大学，2016.

［9］凌炼. 消费金融对我国城镇居民消费行为的影响研究［D］. 长沙：湖南大学，2016.

［10］刘蔓. 互联网金融的使用与持续使月的对比研究［D］. 成都：西南财经大学，2014.

［11］刘守平. 消费者感知风险对购后行为的影响研究［D］. 哈尔滨：哈尔滨工业大学，2014.

［12］吕雪晴. 跨境网购消费者多阶段决策感知风险动态形成机理研究［D］. 徐州：中国矿业大学，2016.

［13］Muhammad U S. 政府绿色产品政策对消费者购买行为的影响［D］. 合肥：中国科学技术大学，2017.

［14］谭巧巧. 服务接触对顾客网购满意度的影响研究［D］. 哈尔滨：哈尔滨工业大学，2013.

［15］谭兆何. 互联网背景下消费信贷的现状及影响因素研究［D］. 昆明：云南师范大学，2019.

［16］王彩云. 基于UTAUT的银行互联网金融产品购买行为影响因素研究

[D]. 深圳：深圳大学，2018.

[17] 王俊男．消费者购后行为影响因素研究 [D]. 北京：北京交通大学，2010.

[18] 王凯旋．劳动关系氛围对员工主动型行为的影响机制研究 [D]. 济南：山东大学，2019.

[19] 郑凡．互联网金融产品对消费者使用意愿的影响机制研究 [D]. 泉州：华侨大学，2019.

[20] 曾颖．互联网消费金融用户持续使用意愿影响因素研究 [D]. 南昌：江西财经大学，2019.

（四）其他

[1] 清华大学中国经济思想与实践研究院，清华大学中国与世界经济研究中心．2018 中国消费信贷市场研究 [R]. 北京：清华大学中国与世界经济研究中心，2019.

[2] 清华大学中国经济思想与实践研究院，清华大学中国与世界经济研究中心．2019 中国消费信贷市场研究 [R]. 北京：清华大学中国与世界经济研究中心，2020.

[3] 王雪，纪洋，边文龙．移动支付与中国信用体系建设：基于某代表性第三方支付公司订单支付数据的分析 [R]. 北京：北京大学数字金融研究中心，2022.

[4] 西南财经大学中国家庭金融调查与研究中心，蚂蚁金服集团研究院．疫情下中国家庭的财富变动趋势 [R]. 北京：中国家庭财富指数调研报告（2020Q1）．成都：西南财经大学中国家庭金融调查与研究中心，2020.

[5] 西南财经大学中国家庭金融调查与研究中心，蚂蚁金服集团研究院．疫情下中国家庭的财富变动趋势 [R]. 北京：中国家庭财富指数调研报告（2020Q2）．成都：西南财经大学中国家庭金融调查与研究中心，2020.

[6] 西南财经大学中国家庭金融调查与研究中心，蚂蚁金服集团研究院．中国居民杠杆率和消费信贷问题研究报告 [R]. 成都：西南财经大学中国家庭金融调查与研究中心，2020.

[7] 西南财经大学中国家庭金融调查与研究中心．2023 年中国家庭财富变动趋势 [R]. 成都：西南财经大学中国家庭金融调查与研究中心，2020.

[8] 中国家庭金融调查与研究中心．中国家庭金融调查问卷 [R]. 成都：中国家庭金融调查与研究中心，2017.

[9] 招银前海金融．中国互联网金融的编年史 [EB/OL]. 搜狐网，2018-

05-22.

［10］招银前海金融．编年史丨一文看懂中国互联网金融发展全历程！［EB/OL］．新浪财经网，2018-05-28.

二、英文文献

（一）专著

［1］AJZEN I. From Intentions to Actions：A Theory of Planned Behavior［M］. Springer，Berlin，Heidelberg：Action Control，1985.

［2］ASSAEL H. Consumer Behaviour：A Strategic Approach［M］. Boston：Houghton Mifflin Company，2004.

［3］BLYTHE J. The Essence of Consumer Behaviour［M］. New Jersey：PrenticeHall，1997.

［4］FRIEDMAN M. A Theory of the Consumption Function［M］. New Jersey：Princeton University Press，1957.

［5］GHISELLI E E，CAMPBELL J P，ZEDECK S. Measurement Theory for Behavioral Sciences［M］. San Francisco，California：W. H. Freeman and Co.，1981.

［6］HAWKINS D I，BEST R J，CONEY K A. Consumer Behaviour：Building Marketing Strategy［M］. Boston：Irwin/ McGraw-Hill，2000.

［7］KLINE R B. Principles and Practice of Structural Equation Modeling［M］. New York：The Guilford Press，2015.

［8］KOTLER P. Marketing Management：Analysis，Planning，Implementation and Control［M］. 9th Edition. Upper Saddle River：Prentice Hall，1997.

［9］OLIVER R L. Satisfaction：A Behavioral Perspective on the Consumer［M］. Boston：Richard D. Irwin \ Mc Graw-Hill，1997.

（二）期刊

［1］AHMAD S，KHALID K. The Adoption of M-government Services from the User's Perspectives：Empirical Evidence from the United Arab Emirates［J］. International Journal of Information Management，2017，37.

［2］ALMAMUN M R，SENN W D，PEAK D A，et al. Emotional Satisfaction and Is Continuance Behavior：Reshaping the Expectation-Confirmation Model［J］. International Journal of Human-Computer Interaction，2020，36（15）.

［3］ALALWAN A A，DWIVEDI Y K，RANA N P. Factors Influencing Adoption of Mobile Banking by Jordanian Bank Customers：Extending UTAUT2 with Trust［J］.

International Journal of Information Management, 2017, 37 (3) .

[4] AL-EMRAN M, ARPACI I, SALLOUM S A. An Empirical Examination of Continuous Intention to Use M-Learning: An Integrated Model [J]. Education and Information Technologies, 2020, 25 (4) .

[5] ALGHAMDI A, ELBELTAGI I, ELSETOUHI A, et al. Antecedents of Continuance Intention of Using Internet Banking in Saudi Arabia: A New Integrated Model [J]. Strategic Change, 2018, 27 (3) .

[6] ANDALEEB S S, ANWAR S F. Factors Influencing Customer Trust in Salespersons in a Developing Country [J]. Journal of International Marketing, 2018, 4 (4) .

[7] ANTONELLA R. Income Distribution, Consumption, and Economic Growth in Italy: Kaldor's Theory Versus the Life Cycle Hypothesis, 1960s and 1970s [J]. History of Political Economy, 2019, 51 (5) .

[8] ANTONIDES G, RAAJJ W F V. Consumer Behavior. A European Perspective [J]. Doing Your Research Project, 1998, 33 (5-6) .

[9] ARMSTRONG M, CHEN Y M. Discount Pricing [J]. Economic Inquiry, 2020, 58 (4) .

[10] ARNDT J. Reflections on Research in Consumer Behavior [J]. Advances in Consumer Research, 1976, 3 (1) .

[11] ASHRAFI A, ZARERAVASAN A, SAVOJI S R, et al. Exploring Factors Influencing Students' Continuance Intention to Use the Learning Management System (LMS): A Multi-Perspective Framework [J]. Interactive Learning Environments, 2020.

[12] ASRAF M, AHMAD J, SHARIF W, et al. The Role of Continuous Trust in Usage of Online Product Recommendations [J]. Online Information Review, 2020, 44 (4) .

[13] BARROS L B L, PETROLL M D, DAMACENA C, et al. Store Atmosphere and Impulse: A Cross-Cultural Study [J]. International Journal of Retail & Distribution Management, 2019, 47 (8) .

[14] BATESON J E G. Self-Service Consumer: An Exploratory Study [J]. Journal of Retailing, 1985, 61.

[15] BEATSON A, LEE N, COOTE L V. Self-Service Technology and the Service Encounter [J]. Service Industries Journal, 2007, 27 (1-2) .

[16] BELK R W. Situational Variables and Consumer-Behavior [J]. Journal of

Consumer Research, 1975, 2 (3) .

[17] BELONAX J J, JAVALGI R G. The Influence of Involvement and Product Class Quality on Consumer Choice Sets [J]. Journal of the Academy of Marketing Science, 1989, 17 (3) .

[18] BENABOU R, TIROLE J. Intrinsic and Extrinsic Motivation [J]. Review of Economic Studies, 2003, 70 (3) .

[19] BENTLER P M, CHOU C P. Practical Issues in Structural Modeling [J]. Sociological Methods & Research, 1987, 16 (1) .

[20] BHATTACHERJEE A. Understanding Information Systems Continuance: An Expectation Confirmation Model [J]. MIS Quarterly, 2001, 25 (3) .

[21] BOLEN M C, OZEN U. Understanding the Factors Affecting Consumers' Continuance Intention in Mobile Shopping: The Case of Private Shopping Clubs [J]. International Journal of Mobile Communications, 2020, 18 (1) .

[22] CARDOZO R N. An Experimental Study of Customer Effort, Expectation, and Satisfaction [J]. Journal of Marketing Research, 1965, 2 (3) .

[23] CARLOS T, DIOGO S, TIAGO O. Exploring the Influential Factors of Continuance Intention to Use Mobile Apps: Extending the Expectation Confirmation Model [J]. Information Systems Frontiers, 2020, 22.

[24] CARROLL C D, SAMWICK A. The Nature of Precautionary Wealth [J]. Journal of Monetary Economics, 1992, 40 (1) .

[25] CARROLL C D. Buffer-stock Saving and the Life Cycle/Permanent Income Hypothesis [J]. The Quarterly Journal of Economics, 1997, 112.

[26] CARROLL C D. The Buffer Stock Theory of Saving: Some Macroeconomic Evidence [J]. Brookings Papers on Economic Activity, 1992 (2) .

[27] CASIDY R, WYMER W. A Risk Worth Taking: Perceived Risk as Moderator of Satisfaction, Loyalty, and Willingness-to-Pay Premium Price [J]. Journal of Retailing & Consumer Services, 2016, 32.

[28] CHANG C C, CHANG P C. A Study on Taiwan Consumers' Adoption of Online Financial Services [J]. Asia Pacific Management Review, 2013, 18 (2) .

[29] CHANG K, CHUNG N. Interacting with Computers Understanding Factors Affecting Trust in and Satisfaction with Mobile Banking in Korea: A Modified DeLone and McLean's Model Perspective [J]. Interacting with Computers, 2018, 21 (5-6) .

[30] CHOPDAR P K, SIVAKUMAR V J. Understanding Continuance Usage of Mobile Shopping Applications in India: The Role of Espoused Cultural Values and Perceived Risk [J]. Behaviour & Information Technology, 2019, 38 (1).

[31] CHURCHILL G A, SURPRENANT C. An Investigation into the Determinants of Consumer Satisfaction [J]. Journal of Marketing Research, 1982 (19).

[32] CHURCHILL G A. A Paradigm for Developing Better Measures of Marketing Constructs [J]. Journal of Marketing Research, 1979, 16 (1).

[33] CROMPTON J L, MACKAY K J. Users' Perceptions of the Relative Importance of Service Quality Dimensions in Selected Public Recreation Programs [J]. Leisure Sciences, 1989, 11 (4).

[34] DAVIS F D, VENKATESH V. A Critical Assessment of Potential Measurement Biases in the Technology Acceptance Model: Three Experiments [J]. International Journal of Human-Computer Studies, 1996, 45 (1).

[35] DAVIS V F D. A Theoretical Extension of the Technology Acceptance Model: Four Longitudinal Field Studies [J]. Management Science, 2000, 46 (2).

[36] DE VRIES E L E, ZHANG S. The Effectiveness of Random Discounts for Migrating Customers to the Mobile Channel [J]. Journal of Business Research, 2020, 110.

[37] DEATON A. Franco Modigliani and the Life-Cycle Theory of Consumption [J]. BNL Quarterly Review, 2005, 58.

[38] DEATON A. Saving and Liquidity Constraints [J]. Econometrica, 1991, 59 (5).

[39] DUNN S C, SEAKER R F, WALLER M A. Latent Variables in Business Logistics Research: Scale Development and Validation [J]. Journal of Business Logstics, 1994, 15 (2).

[40] DZIUBAN C D, SHIRKEY E C. When is a Correlation Matrix Appropriate for Factor Analysis? Some Decision Rules [J]. Psychological Bulletin, 1974, 81 (6).

[41] EASTMAN J K, IYER R, EASTMAN K L, et al. Reaching the Price Conscious Consumer: the Impact of Personality, Generational Cohort and Social Media Use [J]. Journal of Consumer Behaviour, 2020, 20 (4).

[42] EL-ADLY M I. Modelling the Relationship between Hotel Perceived Value, Customer Satisfaction, and Customer Loyalty [J]. Journal of Retailing and Consumer

Services, 2019, 50.

[43] FALK T, KUNZ W H, SCHEPERS J J. How Mobile Payment Influences the Overall Store Price Image [J]. Journal of Business Research, 2016, 69 (7).

[44] FANG J, WEN C, GEORGE B, et al. Consumer Heterogeneity, Perceived, Value, and Repurchase Decision-Making in Online Shopping: The role of gender, age, and Shopping Motives [J]. Journal of Electronic Commerce Research, 2016, 17 (2).

[45] FOGEL J, HERZOG R. Direct-to-Consumer Prescription Medication Advertisements and Use of Different Types of Media [J]. Journal of Electronic Commerce in Organizations, 2020, 18 (4).

[46] FORD J K, MACCALLUM R C, TAIT M. The Application of Exploratory Factor Analysis in Applied Psychology: A Critical Review and Analysis [J]. Personnel Psychology, 1986, 39 (2).

[47] FOROUDI P, CUOMO M T, FOROUDI M M. Continuance Interaction Intention in Retailing Relations between Customer Values, Satisfaction, Loyalty, and Identification [J]. Information Technology & People, 2020, 33 (4).

[48] FROEHLE C M, ROTH A V. New Measurement Scales for Evaluating Perceptions of the Technology-Mediated Customer Service Experience [J]. Journal of Operations Management, 2004, 22 (1).

[49] GRONROOS C. Service Management: A Management Focus for Service Competition [J]. International Journal of Service Industry Management, 1990, 1 (1).

[50] GUO Y, HU X N, ZOU Y, et al. Maximizing E-Tailers' Sales Volume through the Shipping-Fee Discount and Product Recommendation System [J]. Discrete Dynamics in Nature and Society, 2020, 2020.

[51] GUPTA A, YOUSAF A, MISHRA A. How Pre-Adoption Expectancies Shape Post-Adoption Continuance Intentions: An Extended Expectation-Confirmation Model [J]. International Journal of Information Management, 2020, 52.

[52] HAIR J F, HULT G T M, RINGLE C M. Mirror, Mirror on the Wall: A Comparative Evaluation of Composite-Based Structural Equation Modeling Methods [J]. Journal of the Academy of Marketing Science, 2017, 45 (5).

[53] HAN H, LEE M J, KIM W. Role of Shopping Quality, Hedonic/Utilitarian Shopping Experiences, Trust, Satisfaction and Perceived Barriers in Triggering Customer Post-Purchase Intentions at Airports [J]. International Journal of Contemporary Hospitality Management, 2018, 30 (10).

[54] HAN Y, ZHANG T T, WANG M. Holiday Travel Behavior Analysis and Empirical Study with Integrated Travel Reservation Information Usage [J]. Transportation Research Part a-Policy and Practice, 2020, 134.

[55] HARRISON D A, MYKYTYN P P, RIEMENSCHNEIDER C K. Executive decisions about Adoption of Information Technology in Small Business: Theory and Empirical Tests [J]. Information Systems Research, 1997, 8 (2) .

[56] HE X S, LUO J M. Relationship among Travel Motivation, Satisfaction and Revisit Intention of Skiers: A Case Study on the Tourists of Urumqi Silk Road Ski Resort [J]. Administrative Sciences, 2020, 10 (3) .

[57] HONG J C, LIN P H, HSIEH P C. The Effect of Consumer Innovativeness on Perceived Value and Continuance Intention to Use Smartwatch [J]. Computers in Human Behavior, 2017, 67.

[58] HOWARD J A, SHETH J N. The Theory of Buyer Behavior [J]. Journal of the American Statistical Association, 1969.

[59] HSIAO M H. Influence of Interpersonal Competence on Behavioral Intention in Social Commerce through Customer-Perceived Value [J]. Journal of Marketing Analytics, 2020.

[60] HSU M H, CHIU C M, JU T L. Determinants of Continued Use of the WWW: An Integration of Two Theoretical Models [J]. Industrial Management & Data Systems, 2004, 104 (9) .

[61] HUNT H K. CS/D -Overview and Future Research Directions [J]. Conceptualization and Measurement of Consumer Satisfaction and Dissatisfaction, 1977.

[62] HWANG J, LEE J. Understanding Customer-Customer Rapport in a Senior Group Package Context [J]. International Journal of Contemporary Hospitality Management, 2019, 31 (5) .

[63] ILMI Z, DARMA D C, WIJAYANTI T C. Can Servqual Mediate from the Store Atmosphere and Customer Satisfaction? [J]. Management Theory and Studies for Rural Business and Infrastructure Development, 2020, 42 (3) .

[64] JENKINS J L, DURCIKOVA A, NUNAMAKER J F. Mitigating the Security Intention-Behavior Gap: The Moderating Role of Required Effort on the Intention-Behavior Relationship [J]. Journal of the Association for Information Systems, 2021, 22 (1) .

[65] KAMPES C F. Tail or No Tail? Applicability of the Long Tail Theory to the

German Online Media Market [J]. Central European Journal of Communication, 2020, 13 (3).

[66] KAPLAN L B, SZYBILLO G J, JACOBY J. Components of Perceived Risk in Product Purchase: A Cross-Validation [J]. Journal of Applied Psychology, 1974, 59 (3).

[67] KHALID N R, WEL C A C, MOKHTARUDDIN S A. Product positioning as a moderator for Halal Cosmetic Purchase Intention [J]. Iranian Journal of Management Studies, 2021, 14 (1).

[68] KHALILZADEH J, OZTURK A B, BILGIHAN A. Security-Related Factors in Extended UTAUT Model for NFC based Mobile Payment in the Restaurant Industry [J]. Computers in Human Behavior, 2017, 70.

[69] KHARE A, DIXIT S, SARKAR S. Factors Affecting Website Continuance Intention: A Study of Indian Travel Websites [J]. Information Technology & Tourism, 2020, 22 (2).

[70] KIM H-W, CHAN H C, GUPTA S. Value-Based Adoption of Mobile Internet: An Empirical Investigation. [J]. Decision Support Systems, 2007, 43 (1).

[71] KIMBALL M S. Precautionary Saving in the Small and in the Large [J]. Econometrica, 1990, 58 (1).

[72] KONUK F A. The Influence of Perceived Food Quality, Price Fairness, Perceived Value and Satisfaction on Customers' Revisit and Word-of-Mouth Intentions towards Organic Food Restaurants [J]. Journal of Retailing and Consumer Services, 2019, 50.

[73] KOTLER P, GERTNER D. Country as Brand, Product, and beyond: A Place Marketing and Brand Management Perspective [J]. Journal of Brand Management, 2002, 9 (4).

[74] LELAND H E. Saving and Uncertainty: The Precautionary Demand for Saving [J]. Uncertainty in Economics, 1968, 82 (3).

[75] LI C Y, FANG Y H. Predicting Continuance Intention toward Mobile Branded Apps through Satisfaction and Attachment [J]. Telematics and Informatics, 2019.

[76] LI Y, SHANG H P. Service Quality, Perceived Value, and Citizens' Continuous-Use Intention Regarding E-Government: Empirical Evidence from China [J]. Information & Management, 2020, 57 (3).

[77] LI Z F, YUAN J, DU B S, et al. Customer Behavior on Purchasing Chan-

nels of Sustainable Customized Garment with Perceived Value and Product Involvement [J]. Frontiers in Psychology, 2020, 11.

[78] LO L Y S, LIN S W, HSU L Y. Motivation for Online Impulse Buying: A Two-Factor Theory Perspective [J]. International Journal of Information Management, 2016, 36 (5).

[79] LOEBNITZ N, ZIELKE S, GRUNERT KLAUS G. Consumers' Brand Decision: A Matter of Social Risk [J]. International Journal of Retail & Distribution Management, 2020, 48 (6).

[80] LUO Y M, YE Q W. The Effects of Online Reviews, Perceived Value, and Gender on Continuance Intention to Use International Online Outshopping Website: An Elaboration Likelihood Model Perspective [J]. Journal of International Consumer Marketing, 2019, 31 (3).

[81] MARRIOTT H R, WILLIAMS M D. Exploring Consumers Perceived Risk and Trust for Mobile Shopping: A Theoretical Framework and Empirical Study [J]. Journal of Retailing and Consumer Services, 2018, 42.

[82] MASSAD N, HECKMAN R, CROWSTON K. Customer Satisfaction with Electronic Service Encounters [J]. International Journal of Electronic Commerce, 2006, 10 (4).

[83] MEIRELLES D S E, D'ANDREA D. From Private Label to Co-Branded Credit Card: An Assessment of the Impact of a Change in Value Proposition over Customer Value Perception and Company Value Capture [J]. Journal of Financial Services Marketing, 2021, 26 (1).

[84] MEYLL T, WALTER A. Tapping and Waving to Debt Mobile Payments and Credit Card Behavior [J]. Finance Research Letters, 2019, 28 (1).

[85] MIGDADI M M. Knowledge Management, Customer Relationship Management and Innovation Capabilities [J]. Journal of Business & Industrial Marketing, 2021, 36 (1).

[86] MITCHELL V W. Consumer Perceived Risk: Conceptualisations and Models [J]. European Journal of Marketing, 1999, 33 (1-2).

[87] MONTAZERI S, TAMADDONI A, STAKHOVYCH S, et al. Empirical Decomposition of Customer Responses to Discount Coupons in Online FMCG Retailing [J]. Journal of Retailing and Consumer Services, 2021, 58.

[88] MUELLER C E. Examining the Inter-Relationships between Procedural

Fairness, Trust in Actors, Risk Expectations, Perceived Benefits, and Attitudes towards Power Grid Expansion Projects [J]. Energy Policy, 2020, 141.

[89] MUKERJEE K, SHAIKH A. Impact of Customer Orientation on Word-of-Mouth and Cross-Buying [J]. Marketing Intelligence & Planning, 2019, 37 (1).

[90] MUKERJEE K. Impact of Self-Service Technologies in Retail Banking on Cross-Buying and Word-of-Mouth [J]. International Journal of Retail & Distribution Management, 2020, 48 (5).

[91] OKSANEN A, AALTONEN M, MAJAMAA K, et al. Debt Problems, Home-Leaving, and Boomeranging: A Register-based Perspective on Economic Consequences of Moving away from Parental Home [J]. International Journal of Consumer Studies, 2017, 41.

[92] OLIVER R L, DESARBO W S. Response Determinants in Satisfaction Judgments [J]. Journal of Consumer Research, 1988, 14 (4).

[93] OLIVER R L. A Cognitive Model of the Antecedents and Consequences of Satisfaction Decision [J]. Journal of Marketing Research, 1980 (4).

[94] OLIVER R L. Measurement and Evaluation of Satisfaction Process in Retailing Settings [J]. Journal of Retailing, 1981, 57 (43).

[95] OTTO D. Driven by Emotions! The Effect of Attitudes on Intention and Behaviour Regarding Open Educational Resources (OER) [J]. Journal of Interactive Media in Education, 2021 (1).

[96] PAKRAVAN M H, MACCARTY N. An Agent-based Model for Adoption of Clean Technology Using the Theory of Planned Behavior [J]. Journal of Mechanical Design, 2021, 143 (2).

[97] PARTHASARATHY M, BHATTACHERJEE A. Understanding Post-Adoption Behavior in the Context of Online Services [J]. Information Systems Research, 1998, 9 (4).

[98] PEE L G, JIANG J, KLEIN G. Signaling Effect of Website Usability on Repurchase Intention [J]. International Journal of Information Management, 2018, 39 (APR.).

[99] PESTANA M H, PARREIRA A, MOUTINHO L. Motivations, Emotions and Satisfaction: The Keys to a Tourism Destination Choice [J]. Journal of Destination Marketing & Management, 2020, 16.

[100] PI S M, LIAO H L, CHEN H M. Factors that Affect Consumers' Trust and

Continuous Adoption of Online Financial Services [J]. International Journal of Business and Management, 2012, 7.

[101] PODSAKOFF P M, MACKENZIE S B, LEE J Y. Common Method Biases in Behavioral Research: A Critical Review of the Literature and Recommended Remedies [J]. Journal of Applied Psychology, 2003, 88 (5).

[102] PODSAKOFF P M, MACKENZIE S B, PODSAKOFF N. Sources of Method Bias in Social Science Research and Recommendations on How to Control It [J]. Social Science Electronic Publishing, 2012, 63 (1).

[103] PREMKUMAR G, BHATTACHERJEE A. Explaining Information Technology Usage: A Test of Competing Models [J]. Omega, 2008, 36 (1).

[104] PROCTER L, ANGUS D J, BLASZCZYNSKI A, et al. Understanding Use of Consumer Protection Tools among Internet Gambling Customers: Utility of the Theory of Planned Behavior and Theory of Reasoned Action [J]. Addictive Behaviors, 2019, 99.

[105] RAGHUBIR P, SRIVASTAVA J. Monopoly Money: the Effect of Payment Coupling and Form on Spending Behavior [J]. Journal of Experimental Psychology Applied, 2008, 14 (3).

[106] RAZA S H, ADAMU A A, OGADIMMA E C, et al. The Influences of Political Values Manifested in Advertisements on Political Participation: Moderating Roles of Self-Transcendence and Conservation [J]. Journal of Creative Communications, 2020, 15 (3).

[107] RIPOLL G, PANEA B. The Effect of Consumer Involvement in Light Lamb Meat on Behavior, Sensory Perception, and Health-Related Concerns [J]. Nutrients, 2019, 11 (6).

[108] ROSILLO-DIAZ E, BLANCO-ENCOMIENDA F J, CRESPO-ALMENDROS E. A Cross-Cultural Analysis of Perceived Product Quality, Perceived Risk and Purchase Intention in E-Commerce Platforms [J]. Journal of Enterprise Information Management, 2020, 33 (1).

[109] SECK A M, PHILIPPE J. Service Encounter in Multi-Channel Distribution Context: Virtual and Face-to-Face Interactions and Consumer Satisfaction [J]. The Service Industries Journal, 2013, 33 (6).

[110] SEE-TO E W, NGAI E W. An Empirical Study of Payment Technologies, the Psychology of Consumption, and Spending Behavior in a Retailing Context [J].

Information and Management, 2019, 56 (3).

[111] SEOYOUNG K, SUNNY H, HYEYOUNG M. Experience, Brand Prestige, Perceived Value (Functional, Hedonic, Social, and Financial), and Loyalty among Grocerant Customers [J]. International Journal of Hospitality Management, 2019, 77.

[112] SHAVITT S, CHO H. Culture and Consumer Behavior: The Role of Horizontal and Vertical Cultural Factors [J]. Current Opinion in Psychology, 2016, 8.

[113] SHIM K R, PAEK B J, YI H T, et al. Relationships between Golf Range Users' Participation Motivation, Satisfaction, and Exercise Adherence Intention [J]. Asia Pacific Journal of Innovation and Entrepreneurship, 2017, 11 (1).

[114] SHIN J W. Mediating Effect of Satisfaction in the Relationship between Customer Experience and Intention to Reuse Digital Banks in Korea [J]. Social Behavior and Personality, 2021, 49 (2).

[115] SHOSTACK G L. Understanding Services through Blueprinting [J]. Advances in Services Marketing and Management, 1992, 1 (1).

[116] SIHI D. Home Sweet Virtual Home: The Use of Virtual and Augmented Reality Technologies in High Involvement Purchase Decisions [J]. Journal of Research in Interactive Marketing, 2018, 12 (4).

[117] SINGH S, SAHNI M M, KOVID R K. What Drives Fintech Adoption? A Multi-Method Evaluation Using an Adapted Technology Acceptance Model [J]. Management Decision, 2020, 58 (8).

[118] SOLOMON M R, SURPRENANT C, CZEPIEL J A. A Role Theory Perspective on Dyadic Interactions: The Service Encounter [J]. Journal of Marketing, 1985, 49 (1).

[119] SONG C H, BROWN H T, TAMEEZ R R. The Effectiveness of Perceived Social Support in Discount Stores in Korea [J]. Asia Pacific Journal of Marketing and Logistics, 2021, 33 (4).

[120] SPRENG R A, MACKENZIE S B, OLSHAVSKY R W. A Reexamination of the Determinants of Consumer Satisfaction [J]. Journal of Marketing Management, 1996 (60).

[121] STONE R N, GRØNHAUG K. Perceived Risk: Further Considerations for the Marketing Discipline [J]. European Journal of Marketing, 1993, 27 (3).

[122] SUSANTO A, CHANG Y, HA Y. Determinants of Continuance Intention to Use the Smartphone Banking Services: An Extension to the Expectation-Confirmation

Model [J]. Industrial Management & Data Systems, 2016, 116 (3).

[123] SWINYARD W R, CONEY K A. Promotional Effects on a High-Involvement Versus Low-Involvement Electorate [J]. Journal of Consumer Research, 1978, 5 (1).

[124] TAGHIYEH S, LENGACHER D C, HANDFIELD R B. Loss Rate Forecasting Framework based on Macroeconomic Changes: Application to US Credit Card Industry [J]. Expert Systems with Applications, 2021, 165.

[125] TAN M L, PRASANNA R, STOCK K, et al. Usability Factors Influencing the Continuance Intention of Disaster Apps: A Mixed-Methods Study [J]. International Journal of Disaster Risk Reduction, 2020, 50.

[126] TEO T S H, YEONG Y D. Assessing the Consumer Decision Process in the Digital Marketplace [J]. Omega-International Journal of Management Science, 2003, 31 (5).

[127] THAM K W, DASTANE O, JOHARI Z, et al. Perceived Risk Factors Affecting Consumers' Online Shopping Behaviour [J]. Journal of Asian Finance Economics and Business, 2019, 6 (4).

[128] TRAN V D, LE N M T. Impact of Service Quality and Perceived Value on Customer Satisfaction and Behavioral Intentions: Evidence from Convenience Stores in Vietnam [J]. Journal of Asian Finance Economics and Business, 2020, 7 (9).

[129] TSUNGMEY T, KIM J P, DUNN L B, et al. Negative Association of Perceived Risk and Willingness to Participate in Innovative Psychiatric Research Protocols [J]. Journal of Psychiatric Research, 2020, 122.

[130] TUFANO P. Consumer Finance [J]. Journal of Economic literature, 2009 (1).

[131] TUNCER I, UNUSAN C, COBANOGLU C. Service Quality, Perceived Value and Customer Satisfaction on Behavioral Intention in Restaurants: An Integrated Structural Model [J]. Journal of Quality Assurance in Hospitality & Tourism, 2020.

[132] TZENG S-Y, SHIU JERRY Y. Regret Type Matters: Risk Aversion and Complaining in a Multidimensional Post-Purchase Regret Framework [J]. Asia Pacific Journal of Marketing and Logistics, 2019, 31 (5).

[133] VENTRE I, KOLBE D. The impact of Perceived Usefulness of Online Reviews, Trust and Perceived Risk on Online Purchase Intention in Emerging Markets: A Mexican Perspective [J]. Journal of International Consumer Marketing, 2020, 32

(4).

[134] WALKER J L. Service Encounter Satisfaction: Conceptualized [J]. Journal of Services Marketing, 1995, 9 (1).

[135] WALLACE L A, MORRIS V G, HUDAK K M, et al. Increasing Access to WIC through Discount Variety Stores: Findings from Qualitative Research [J]. Journal of the Academy of Nutrition and Dietetics, 2020, 120 (10).

[136] WANG C L, TEO T S H, LIU L N. Perceived Value and Continuance Intention in Mobile Government Service in China [J]. Telematics and Informatics, 2020, 48.

[137] WANG H L, MANGMEECHAI A. Understanding the Gap between Environmental Intention and Pro-Environmental Behavior towards the Waste Sorting and Management Policy of China [J]. International Journal of Environmental Research and Public Health, 2021, 18 (2).

[138] WANG Y S, LIN H H, LUAM P. Predicting Consumer Intention to Use Mobile Service [J]. Information Systems Journal, 2006 (2).

[139] WANGYUE Z, ZAYYAD T, BOYING L. What Influence Users' E-Finance Continuance Intention? The Moderating Role of Trust [J]. Industrial Management & Data Systems, 2018, 118 (8).

[140] WEN N, GUO W X. "Toxic Friends"? The Farther Away, the Less Stressful: The impact of Social Distance to a Dissociative Group on Consumer Choices [J]. European Journal of Marketing, 2021, 55 (3).

[141] WESTBROOK R A. Product-Consumption-Based Affective Responses and Postpurchase Processes [J]. Journal of Marketing Research, 1987, 24 (3).

[142] WONG B K M, MUSA G, TAHA A Z. Malaysia My Second Home: The Influence of Push and Pull Motivations on Satisfaction [J]. Tourism Management, 2017, 61.

[143] WOODRUFF R B. Customer Value: The Next Source for Competitive Advantage [J]. Journal of the Academy of Marketing Science, 1997, 25 (2).

[144] WU I-L, CHIU M-L, CHEN K-W. Defining the Determinants of Online Impulse Buying through a Shopping Process of Integrating Perceived Risk, Expectation-Confirmation Model, and Flow Theory Issues [J]. International Journal of Information Management, 2020, 52.

[145] YANG Y, LIU Y, LI H. Understanding Perceived Risks in Mobile Payment

Acceptance [J]. Industrial Management & Data systems, 2015, 115 (2).

[146] YI J, YUAN G, YOO C. The Effect of the Perceived Risk on the Adoption of the Sharing Economy in the Tourism Industry: The Case of Airbnb [J]. Information Processing & Management, 2020, 57 (1).

[147] ZEBA F, GANGULI S. Word-of-Mouth, Trust, and Perceived Risk in Online Shopping: An Extension of the Technology Acceptance Model [J]. International Journal of Information Systems in the Service Sector, 2016, 8 (4).

[148] ZEITHAML V A. Consumer Perceptions of Price, Quality, and Value: A Means-End Model and Synthesis of Evidence [J]. Journal of Marketing, 1988, 52 (3).

[149] ZEITHAML V A, BERRY L L, PARASURAMAN A. The Behavioral Consequences of Service Quality [J]. Journal of Marketing, 1996, 60 (2).

[150] ZELDES S P. Consumption and Liquidity Constraints: An Empirical Investigation [J]. Journal of Political Economy, 1989, 97 (2).

[151] ZELDES S P. Optimal Consumption with Stochastic Income: Deviations from Certainty Equivalence [J]. Quarterly Journal of Economics, 1989, 104 (2).

[152] ZHENG C H, ZHANG J, GUO Y R, et al. Disruption and Reestablishment of Place Attachment after Large-Scale Disasters: The Role of Perceived Risk, Negative Emotions, and Coping [J]. International Journal of Disaster Risk Reduction, 2019, 40.

附录一：

访谈问卷

访谈对象：具备互联网直接借贷式产品使用经验的消费者、互联网消费信贷企业的管理人员、信贷研究领域的学术专家

访谈问卷：

尊敬的专家/客户您好！

感谢您在百忙之中参与关于互联网消费信贷产品使用情况的访谈调研，访谈旨在了解当前互联网消费信贷产品持续使用意愿的影响因素及其包含的内容，访谈时间为 15—30 分钟。本次访谈为半结构式访谈，请您围绕访谈提纲所列问题分享您的真实想法，研究人员会根据访谈情况展开背景解释并灵活调整访谈内容，非常感谢您的配合！

访谈问题：

1. 您使用过/了解当前市面上哪些互联网消费信贷产品？

2. 您使用/认为他人使用互联网消费信贷产品的原因是什么？

3. 您认为当描述互联网消费信贷产品的外部环境时，应该包括什么内容？

4. 您认为互联网消费信贷产品可以实现的功能有哪些？

5. 您认为互联网消费信贷产品背后的品牌会如何影响消费者的决策？

6. 您认为对互联网消费信贷产品这一技术特征显著的产品而言，消费者对其的技术要求是哪些？以什么方式呈现的？

7. 面对产品使用的疑惑，您认为互联网消费信贷产品具备的人工客服需要满足消费者哪些要求？

8. 您在使用/认为使用互联网消费信贷产品存在哪些风险？

9. 您认为伴随的这些风险会随着产品使用经验的丰富而降低吗？

10. 面对互联网消费信贷产品，您认为消费者会更加看重它所带来的利益，还是更担忧它所带来的风险？

11. 将 3—10 题视为使用互联网消费信贷产品的影响因素，您认为自己/消费者考虑使用互联网直接借贷式产品的时候有没有受到上述所提及因素的影响？

可否对其进行排序？

12. 您对/认为消费者使用互联网消费信贷产品的期望是什么？
13. 您还在继续使用互联网消费信贷产品吗？
14. 您继续使用/没有继续使用互联网消费信贷产品的原因是什么？

附录二：

调研问卷

互联网消费信贷产品持续使用意愿调研

尊敬的女士/先生：

您好！非常感谢您在百忙之中抽出时间来填写这份问卷。

本问卷旨在调查互联网消费信贷产品的选择与使用情况，考察互联网消费信贷产品持续使用意愿的影响因素。问卷采用匿名方式填写，不涉及填写者的私密信息，数据的收集仅供学术论文研究使用，我们将对您提供的信息完全保密，不会对您个人和所就职单位造成任何影响，敬请放心！

问卷填写需要 5 分钟，答案不分对错。对每一个问题，请您根据自身实际想法，选择一个最能反映您观点的选项。非常感谢您的合作与支持，祝您身体健康、工作顺利、阖家幸福、生活愉快！

第一部分　互联网消费信贷产品使用情况调查

互联网消费信贷是指互联网平台向消费者提供资金，用于满足消费需求的一种信贷方式，不包括住房贷款与车贷以及商业银行发放的信用卡。区别于商业银行和中国银保监会（现国家金融监督管理总局）批准设立的消费信贷金融公司，目前提供互联网消费信贷产品的企业主要源于电商平台（京东白条、蚂蚁花呗、京东金条、蚂蚁借呗）、垂直分期购物平台（趣分期、分期乐）以及网络借贷平台（宜人贷、2345 贷款王）。互联网受托支付式信贷产品是指消费者购买平台商的产品实行赊销购物，分期付款的形式，产品具有信用卡功能。互联网直接借贷式产品是指互联网企业旗下的小额贷款公司作为资金提供方，通过互联网满足客户小额贷款的需求，金额与分期期数一般多于受托支付式信贷产品。“○”代表单选题，“□”代表多选题。

1. 通过了解上述背景介绍，您是否使用过互联网消费信贷产品？				
○是		○否		
2. 您使用过以下哪些互联网直接借贷式产品？				
□有钱花	□微粒贷	□360 借条	□宜人贷	□永利宝
□用钱宝	□闪电借款	□现金巴士	□2345 贷款王	□闪电贷款
□手机贷	□信用钱包	□人人贷	□蚂蚁借呗	□京东金条
□美团借钱	□其他	□都没有使用过		
3. 您使用过以下哪些互联网受托支付信贷产品？				
□分期乐	□人人分期	□趣分期	□爱又米	□蚂蚁花呗
□京东白条	□美团月付	□其他	□都没有使用过	
4. 就您使用过的互联网消费信贷产品中选择其中一个作为后续评价的对象。				
○有钱花	○微粒贷	○360 借条	○宜人贷	○永利宝
○用钱宝	○闪电借款	○现金巴士	○2345 贷款王	○闪电贷款
○手机贷	○信用钱包	○人人贷	○蚂蚁借呗	○京东金条
○美团借钱	○分期乐	○人人分期	○趣分期	○爱又米
○蚂蚁花呗	○京东白条	○美团月付	○其他	
5. 您使用该产品的时间已经有多少个月？				
○1 个月及以下	○1—2 个月	○2—6 个月		
○6—12 个月	○12 个月以上			
6. 在使用该产品期间，您每月消费信贷平均金额为多少？（单位：元）				
○2000 以下	○2000—4999	○5000—9999		
○10000—19999	○20000 及以上			

第二部分 互联网消费信贷产品体验调查

后续题项均采用“该产品”指代您在第4题中所选择的互联网消费信贷产品。请仔细阅读题目以及选项要求，面对以下情况与观点，请您选择最符合您的想法。问卷采用Likert 5级量表进行评价调研，从低到高依次为“1—非常不同意、2—不同意、3——般、4—同意、5—非常同意”。

变量	题项	非常不同意				非常同意
1. 当您使用过该产品后，请您选择以下哪项最符合您的想法。（利息包含逾期利息与分期利息，资金使用权是指您能实际支配的消费信贷金额。）						
产品接触质量	进入门槛低	1	2	3	4	5
	逾期/分期/贷款利息低，有折扣优惠，性价比高	○	○	○	○	○
	能够快速完成购物交易，节省时间	○	○	○	○	○
	能够缓解当前消费压力	○	○	○	○	○
	能够快速获得资金使用权	○	○	○	○	○
	应用领域与服务场景多，兼容性强	○	○	○	○	○
2. 面对该产品的品牌供应商，请您选择以下哪项最符合您的想法。						
品牌接触质量	广告、网络平台宣传信息真实	○	○	○	○	○
	品牌值得信赖	○	○	○	○	○
	网络口碑良好	○	○	○	○	○
	公众形象良好	○	○	○	○	○
3. 对该产品的技术水平方面，请您选择以下哪项最符合您的想法。						
技术接触质量	系统性能稳定，响应速度快	○	○	○	○	○
	操作过程快捷、简便	○	○	○	○	○
	页面有详细的使用说明和清晰的演示示范	○	○	○	○	○
	产品图片和文字描述都很清晰、美观	○	○	○	○	○

续表

变量	题项	非常不同意				非常同意
4. 考虑到使用该产品可能发生的风险状况，请您选择以下哪项最符合您的想法。						
信贷感知风险	担心个人隐私信息与交易信息会遭到泄露	○	○	○	○	○
	担心系统乱扣费、多收费造成财产损失	○	○	○	○	○
	担心使用记录越多会影响个人征信水平	○	○	○	○	○
	担心忘记还钱影响个人征信水平	○	○	○	○	○
	担心自己消费过度，超出可接受范围	○	○	○	○	○
5. 使用过该产品后，对比您的预期与实际效用，请您选择以下哪项最符合您的想法。						
信贷期望确认	获得资金使用权的时间比我预期的要快	○	○	○	○	○
	所得金额能够满足我预期的信贷资金需求	○	○	○	○	○
	产品供应商所提供的服务比我预期的要好	○	○	○	○	○
	产品各方面的安全性比我预期的要高	○	○	○	○	○
	付出的时间和金钱成本是可以接受的	○	○	○	○	○
	我会提前或者按时还款	○	○	○	○	○
	到了还款截止日期时，已花费的信贷金额在我最初的心理预期范围内	○	○	○	○	○
	总体上，我对该产品的期望基本上得到了满足	○	○	○	○	○
6. 对于您选择该产品满足消费需求而非攒钱消费的原因，请您选择以下哪项最符合您的想法。						
信贷动机强度	买东西自有资金不够	○	○	○	○	○
	想留有流动资金，先透支消费再用存款还钱	○	○	○	○	○
	电子支付不安全，不想绑定自己的银行卡用于消费	○	○	○	○	○
	支付方便，快捷	○	○	○	○	○
	可以记账，方便计算近期的花费情况	○	○	○	○	○

续表

变量	题项	非常不同意				非常同意
7. 对于您使用过该产品后的相关想法，请您选择以下哪项最符合您的想法。						
消费者满意度	在使用该产品的过程中，我很满足	○	○	○	○	○
	在使用该产品的过程中，我感到愉快	○	○	○	○	○
	与其他信贷产品相比，我对该产品更满意	○	○	○	○	○
	使用该产品是个明智的选择	○	○	○	○	○
	总体上我对该产品的体验感到满意	○	○	○	○	○
8. 对于该产品的外部环境氛围，请您选择以下哪项最符合您的想法。						
外部环境氛围	国内互联网消费信贷的经济环境稳定	○	○	○	○	○
	使用互联网消费信贷产品已成为居民的一种日常习惯	○	○	○	○	○
	政府支持消费者理性使用该产品	○	○	○	○	○
	主流媒体对该产品持肯定态度	○	○	○	○	○
	我的家人/朋友/同事等支持我使用该产品	○	○	○	○	○
	市场中存在很多性价比高的同类信贷产品	○	○	○	○	○
9. 关于对该产品持续使用的意愿，请您选择以下哪项最符合您的想法。						
持续使用意愿	未来会继续使用这一产品	○	○	○	○	○
	未来会增加这一产品的信贷消费金额或使用频率	○	○	○	○	○
	我会尝试该产品扩增的新服务	○	○	○	○	○
	我会尝试使用该品牌下的其他产品	○	○	○	○	○
	当有同类消费信贷需求时，我会首先选择这一产品	○	○	○	○	○
	我会向寻求意见的人推荐这一产品	○	○	○	○	○

第三部分　个人基本信息统计

<table>
<tr><td colspan="7">1. 您的性别：</td></tr>
<tr><td colspan="3">○男</td><td colspan="4">○女</td></tr>
<tr><td colspan="7">2. 您的年龄段（岁）：</td></tr>
<tr><td>○<18</td><td>○18—25</td><td>○26—30</td><td>○31—40</td><td>○41—50</td><td>○51—60</td><td>○>60</td></tr>
<tr><td colspan="7">3. 您的户口类型：</td></tr>
<tr><td colspan="3">○城市户口</td><td colspan="4">○非城市户口</td></tr>
<tr><td colspan="7">4. 您的受教育水平：</td></tr>
<tr><td>○高中以下</td><td colspan="2">○中专/职高/大专/高职</td><td colspan="2">○大学本科</td><td colspan="2">○研究生及以上</td></tr>
<tr><td colspan="7">5. 您的婚姻状况：</td></tr>
<tr><td colspan="3">○未婚</td><td colspan="4">○已婚</td></tr>
<tr><td colspan="7">6. 您目前从事的职业：</td></tr>
<tr><td colspan="3">○全日制学生</td><td colspan="4">○公司/企业职工</td></tr>
<tr><td colspan="3">○机关/事业单位职员</td><td colspan="4">○个体经营者/私营业主</td></tr>
<tr><td colspan="3">○自由职业者</td><td colspan="4">○其他</td></tr>
<tr><td colspan="7">7. 您的家庭税后月收入水平（元）：</td></tr>
<tr><td colspan="3">○2000 以下</td><td colspan="4">○2000—4999</td></tr>
<tr><td colspan="3">○5000—9999</td><td colspan="4">○10000—19999</td></tr>
<tr><td colspan="3">○20000 及以上</td><td colspan="4"></td></tr>
<tr><td colspan="7">8. 您在选择该产品时，有足够的时间对同类产品进行充分的比较。</td></tr>
<tr><td>○非常不同意</td><td colspan="2">○不同意</td><td>○一般</td><td colspan="2">○同意</td><td>○非常同意</td></tr>
</table>